# AS PALAVRAS NÃO SE AFOGAM AO ATRAVESSAR O ATLÂNTICO

CARLOS
VAZ MARQUES

# AS PALAVRAS NÃO SE AFOGAM AO ATRAVESSAR O ATLÂNTICO

RIO DE JANEIRO
TINTA-DA-CHINA
MMXV

Edição apoiada pela Direção-Geral do Livro e das Bibliotecas / Secretaria de Estado da Cultura – Portugal.

GOVERNO DE PORTUGAL | SECRETÁRIO DE ESTADO DA CULTURA

DGLB DIRECÇÃO-GERAL DO LIVRO E DAS BIBLIOTECAS



1.ª edição: junho de 2015

Edição: Tinta-da-china Brasil
Capa e projeto gráfico: Tinta-da-china Brasil

M357p Marques, Carlos Vaz, 1964-
As palavras não se afogam ao atravessar o Atlântico / Carlos Vaz Marques – 1.ed. –
Rio de Janeiro: Tinta-da-china Brasil, 2015.
352 pp.; 21 cm

ISBN 978-85-65500-15-9

1. Literatura portuguesa.
I. Título.

CDD P869
CDU 821.134.3


R. Júlio de Castilhos 55, Cobertura 01
Copacabana RJ 22081-020
Tel. 0055 21 8160 33 77 | 00351 21 726 90 28
Fax 00351 21 726 90 30
info@tintadachina.pt
www.tintadachina.pt

TINTA DA CHINA
edições

# AS PALAVRAS NÃO SE AFOGAM AO ATRAVESSAR O ATLÂNTICO

CARLOS
VAZ MARQUES

# AS PALAVRAS NÃO SE AFOGAM AO ATRAVESSAR O ATLÂNTICO

RIO DE JANEIRO
TINTA-DA-CHINA
MMXV

Edição apoiada pela Direção-Geral do Livro e das Bibliotecas / Secretaria de Estado da Cultura – Portugal.

GOVERNO DE PORTUGAL | SECRETÁRIO DE ESTADO DA CULTURA

DGLB DIRECÇÃO-GERAL DO LIVRO E DAS BIBLIOTECAS



1.ª edição: junho de 2015

Edição: Tinta-da-china Brasil
Capa e projeto gráfico: Tinta-da-china Brasil

M357p Marques, Carlos Vaz, 1964-
As palavras não se afogam ao atravessar o Atlântico / Carlos Vaz Marques – 1.ed. –
Rio de Janeiro: Tinta-da-china Brasil, 2015.
352 pp.; 21 cm

ISBN 978-85-65500-15-9

1. Literatura portuguesa.
I. Título.

CDD P869
CDU 821.134.3


R. Júlio de Castilhos 55, Cobertura 01
Copacabana RJ 22081-020
Tel. 0055 21 8160 33 77 | 00351 21 726 90 28
Fax 00351 21 726 90 30
info@tintadachina.pt
www.tintadachina.pt

# SUMÁRIO

# APRESENTAÇÃO

O trânsito literário entre Portugal e o Brasil cresceu muito nos últimos anos. Há mais tráfego, mas ainda sem perigo de congestionamento.

Temos caminho aberto, nos dois sentidos, para aumentar o fluxo de escritores que atravessam o Atlântico.

Como em tudo na vida, nem sempre os que chegam primeiro e com mais estrondo são os mais importantes ou os mais representativos, pelo que alguns parecem ir a nado, de tal forma tem sido demorada a travessia.

Isso explica que o leitor brasileiro, mesmo o mais atento, possa eventualmente não reconhecer alguns dos nomes incluídos neste conjunto de auto-retratos falados.

Seja como for, tal como sucedeu no episódio de Camões, no Índico, nadando para salvar *Os Lusíadas*, também hoje as palavras não hão-de afogar-se ao atravessar o oceano que há entre as duas margens atlânticas da língua portuguesa.

As entrevistas reunidas neste volume resultam da minha colaboração de mais de uma década com a revista *LER*, uma publicação importante no panorama literário em Portugal.

Durante esse longo período, entrevistei dezenas de autores, e este livro, como não podia deixar de ser, é apenas uma pequena amostra desse trabalho.

A recolha das entrevistas que o leitor encontrará aqui é idêntica à que deu corpo a um outro volume, publicado em Portugal, com o título *Os Escritores (Também) Têm Coisas a Dizer*. A escolha não foi fácil. Tive como critério uma avaliação (necessariamente subjectiva) do valor documental das entrevistas publicadas. Ficam de fora, infelizmente, autores de grande mérito e entrevistas que gostei muito de fazer.

Escusado será dizer que fui eu, sem dúvida, o principal beneficiário dessa tarefa, que me permitiu conhecer de perto gente que admiro e de quem só conhecia a obra publicada.

Uma entrevista literária, nos melhores casos, serve para acicatar o leitor a procurar a obra do autor entrevistado. Se isso acontecer a quem leia este livro, poderemos, com alegria, proclamar: missão cumprida.

Carlos Vaz Marques<br>Maio de 2015

AGUSTINA BESSA-LUÍS

ANTÓNIO LOBO ANTUNES

JOSÉ SARAMAGO

EDUARDO LOURENÇO

MIGUEL SOUSA TAVARES

MIA COUTO

VALTER HUGO MÃE

MÁRIO DE CARVALHO

GONÇALO M. TAVARES

DULCE MARIA CARDOSO

# AGUSTINA BESSA-LUÍS

DOU MUITA IMPORTÂNCIA ÀS PESSOAS FRÍVOLAS

Desconcertante *talvez fosse um belo adjectivo para entregar inteiro a Agustina como troféu. Conversar com a escritora é um exercício de desconcerto, de desmontagem das ideias feitas com que, confortavelmente, encaramos o mundo. O conforto pode residir na aceitação ou na recusa, não é isso que está em causa. Agustina está para lá da recusa e da aceitação, no olhar vivo e inquieto que lança sobre as mais diversas coisas do mundo: do escândalo da pedofilia ao 11 de Setembro, de* Harry Potter *ao* Coração das Trevas. *A propósito do terceiro volume de* O Princípio da Incerteza, *a conversa começa, justamente, pelo título deste novo romance:* Os Espaços em Branco *(edição Guimarães).*

*Os "espaços em branco" e o "coração das trevas" são a mesma coisa?*
Não são. Ainda que no *Coração das Trevas* também se faça uma referência aos espaços em branco. Já houve quem o notasse – por exemplo, o Arnaldo Saraiva – porque conhece muito bem o livro do Conrad. Mas eu fixei-me mais na observação do Oppenheimer.

*Quer dizer que foi buscar o conceito de "espaços em branco" a Oppenheimer?*
Foi, justamente, um conceito que me impressionou, que me agradou. Que me agradou, sobretudo, como título de romance. É uma

observação feita pelo Oppenheimer, que não tinha grande apreço pelos literatos e que se impacientava muito com eles. Devido à grande importância da sua vida intelectual – e à pressão a que, naturalmente, estaria sujeito –, todas aquelas discussões, todo aquele gastar de ideias e de tempo o impacientavam. E, a certa altura, ele diz isto: "O que interessa, realmente, na poesia e na literatura, são os espaços em branco." Quer dizer, aquilo que não chega a ser os pensamentos reservados. Pode, realmente, nem pertencer à área do pensamento e estar na área do inconsciente. De maneira que, além de título, acho que é a sugestão de uma ideia muito interessante.

*Nas primeiras páginas do romance define os "espaços em branco" como "regiões originárias que nunca pisamos ou desbravamos". Por incapacidade ou por medo?*
Um pouco por medo. Mas também por prudência, não é? Uma prudência que antecipa o medo. Porque uma sociedade tem que ser organizada dentro de um certo consenso que não contém essa pesquisa muito profunda. Uma sociedade, a organização de uma sociedade, nunca é muito profunda.

*E não pode sê-lo?*
Não pode ser. Não pode, senão desorganiza-se. Quando atinge uma dimensão já de maior profundidade, imediatamente... O Freud diz isso muito bem nas Conferências de Viena, em que todos os grandes pensadores da psicanálise se reúnem. E ele, a certa altura, tem essa genial percepção de que acabou a psiquiatria. Acabou porque vai ser entregue àqueles divulgadores que a vão transformar noutra coisa mais leve, digamos assim, para que as massas possam desfrutar disso. Mas já não é a grande psiquiatria.

*A psiquiatria ou a psicanálise?*
Sim, a psiquiatria e a psicanálise, sem dúvida. É a psicanálise que, aqui, interessa mais como definição.

*Quer dizer que os grandes pensadores e os grandes escritores são os grandes desorganizadores sociais?*
Sim, são os grandes desorganizadores. São aqueles que lançam uma espécie de luz sobre os grandes problemas mas que, uma vez atingida a consciência, a transformam noutra coisa. A transformam numa prática, digamos.

*Os espaços em branco levam-nos em linha directa ao "coração das trevas", no seu entender?*
Acho que sim, levam-nos ao coração das trevas. Ainda que o coração das trevas não seja para ser discutido. Quando o coração das trevas é interpretado, dá numa coisa completamente diferente. Como aconteceu com o *Apocalipse Now*, não é? Aquilo não é nada o coração das trevas. É outra coisa.

*Essas regiões a que chama os "espaços em branco" são as mesmas desde sempre, são intemporais, ou variam consoante o tempo e o lugar?*
São intemporais. São os grandes problemas da humanidade: o medo, o desejo de estabilidade, o sexo. Mas depois, conforme cada época, vão tendo uma linguagem própria.

*A propósito do sexo, tem a certa altura, no romance, esta frase: "Já ninguém dizia 'carnal', mas sim sexual e seus derivados." Isto é sintoma de quê?*
É uma preocupação. Como se fosse um limite que está aproximado de um certo temor. Como se o destino dos homens estivesse

suspenso de qualquer coisa que terão de enfrentar: uma transformação qualquer. Enfim, isso daria outro livro.

*Perguntei-lhe se os espaços em branco são universais ou se terão tempo e lugar, porque me interrogo se os papuas, por exemplo, terão os mesmos espaços em branco que a escritora Agustina Bessa-Luís.*
Não, acho que não. Acho que as civilizações primitivas são muito mais simples, evidentemente. A reflexão do Homem é que transformou tudo. Eles não precisam de reflexão, eles actuam. Agem conforme as necessidades da sua sociedade e do Homem que não teve esta evolução trágica – e essa dimensão trágica é cada vez maior – que a civilização tem. Enquanto as civilizações primitivas, não. Isso, sem dúvida.

*E os espaços em branco variam segundo o género, na sua opinião? São diferentes consoante falemos de homens ou de mulheres?*
Sim, as mulheres são mais primitivas. Não é o mesmo estado de civilização. É diferente na mulher e no homem. Isso vê-se bem na personagem do meu romance, Camila, que, de resto, para melhor entendimento do público...

*É uma personagem que já vem dos seus dois livros anteriores, porque este é o terceiro romance de uma trilogia.*
Já vem de volumes anteriores mas aqui toma um carácter que é baseado numa figura real.

*E quem é essa figura real?*
Essa figura real foi já tratada por mim num folhetim que publiquei n'*O Independente*. Era baseada numa senhora que, no princípio do século, teve uma atitude muito escandalosa e foi muito

falada em Lisboa. Era a filha do proprietário do *Diário de Notícias*. Foi uma mulher que teve, justamente, um comportamento completamente irrealista. Um comportamento que não era possível explicar senão da maneira mais simples e da única maneira inteligível: definindo-a como uma paixão aberrante por um servente dela, que seria o motorista, com quem ela fez uma vida que não se chegou a saber se era realmente uma vida amorosa ou se era, por exemplo, uma forma de se servir dele como um companheiro que lhe assegurava uma certa tranquilidade.

*No seu romance, não há vida amorosa, isso fica claro.*
Não, não há vida amorosa, de facto. Estou convencida de que no caso dessa mulher também não haveria vida amorosa. Havia, simplesmente, um desejo de uma vida tranquila e de uma vida que foge a umas certas responsabilidades como sejam as da maternidade, da vida social, de uma vida de opulência. Tudo isso lhe pesa. Então, ela vai simplificando a vida e acaba por fazer quase uma vida de pobre. Depois, claro, as obrigações do romance vão transformando essas situações. Mas, no fundo, o leitor acaba por encontrá-la nessa vida que ela rejeitava, embora unicamente na imaginação.

*Chamou-lhe "lunática".*
Sim, é uma lunática. Acho que, mais ou menos, a civilização torna as pessoas todas lunáticas. Não é só ela.

*Só que uns disfarçam melhor que outros, será isso?*
Não é que disfarcem. Uns adaptam-se mais do que outros à rotina. Mas todos, mais ou menos, são lunáticos porque a civilização cria a aberração. O ser civilizado é uma aberração. É perverso.

*Contranatura.*
Sem dúvida. Desde que já não é o caçador primitivo a fazer os seus desenhos rupestres. Já é outra coisa que cria, realmente, essa demência própria da civilização.

*Daí a velha oposição natura* versus *cultura.*
Sim, e de resto nós hoje vemos isso. Hoje já se admite que o psiquiatra é um companheiro tão natural como o dentista. Dentro de pouco tempo, vai-se ao psiquiatra como quem vai ao dentista para fazer uma revisão, para fazer um acerto nos desgastes.

*E tomam-se comprimidos para o bom humor e para a alma, como até aqui se tomavam para as dores de dentes.*
Evidentemente. A sociedade futura vai ser isso. E mesmo no presente já podemos vê-lo.

*Encara isso como uma aberração?*
Sim, acho que é. Como uma perversão, evidentemente. A civilização é uma perversão.

*A Camila deste seu romance é uma aventureira a desbravar espaços em branco?*
Não, não chega a sê-lo. Primeiro que tudo, como se pode pressentir e no final se vê, tudo se passa na imaginação dela. Daí esse estado de aventura permanente. Não da aventura gloriosa, mas sim da aventura mesquinha, até. O que acontece com a figura original. No modelo original aconteceu isso. Ela vivia num pequeno quarto, num pequeno espaço. Escondia-se precisamente dentro de um armário.

*Como acontece com a sua Camila.*
Como acontece com Camila. Escondia-se no armário – visto que era uma mulher muito pequenina – quando ouvia passos, porque tudo quanto vinha de fora lhe parecia uma ameaça. De resto, na figura original, ela chega a ser internada como doente mental.

*Era uma douda, como se dizia antigamente?*
Sim. Não era uma doidivanas. Era uma doida, mesmo.

*Quando ela foge do conforto material – ainda que imaginariamente – para se dedicar a pequenos trabalhos de costura, está a procurar-se a si própria ou está a fugir de si mesma?*
Nem uma coisa nem outra. Está a satisfazer a sua pobre subsistência. Ela só quer sobreviver e, enfim, afastar tudo o que seja um grande destino. Aquilo para que hoje todos os jovens são criados: um grande destino. Um grande destino ou, no fim de contas, um grande sofrimento, não é? Porque esse destino, chega a certa altura, tem um tecto e não vão mais além daquilo. Começa, então, o psiquiatra a exercer a sua função.

*É quando se chega ao tecto que entra em cena o psiquiatra?*
É. Dizia um médico famoso que, dentro de alguns anos, se irá ao médico para tratar a doença do *insignificantismo*.

*A incapacidade de alcançar as metas a que cada um se propõe?*
Sem dúvida. Quando, afinal, isso é um erro, no meu entender. Porque, de facto, essa mediania ou essa pequena existência está cheia de satisfação, de encantos e até de felicidade. É isso que Camila, muito sabiamente, por instinto, procura.

*A* aurea mediocritas*?*
Sim, isso mesmo.

*Ela chega a ser uma ameaça para a sociedade instituída?*
De certa maneira é. Porque não é uma consumista. De maneira que é uma ameaça.

*Não contribui.*
Ela contribui para a imaginação, que é muito importante. Mais nada.

*Escreve este livro todo em tempos verbais do passado – logo no início, por exemplo: "as pessoas estavam a pôr o pé numa zona proibida, os espaços em branco" –, mas está a falar do nosso tempo.*
Sim, estou a falar do nosso tempo. Sem dúvida nenhuma. O romance é contemporâneo. O mais possível. Aquela ligação ao Stephen King...

*Que é um autor que a Agustina lê?*
Eu gosto dele. Gosto dele e sei distinguir quando é ele que escreve ou quando é o *negro* que está a escrever.

*Esse é um dos lances mais divertidos do seu romance: transformar Camila, a protagonista, em escritora-fantasma.*
Acho que é a mais cómoda das situações. E ela bem se apercebe disso. Ganha o dinheiro, não tem o peso da crítica em cima dela, nem as obrigações. Pode parar quando quer e não tem que satisfazer uma aura nem uma celebridade, porque isso é com outros.

*Ocorre-me uma pergunta um bocado tola: mais depressa lhe passaria pela cabeça o desejo de ser uma escritora-fantasma ou a vontade de ter um escritor-fantasma a trabalhar para si?*
Isso, o ter, não. É absolutamente impossível porque eu esgotava mais depressa o escritor-fantasma do que ele me esgotava a mim.

*E via-se no papel de escritora-fantasma de alguém?*
Não, não me vejo nesse papel, ainda que seja aliciante.

*Perguntei-lho precisamente por me ter dito há instantes que há vantagens...*
É o aliciante de criar aquilo que o escultor fez com aquela escultura tão bela que acabou por se apaixonar por ela, o mito de Pigmalião. Pode haver também um Pigmalião da escrita que crie uma grande figura: "Ora, agora vamos nós – com o nosso conhecimento todo, com a nossa cultura toda – fazer um grande escritor." Acho isso muito interessante, apaixonante. Agora, é preciso ver que o *negro* começou muito antes do que se pensa. Hoje estamos numa época em que ele já está vulgarizado.

*Mas é assim tão comum?*
Acho que sim. Vê-se com que facilidade aparecem livros por toda a parte. Por exemplo, a senhora que escreve o *Harry Potter*: por detrás dela está um escritor-fantasma. Disso não há dúvida nenhuma.

*Acha que não é ela a verdadeira autora?*
Absolutamente. É um fenómeno, realmente, muito programado, muito bem escalonado. Acho que não.

*Está a abrir uma pequena suspeição de escândalo.*
Não, não o é. Hoje, isso já não é escândalo. De resto, o escândalo já não é escândalo. Com grande desespero dos *media*, o escândalo já não é escândalo. Quando dizem que Portugal está deprimido por causa dos escândalos que se têm avolumado, eu penso: "Não está nada." E viu-se, este ano, pelo São João e pelo Santo António. Foram festas mais brilhantes e mais ruidosas e mais entusiásticas que nunca.

*Será um desejo de fugir à depressão?*
Não, não, não. Não é isso. É uma forma de afirmação: "Ai, sim? Nós estamos deprimidos? Então, vamos lá." Isso, de resto, é muito português. E muito latino. Essa atitude, essa euforia que é criada pela intimação à depressão a que se responde com a euforia.

*Voltando ainda aos escritores-fantasma...*
Não me estou a referir exclusivamente ao romance, à literatura. Há muitíssimos livros que têm a participação de *negros*. As pessoas chegam a um certo estatuto da sua vida e o que lhes falta é escrever um livro. Na política isso aparece muito.

*Quer dizer que ainda é importante, apesar de tudo, escrever um livro?*
É importante. Realmente, ter um filho e plantar uma árvore já não chega. O terceiro estado de importância é realmente escrever o livro. Isso já vem de longe. Até de outras civilizações.

*O facto de essa importância se manter é que parece, pelo menos aparentemente, contraditório com a desvalorização – de que se fala muito – do livro e da palavra escrita.*
Sim, mas a palavra escrita é necessária. Necessária, importante e, de facto, quando se quer produzir uma grande homenagem, não

é a estátua que vai para o largo, que essa já está desvalorizada. É, realmente, pelo livro. O livro é a afirmação das qualidades da pessoa que atingiu um determinado estatuto. É como quem diz: "Aqui está a prova de que ela merece essa ascensão que lhe foi proporcionada."

*A Camila do seu romance é só uma escritora de sucesso ou é também uma boa escritora?*
Ela não precisa de ser uma boa escritora. É uma pessoa informada, leu muito desde jovem e, a certa altura, como ela diz, "é mais fácil fazer um livro do que pregar as mangas de um vestido". Porque, possivelmente, pregar as mangas de um vestido obriga a uma matemática que um livro não exige. O livro pode ser inventivo, pode ser extravagante. Enquanto há determinadas condições para que umas mangas saiam bem. Qualquer costureiro pode dizer isso. É das coisas que eles consideram, realmente, difíceis. Tem que estar certo. Para escrever um livro, não. Para escrever um livro, basta ter uma boa informação e imaginação para o fazer. Acho, inclusivamente, que o *negro* está numa situação privilegiada para isso.

*Porque, se correr mal, também não é com ele?*
Não é com ele, exactamente.

*A certa altura há um homem que diz a Camila que a "eficiência" é a forma de escapar ao "coração das trevas"...*
Sim, sim.

*A sua forma de eficiência é a escrita?*
Sim, de certa maneira é.

*Também podia ser o contrário disso, porque a escrita é uma exploração dos espaços em branco, não é?*
Não. Acho que a eficiência, de certa maneira, anula a filosofia. A pessoa é perfeita naquilo que faz e é intocável precisamente por isso. Não precisa de praticar um pensamento. A eficiência é uma fórmula.

*Mas há eficiência na escrita, num romance, ou não?*
Não se pode pôr assim o problema. Na escrita também tem que haver um dom.

*Quando há "eficiência" é má escrita?*
Quando é só eficiência é má escrita. Mas também tem que haver eficiência. Evidentemente, a prática pressupõe eficiência. E quando Camila começa a ser o *negro* de um autor tem que haver algo além dessa qualidade de escrever. Pode até não ser brilhante. E, no caso dela, não era, porque senão ela era uma escritora. Ela é simplesmente um auxiliar mas, como auxiliar, toma uma proporção como acho que acontece no *Harry Potter*. No caso da Camila, é uma escritora que obedece a uma inspiração que lhe é transmitida: "Se queres ganhar dinheiro, agora faz isto assim, assim." É uma receita boa e que ela aproveitou. Partiu daí, pelo menos na sua imaginação.

*Esse era um aspecto de que eu não tinha pensado falar consigo, para deixar em suspenso o desfecho.*
Mas devo-lhe dizer que eu sempre pensei, desde a minha juventude, que, se encontrasse alguém – e estive quase a fazê-lo pelas dificuldades que tinha de me impor como mulher –, poderia vir a ser a *negra* de alguém.

*Nesse caso, numa atitude inversa: seria a* negra *que proporia a alguém que fosse o seu rosto e não alguém que escreveria a pedido de outro?*
É realmente o contrário: ser *negra* de alguém que servisse de fachada. Era mais simples.

*Chegou mesmo a pensar nisso seriamente?*
Cheguei a pensar nisso seriamente.

*E chegou a ter candidatos?*
Não. Tinha que procurar. Mas era capaz de haver mais candidatos do que eu própria imagino.

*Estava a dizer que isso lhe ocorreu pelas dificuldades que teve em ser aceite. Que tipo de dificuldades?*
As dificuldades de me impor. É curioso que, há tempos, estava a ler uma espécie de biografia da Emily Brontë (uma conferência quase biográfica da Victoria Ocampo, uma argentina com muito talento) e esbarrei com essas primeiras dificuldades de as três irmãs Brontë se imporem como mulheres. Por isso usaram nomes masculinos. Como eu usei Bessa-Luís, sem Agustina. É um nome indefinido, não é? E lembro-me de julgarem que eu era um homem. O Pascoaes julgou que eu era um homem. Não havia, no primeiro livro que escrevi, qualquer outra referência, e ele pensou sempre que eu era um homem. Escreveu-me uma carta que levou dois anos a chegar até mim. Veio para Lisboa, andou por vários sítios e ele imaginava sempre que era um rapaz que tinha escrito aquilo.

*Acha que esse equívoco a favoreceu?*
Não. Depois esbateu-se.

*Mas de início o equívoco foi-lhe favorável?*
Não sei.

*O Pascoaes ter-lhe-ia escrito se assinasse Agustina?*
Quando ele me escreveu, já sabia – através de família – que eu era uma rapariga. Mas no princípio podia ficar uma certa... Quando concorri com a *Sibila* foi com pseudónimo.

*Masculino?*
Era Stavróguin, a personagem do Dostoiévski. De maneira que um dos membros do júri julgou que o livro era de um caturra que vivia na província e que o tinha lá na gaveta há muito tempo, que nem era muito novo. Isso é que me favoreceu: ter sido o Stavróguin transformado num caturra de Trás-os-Montes.

*Porque é que escolheu Stavróguin para pseudónimo?*
Porque gosto imenso do Dostoiévski. Era, e ainda hoje é, o meu autor favorito. O favorito nem é bem o Dostoiévski, é mais o Gogol. Tenho afinidades com o Gogol: um certo humor, um certo descanso na descrição da província profunda. Do Gogol gosto muito. E aí está o lunático perfeito. Mais do que o Dostoiévski. Mas considero o Dostoiévski um grande, grande homem.

*Mas o Dostoiévski tem uma galeria de personagens imensa: porque é que acabou por escolher precisamente o Stavróguin?*
Detive-me no Stavróguin. Também há outro – como é que se chama? –, o Rogójin, d'*O Idiota*, que é um homem cruel, um assassino, um psicopata, mas que, como personagem, é extraordinário. Aquela paixão que ele tem pela personagem principal, de certa maneira uma mulher fatal! É realmente uma figura

muito importante na obra do Dostoiévski. Mas gostei mais do Stavróguin.

*Para o vestir.*
Para me vestir com ele.

*Que características desse Stavróguin é que a fizeram gostar tanto dele?*
Já não me recordo, sei lá. Tinha que ler outra vez *Os Possessos*. Sei que é uma das figuras mais encantadoras do Dostoiévski. Quando escolhi o pseudónimo estava debaixo dessa forte impressão. Estava, na altura, a ler todos os russos, perfeitamente integrada nesse mundo. Agora estou a reler justamente *O Monte dos Vendavais*. Considero que, como romance-romance, é dos maiores do mundo.

*Voltemos ainda aos escritores-fantasma. Alguma vez conheceu um* negro*?*
Não, nunca conheci. Mas houve vários. Sobretudo na literatura francesa. Famosos, até. Como eu digo no livro, havia escritores *negros* só para a paisagem. Outros só para o diálogo. Num livro era preciso um diálogo, sabia-se quem fazia o diálogo. Sabia-se quem fazia a paisagem. O Dostoiévski não tem um *negro* e bem precisava para a paisagem, porque nunca a tem. Falta-lhe lá a paisagem.

*Um livro podia ser uma espécie de* patchwork.
Era. E, como no *patchwork*, resultava bem.

*Deu o exemplo dos livros do Harry Potter. Leu-os?*
Não. Pelo amor de Deus! Isso é que é um *patchwork* de todas as lendas e de todas as fantasias que já foram exploradas em todos os tempos. Não li. Agora, não se escreve um livro com setecentas ou oitocentas páginas sem a ajuda de *negros*, isso sem dúvida.

*Para quem, como a Agustina, tem uma obra com muitos milhares de páginas, parece estranho ouvi-la dizer isso.*
Sim, mas um livro de setecentas ou oitocentas páginas, assim encomendado... Agora vou escrever sete. Um escritor nunca pode dizer isso. Escreve um e depois se verá. Mas oxalá que sejam todos muito felizes, esses *negros* todos.

*Não leu o* Harry Potter *mas é leitora de Stephen King e diz que consegue distinguir, ao ler uma página, se foi ele ou um* negro *que a escreveu. Como?*
Noto. Quando é ele, é mais agressivo. Quando diz "inúteis, uni-vos!", é ele. Não é o *negro*, de maneira nenhuma. O *negro* deve ser mais moderado. E até menos brilhante. Daí o seu lado de *negro* que, na literatura, acontece quando ele cede a esses que não têm a craveira dele.

*Este seu romance, apesar de estar escrito no pretérito imperfeito e no mais-que-perfeito, é um romance sobre o presente, já o disse. De resto, refere episódios recentes, como o 11 de Setembro, por exemplo.*
Sim, é um romance sobre o presente e com muitos dos... não direi erros, mas com todo o decurso da vida das pessoas no presente.

*O 11 de Setembro está no romance como uma bandeira temporal ou por lhe ter causado uma impressão tão forte que não lhe pôde escapar ao escrever o livro?*
Não direi assim. Forte, não. Mas de certa maneira histórica. Tem a sua importância histórica. Pelo menos da História local. Tem a sua importância.

*Além do 11 de Setembro há a pedofilia, por exemplo. O livro é tão actual que parece ter sido escrito ontem, mesmo agora.*
Sim, foi escrito mesmo agora. Essas últimas páginas já estavam coincidentes com todo esse romance. Isso então é que é um romance completamente delirante.

*E é um folhetim, também.*
É um folhetim. Mas um folhetim que podia ter sido escrito, sei lá, há cinco mil anos. É tão actual como isso.

*A realidade está a tirar protagonismo aos ficcionistas?*
Acho que sim. Ou melhor, não. Um escritor dificilmente pegaria nesse tema.

*Por inverosímil?*
Não por inverosimilhança. Porque minaria esses alicerces da sociedade que se constrói dentro de uma normalidade aparente. Punha, portanto, o escritor numa situação muito difícil. E era preciso ser um grande escritor para pegar nisso. Ou então era um narrador do Velho Testamento, não é?

*Um narrador seco.*
Seco. Só os factos. Para fazer um estudo, já tinha que ser, sei lá, um pensador. Tinha que ser um legislador. Tinha que ser, enfim, não um moralista – que não era para aí chamado – mas... É um tema interessante. A pedofilia é um tema interessantíssimo.

*Uma questão antiquíssima que surge de repente na ribalta.*
Com milhares de anos, evidentemente. Como todas essas situações em que predomina o sexo: são milenárias. Esbatem-se até na bruma dos tempos.

*E onde é que está, no seu entender, a distorção? No silêncio anterior ou no ruído de agora?*
Não houve silêncio anterior. Enfim, era condenável na medida em que dava ao sexo uma liberdade que era prejudicial à estrutura da sociedade. Só isso. Há uma certa – vou usar a palavra outra vez – uma certa euforia sexual que prejudica a sociedade, prejudica o equilíbrio, prejudica essa normalidade, essa insignificância de que se nutre a sociedade.

*Mas essa situação – no caso concreto e actual – foi vivida durante anos sem escândalo. De repente, surge o escândalo. O que é que é o excesso, o escândalo ou o silêncio?*
Hoje, há novas formas de terror. As sociedades sempre foram conseguidas através de normas de terror, através de fórmulas de terror. Essa é uma delas. É uma das que estão presentes. É essa, é a doença...

*Está a referir-se ao sexo?*
A restrição sobre o sexo e também a doença. A importância que a doença toma na vida de uma sociedade e das pessoas é uma forma de terror que lhes é imposta. Que as pessoas compreendem bem e que acabam por incorporar profundamente. As pessoas, hoje, vivem oitenta por cento da sua vida em torno da doença.

*Mas isso é um terror construído, social, ou não será antes um terror natural?*
É construído. Estou convencida de que é construído. Evidentemente que alguém ganha com isso, naturalmente. E com o sexo, então, de uma maneira fabulosa. É uma coisa que o *Harry Potter* ainda não...

*Ainda não chegou ao sexo.*
Não. Está a crescer. Mas através da pedofilia já podia chegar.

*Essa é uma ideia perversa.*
É uma ideia para o novo volume.

*À atenção do* negro. *Estamos para aqui a rir e há pouco dizia que a sociedade portuguesa vive numa situação de euforia mais do que de mal-estar. Uma euforia momentânea ou que é um estado de alma comum e perene?*
Perene, não é. Nada é. Mas, de facto, há um entendimento dos povos a respeito do seu procedimento, que não tem nada que ver com aquilo que lhes é incutido. Hoje, é uma resistência a qualquer outra coisa. A uma força, a um poder que procuram exercer sobre as massas. Elas respondem com a euforia. Tornam-se eufóricas. No fundo, sabem que os motivos dessa euforia não são importantes. Mas a euforia é importante.

*Para esconjurar?*
Sim. Para esconjurar.

*Vivemos numa espécie de Carnaval permanente?*
Não, num estado de esconjuro permanente. Acho que sim.

*O Carnaval era, tradicionalmente, o grande momento ritual do esconjuro.*
Era um momento ritual mas muito breve. E mantém a sua importância. O ser humano defende-se, não é? Defende-se. Esse pequeno vírus da liberdade, que todo o ser humano recebe no momento do nascimento – e a que se pode chamar tudo, inclusivamente *pecado original* – é algo que perdura. A pessoa vive envolta nessa pequena semente de liberdade e defende-se constantemente. De toda a maneira que lhe é possível. Defende-se.

*Defende-se dessa semente?*
Não, defende-se do contrário. Do que está de fora. Daquilo que a agride. Da ameaça a essa semente.

*Há um pensador francês muito polémico e muito citado ultimamente, Jean-François Revel, que diz precisamente o contrário: que as pessoas têm medo da liberdade e fogem dela porque, à liberdade, preferem a segurança.*
Isso também é uma ideia já antiga. Voltamos aos psiquiatras. Já o Erich Fromm falou disso, do medo da liberdade. Tem-se medo da liberdade como se tem medo de uma caixa que se pode abrir e de onde pode sair toda a espécie de malefícios. Mas, no fim de contas, ninguém vai desfazer-se dessa caixa. Ninguém abdica dela porque ela é importante para a sobrevivência. Aquilo que marca o ser humano com esse selo – que pode ser ignominioso, chamar-lhe "pecado original" é isso – é essa vocação profunda que leva o ser humano mais longe.

*A Agustina é alguém que tem vindo a fazer uma espécie de levantamento dos estratos geológicos que são as atitudes culturais das últimas décadas. Como é que recolhe os sinais da mudança social de hábitos e de comportamentos?*

No contacto humano. O ser humano é a minha grande escola, é a minha grande fonte de informação. É o meu arquivo, inclusivamente. Eu, por exemplo, aos cinco anos não gostava dos adultos porque os considerava falsos, mentirosos e hipócritas.

*E ainda pensa isso?*
Hoje penso, mas de outra maneira. Porque não são só isso. Eles são isso como defesa, como simplificação. Hoje, por exemplo, dou muita importância às pessoas que são frívolas.

*Porquê, o que é que a frivolidade nos dá?*
A frivolidade é também uma forma de hipocrisia porque as pessoas não são aquilo. A pessoa, quanto mais frívola nos parece, mais esconde a sua natureza profunda.

*E porque é que dá essa importância especial aos frívolos?*
Porque têm mais a noção da sua fraqueza e, portanto, têm de se revestir de qualquer coisa que se imponha – inclusivamente, de uma maneira chocante – mas que é, de certa forma, uma carapaça que os defende.

*A sociedade em que vivemos parece ter acentuado as recompensas à frivolidade. Por exemplo, com a moda.*
Sim, com a moda. Claro que a moda ganhou importância porque ganhou também uma clientela maior.

*Tornou-se uma indústria.*
Tornou-se indústria mas, no fim de contas, a moda era uma distinção de classe. O Luís XIV empenhou-se fortemente na moda para destruir a aristocracia. A aristocracia que não podia seguir

aquela moda extremamente dispendiosa era uma aristocracia que ficava abolida e, de certa maneira, deixava de o incomodar. Hoje, o que acontece é que a moda se popularizou. Há uma necessidade de criar novos mercados e mercados muito mais vastos.

*Pode-se dizer que isso acaba por ser a generalização, o triunfo da frivolidade?*
Eu não sei se a moda é frívola. Acho que não. O mal da moda de hoje é que não é frívola. É dada, inclusivamente, uma distinção ao que é precário, ao que é pobre. Hoje, vemos uma moda esfarrapada e aceitamo-la. De certa maneira, as pessoas – como a própria Camila do meu romance – sentem-se mais tranquilas porque aquilo é moda. Aquilo que elas estavam habituadas a não aceitar agora aceitam e, de certa maneira, vivem em comum com o que, antes, não era possível.

*Tudo o que antes era ruptura agora é aceite e integrado no tecido social.*
Sim, sim. Como defesa. Não se pode dizer, hoje, que há uma moda. Há um desfrute de todas as coisas e as pessoas, de certa maneira, estão mais protegidas e mais favorecidas.

*Há pouco dizia que dá importância à frivolidade porque as pessoas frívolas não podem ser apenas aquilo...*
Não são só aquilo. Resta saber se aquilo que elas são merece esse trabalho de serem frívolas. Porque, justamente, voltando a Camila, vemos que é uma mulher que não tem nada de extraordinário. Ela não quer ser frívola mas vai directamente àquilo que quer ser: ela quer ser medíocre. Mesmo como *negra* é medíocre. Ela não é uma escritora. Cria uma imagem e cria um escritor mas isso não quer

dizer que esse escritor seja da grande literatura. É daquela literatura de consumo e, nesse sentido, tem êxito.

*Os anos sessenta, que impuseram a chamada contracultura, questionaram essas noções de grande literatura ou de grande arte. Apesar de continuar a falar de grande literatura, não lhe parece que a contracultura triunfou, realmente?*
Sim, acho que triunfou. Triunfou na medida em que hoje ninguém está obrigado a ler os grandes livros. Ninguém tem muitas razões para isso e pode dizê-lo muito claramente.

*Já não é uma falha não ter lido o Dostoiévski?*
Não. Já não é uma falta não ter lido os gregos. Mas haverá sempre quem os leia. Do mesmo modo que os russos, quando fechavam as igrejas e diziam que a religião era o ópio do povo, ressalvavam: haverá sempre pessoas religiosas, haverá sempre crentes. Haverá sempre os leitores dos gregos. Haverá sempre quem, numa frase, encontre um extraordinário prazer ao ler um verso espantoso e ao saber o que é preciso para chegar a esse estado poético. Mas isso não envergonha os outros. Os outros têm, inclusivamente, a sua maneira de procurar o divertimento numa leitura que não é essa leitura, evidentemente.

*Tudo se tornou, no entanto, muito relativo. Absolutamente relativo, poderia dizer-se de forma paradoxal.*
Sim. Mas haverá sempre o plano da satisfação e o plano da aspiração. O ser humano aspira sempre a qualquer coisa que um tipo de literatura pode sugerir. E há outros para quem a satisfação de uma vida, que sabem curta, pode ser desfrutada através de um livro ou de um jogo de futebol. De toda essa – aí está! – euforia.

*Há um aforismo neste seu livro em que escreve a certa altura: "São as cumplicidades que fazem as culturas, não são as ideias." Isto é apenas uma constatação ou também um lamento?*
Não. Não o lamento. Eu hoje sou profundamente aceite na sociedade portuguesa, na medida em que sou profundamente cúmplice dela. Cúmplice das pessoas.

*Cúmplice em que sentido?*
Cúmplice na medida em que as entendo e faço parte delas. Por um fenómeno de mimetismo, pode-se dizer.

*Sente-se mais aceite pelo lado humano e cúmplice do que pelas ideias que expressa?*
Mais do que pelas ideias ou até que pelo engenho dos livros. Há uma enorme quantidade de pessoas que me lêem pouquíssimo – ou que não me lêem de todo – e, contudo, fazem parte de mim e eu delas. Sem dúvida nenhuma. Quando eu morrer, vou fazer imensa falta, nessa medida. Essa cumplicidade desaparece. E ela é necessária à vida humana. As pessoas sabem que nada de mal acontece a um povo em que essa cumplicidade está viva e é permanente.

*Disse "quando eu morrer".*
Sim.

*É uma frase, um pensamento que lhe ocorre...*
Evidentemente.

*... com frequência?*
Não. Com frequência, de maneira nenhuma. Basta olhar para

mim. Não, não. Em todo o caso, é um facto. Costumo dizer: "Como toda a gente morreu antes de mim..." Todos nós pensamos isso: toda a gente morreu e toda a gente morre mas isso não quer dizer que não haja alguém que seja imortal.

*Ocorre-lhe esse pensamento: a imortalidade física?*
Ocorre a todos nós. Senão não podemos viver. Tem que haver essa ideia de que pode haver, enfim, um caso. E caminhamos para lá. Pelo menos para uma aproximação da imortalidade.

*Isso é uma bela ideia para um romance.*
É. E já tem sido explorada.

*Há quem diga que seria uma grande maçada, a imortalidade física.*
Eu acho que não.

*Pelo menos cansativa.*
Não, o Homem não se cansa de viver. E nós vemos que é mais fácil morrer em jovem que morrer em velho. Num livro de um escritor francês, de que não me ocorre o nome, há um homem distinto, um médico, que chega ao fim da vida e a quem o filho tenta convencer – quando ele já está para morrer, já moribundo – que é natural que a pessoa velha, que viveu muito, morra, que não tem de sentir pena por morrer. E o pai diz: "Pois é, por isso mesmo; porque vivi muito e porque sei o que é viver é que tenho pena, por isso é que me custa muito mais." Enquanto vemos a serenidade com que um jovem desafia a morte. Senão não ia para a guerra. Os jovens consideram, de certa maneira, que a vida não tem importância.

*Os velhos dão mais importância à vida do que os novos?*
Acho que sim. Ou, pelo menos, habituaram-se, o que é uma forma de lhe dar importância.

*De toda a sua, vida qual é o instante, o fragmento, o pontinho de luz que mais vezes lhe ocorre para dizer que viver vale a pena?*
Acho que é extraordinária a nossa capacidade – como eu dizia há tempos numa carta que escrevi ao Eugénio de Andrade, que está muito doente – de amar. Eu dizia-lhe: "O importante é amar alguma coisa." Ter a capacidade de amar alguém ou algo na vida. Ser capaz de pôr nisso todas as forças, toda a capacidade que, no fim de contas, é a capacidade para viver.

*O principal objecto do seu amor têm sido as pessoas ou a escrita?*
Foi a escrita e foram as pessoas. As pessoas é que são o material da minha escrita. Acima de tudo, as pessoas. Se eu não tivesse papel e tinta para escrever, acho que não sentia tanta falta deles como se não tivesse pessoas com quem falar e a quem observar. A quem ver passar. Isso para mim é o mais importante.

*Basta-lhe apenas vê-las passar?*
Sim. Porque, no fundo, sou muito solitária. Não sou muito convivente. Sobretudo por economia de tempo. Sou solitária na medida em que me basto a mim mesma para criar um mundo. Mas, ao mesmo tempo, tenho a necessidade desse envolvimento do mundo que me rodeia.

Fevereiro de 2003

# ANTÓNIO LOBO ANTUNES

ESCREVO PELA MESMA RAZÃO QUE A PEREIRA DÁ PERAS

*Está no seu cantinho à espera de que as palavras cheguem. No mesmo canto onde escreveu todos os últimos livros e onde tenciona escrever os próximos. No canto de uma garagem reconvertida em ateliê de* design *onde, até nos meses de pousio, quando não está a escrever nada, se vem sentar em silêncio. Fala muito baixo, às vezes quase para dentro, numa toada lenta e encantatória. Mesmo ao falar do desagrado por aquilo que considera a falta de rumo da editora que lhe publica os livros. Que lhos publicou até agora mas que ainda não sabe se lhe publicará o próximo. Está pronto desde Novembro e vai chamar-se* O Arquipélago da Insónia. *O grupo Leya, que comprou a Dom Quixote, pediu-lhe "uma oportunidade". Ainda não sabe se vai querer dar-lha. O facto de Saramago estar no mesmo grupo editorial não é relevante. Continua a surpreender-se, aliás, com a persistência com que os nomes de ambos aparecem tantas vezes referidos em conjunto. Nunca leu um romance de Saramago, mas leu o suficiente para saber que não têm nada a ver um com o outro. Lê sobretudo poesia e é aos poetas que mais inveja. Ultimamente descobriu também o prazer dos policiais e tem encontrado no Nero Wolfe, de Rex Stout, uma boa companhia, embora, agora que começou um novo livro, leia menos. O livro novo está a chegar-lhe "com ímpeto". António Lobo Antunes volta a sentir-se a cem por cento.*

*O que é que está a escrever?*
Não sei, Carlos, não sei.

*Ainda está no nevoeiro?*
Estou sempre no nevoeiro. Quer dizer, tenho algumas noções do que é o livro. Já há vários livros que eu andava a tentar escrever uma coisa baseada na estrutura, por assim dizer, da corrida de toiros: antes da corrida, tércio de capote, tércio de varas, tércio de bandarilhas, faena, sorte suprema. E depois a corrida. É isso que tenho estado a tentar fazer. Mas isto é apenas o segundo capítulo. Fiz um primeiro muito lento. Fiz um segundo surpreendentemente rápido. Vamos ver.

*Gosta de touradas?*
Gosto. Da tourada à portuguesa não tanto. Gosto da tourada espanhola. Mas não vou muito. Não era isso que me interessava mais. Isso era apenas um pretexto para uma estrutura. Gosto da tourada, mas o meu problema não é gostar ou não gostar, é ela ser-me útil para o trabalho. Vamos lá a ver se sou capaz de o fazer. Não sei.

*Este é o primeiro livro que começa a escrever, de início, depois da doença que teve no ano passado.*
Não tinha tempo para mais, não é?

*O que lhe quero perguntar é se a experiência por que passou marcou de alguma forma aquilo que está a escrever.*
Nada. Pela primeira vez aconteceu-me interromper um livro durante três ou quatro meses. Nunca pensei ser capaz de pegar nele outra vez. Estou a referir-me ao próximo livro que vai sair.

Porque os livros que eu tenho escrito saem sempre, aqui em Portugal, pelo menos um ano depois de estarem acabados. Para dar tempo aos tradutores de os traduzirem.

*O susto por que passou não se intrometeu, portanto, na sua escrita.*
De forma consciente, não. Os livros são autónomos, sabe? Eu escrevi livros nas circunstâncias mais variadas. Comecei um livro ao lado de uma pessoa que estava a morrer. Um outro – *A Ordem Natural das Coisas* – muito perto de outra pessoa também a morrer e cuja morte foi muito dolorosa para mim. Quando estou a escrever não existe nada a não ser o livro. Isso é muito bom. Na guerra, os meus camaradas sabiam que eu escrevia – era impossível ter segredos naquela situação –, mas sabiam lá o que é que eu escrevia. Em África, escrevia todos os dias. Na altura, não pensava publicar nada. Comecei a publicar por acaso. Mas julgo que escrever naquela situação foi muito importante para mim. Havia uma parte de mim que continuava viva. Isso fez com que viesse de lá, tanto quanto tenho consciência, sem grandes sequelas. Claro que as trago. Há coisas que não cicatrizam. Mas penso que o meu grau de sofrimento é muito inferior ao da maior parte dos meus camaradas.

*Por ter para onde canalizar esse sofrimento, pela escrita?*
Não diria para canalizar. Era para sentir alguma dignidade humana dentro de mim. Sobretudo isso.

*Perguntei-lhe se tinha havido algum efeito da doença por que passou, porque disse, depois do período de convalescença, que agora joga com as cartas todas viradas para cima.*
Ah, é óbvio que passar por uma experiência destas muda radicalmente uma pessoa.

*Mas não muda radicalmente a relação que tem com aquilo que escreve?*
Não sei. O livro cuja segunda metade foi escrita depois e a primeira metade antes, eu não o li. E este, não sei. Vamos ver.

*Explique-me lá melhor o que é que queria dizer com essa ideia de ter passado a jogar com as cartas todas viradas para cima.*
É não haver mentiras, não haver disfarces. Sabe, julgo que aprendi a ter um maior sentido ético na vida. Não por mim, que pouco valho. Mas por respeito pelas pessoas que vi sofrer. Com uma dignidade que muitas vezes me fez ter vergonha de mim mesmo. Passei a ter muito mais respeito pelas pessoas. Não quer dizer que as desrespeitasse. Mas é um respeito muito mais consciente e, sobretudo, é o descobrir, maravilhado, que há muitas pessoas melhores do que eu. Eu, António. Depois há o António Lobo Antunes que escreve livros. Mas esse só existe enquanto escreve.

*Dissocia muito claramente o António, cidadão, do António, escritor?*
Como cidadão praticamente não existo. Levo a minha vida tão arredado de tudo. O Carlos sabe que eu sou bicho-do-mato. Não frequento eventos, não participo em nada. Tenho uma vida muito solitária, muito fechada. Tenho poucos amigos. Com esses dou-me, claro. Portanto, não faço vida social. Não tenho importância colectiva, no sentido em que não intervenho. Praticamente nunca intervim em qualquer coisa que se passasse à minha volta. Sempre achei que tinha de proteger os meus ovos. Nisso, sou um bocado galinha. E os ovos são os livros. Fora dos livros não acho que a minha opinião deva ser valorizada. Não me sinto consciência moral de nada, como outras pessoas se podem sentir. Sou um indivíduo, apenas.

*Não valoriza a velha categoria do intelectual, com voz pública sobre os problemas da comunidade?*
Não. Começo logo por não gostar da palavra "intelectual". Sabe como é que a palavra "intelectual" nasceu? Com o caso Dreyfus. Referia-se a engenheiros, médicos e por aí fora. Pessoas que apoiavam o Zola naquela sua luta e não sabiam como se haviam de chamar. Então, arranjaram essa expressão: intelectual. Foi uma expressão que tomou, depois, conotações que não me agradam. A gente associa intelectual até a uma certa postura física. À barba, às dioptrias. E a um certo discurso. Não tenho nada que ver com isso.

*Ter o jogo todo à vista – retomando a sua expressão – é uma decisão com implicações apenas na sua vida pessoal ou também na sua vida literária?*
Tem implicações para mim mesmo. A minha vida pessoal, não vamos falar dela. A minha vida literária está à vista de todos.

*Mas quando fala em ter o jogo todo à mostra...*
É em relação a mim mesmo. Ganhar o meu respeito por mim. Torna-me mais intransigente nalgumas coisas, mas muito mais tolerante na maior parte das situações. E mais intransigente sobretudo comigo. Em relação aos outros torna-me mais tolerante.

*Não quer dizer que tenha passado a dar valor literário à sinceridade.*
Claro que não. Embora na sinceridade caiba tudo, até a mentira. Todos os substantivos abstractos são perigosos: honra, glória, coragem, pátria.

*São palavras facilmente manipuláveis.*
Exactamente. Podemos torcê-los e fazer deles o que quisermos. É em nome de palavras destas que se têm feito as piores coisas.

Eu desconfio muito dos substantivos abstractos. Como desconfio, cada vez mais, dos adjectivos. Daí fazer uma prosa cada vez mais substantiva. O meu problema é sempre o mesmo: como escrever, como escrever, como escrever, como escrever?

*Esse problema acentuou-se?*
Eu continuo a aprender. Tenho muito que aprender, ainda. Acho que tenho uma noção parcial daquilo que estou a fazer. É muito cedo ainda para se perceber o que eu trouxe ou não trouxe. No meu entender, isto não são romances. Os primeiros, sim, são obviamente romances. Acho que, a partir de *O Esplendor de Portugal*, deixaram de ser romances.

*Mas em* O Meu Nome É Legião*, o último publicado, volta a aparecer a designação de romance.*
Sentiu-o?

*Não, está lá escrito na folha de rosto: romance.*
Ah, não reparei.

*É verdade.*
Olhe, isso não é culpa minha. Não tinha reparado nisso. Houve um a que eu chamei deliberadamente poema...

*Que Farei Quando Tudo Arde.*
... mas neste isso não foi feito por mim.

*Por sua vontade não estaria lá a palavra romance?*
Por minha vontade não estaria lá, obviamente. Esse é um livro que precisava de ser lido com mais atenção.

*O Meu Nome É Legião?*
Sim. Aquilo aparentemente é uma história de miúdos marginais, etc. E não era nada disso. Não é nada disso. Aquilo sou eu, todo. Repartido. Se uma pessoa ler com atenção estes livros... A partir da altura em que eu esgotei a biografia, nos três primeiros, num processo de catarse em que eu precisava de me libertar daquela ganga para depois escrever a sério, acho que os livros começaram a ser muito mais... Quem souber ler descobre lá, muito mais, o retrato de um homem. Eu gostava que o leitor se descobrisse a si mesmo, também, nos meus livros. A si mesmo e ao autor, ao mesmo tempo. Nós somos todos tão parecidos. Todos. Agora, é óbvio que trabalho muito mais. Cada vez mais. É óbvio que um livro me custa cada vez mais. Os problemas técnicos são vividos mais dolorosamente. Aparecem a cada passo. Mas não vamos falar disso porque é maçador.

*O livro que interrompeu, devido à doença, manteve-se no mesmo rumo depois da interrupção, quando o retomou?*
Eu percebo a sua pergunta mas a palavra rumo talvez não fosse a melhor. Não sei qual seria a melhor palavra.

*O sentido da minha pergunta é este: supondo que não tinha havido interregno, imagina o livro tal como ele vai sair?*
Não lhe sei dizer. Porque, ao acabar-se um dia de trabalho, no dia seguinte o livro inflecte. Às vezes dá-me vontade de continuar a escrever por mais horas. O que eu faço, então, é parar, se possível, a meio de uma frase. Se possível, a meio de uma palavra. Para tentar não torcer muito o rumo ao livro, para usar a sua expressão.

*Esse livro que já está escrito vai ser publicado este ano?*
Sim, no fim do ano. Penso eu. Não sei ainda o que irá acontecer. Em termos editoriais não sei o que me irá acontecer em Portugal.

*O que é que desencadeou esse romance que está escrito e que ainda não foi publicado?*
Às vezes, é só uma frase. Por exemplo, quando comecei *Ontem não Te Vi em Babilónia* – eu gosto desse livro – a única coisa que tinha na cabeça era: como é que a noite se transforma em manhã.

*E com este?*
Com este, não sei porquê, era: o que é ser autista? Porque eu acho que o sou um bocado. Pela minha maneira de viver, etc. É um livro mais pequeno que os outros. Relativamente pequeno. Duzentas e poucas páginas.

*Já* O Meu Nome É Legião *era mais pequeno que os anteriores.*
Sim. Este é mais pequeno ainda. Uma voz começou a falar dentro de mim. Foi assim. A fazer, a desfazer e a refazer as coisas.

*E qual foi o clique para este que começou a escrever agora?*
Foi um grupo de irmãos e a maneira como eles vivem a morte dos pais e a luta pelo poder entre si. Não tinha mais do que isto. Cada vez começo um livro com menos coisas. Depois, se o livro é livro, anda sozinho. Faz-se a si mesmo. Às vezes, tenho a impressão de estar a assistir. Os primeiros capítulos são sempre muito penosos. Este – e ainda estou no princípio –, fi-lo surpreendentemente muito depressa. Tinha contado fazer esta página [*aponta a folha de papel pousada em cima da mesa, escrita numa letra muito miúda,*

*a tinta azul*] em quatro ou cinco dias e fi-la em dois. Isto para mim é uma coisa muito rara.

*Acontece-lhe ter falsas partidas?*
Muitas.

*Sementes de que não resulta um livro?*
Muitas vezes. Ainda não é isto. Ainda não é isto. Ainda não é isto. E a certa altura as palavras começam a surgir – como a água que se entorna no soalho, a procurar a frincha para se escoar. A segunda metade do livro leva-me metade do tempo que me leva a primeira.

*Há ideias que acaba por ter de abandonar?*
Sim. Lembro-me de um livro – acho que era *O Esplendor de Portugal* – em que a ideia que eu tinha na cabeça era sobre as seitas religiosas. Fiz várias versões sobre isso e não era aquilo, nunca. Até que apareceu aquele homem a falar.

*Como no* Manual de Inquisidores, *em que queria pôr os travestis, que viriam a entrar, alguns anos depois, em* Que Farei Quando Tudo Arde.
Exactamente. Estou-me a lembrar de um livro – o *Tratado das Paixões da Alma*, que foi o livro que até hoje mais me custou começar. Fiz tantas versões do primeiro capítulo. Sempre a eliminar coisas. A eliminar. A eliminar. Foi terrível. Três meses para fazer o primeiro capítulo. Até encontrar o caminho. Estava em Berlim, uma cidade extraordinária. Pouco antes da queda do Muro. Comecei o livro em 1989. Os começos são muito penosos.

*Este começo, agora, segue-se a um período de pousio ou fez outras tentativas, entretanto?*
Não. Não era capaz. Tinha acabado em Novembro e comecei a 25 de Fevereiro. Tenho que me impor uma data para começar. Fui ver ao calendário. 25 de Fevereiro. Não sei porquê. Não é uma data que tenha, para mim, nada de especial. Calhava a uma segunda-feira. Normalmente, o que eu fazia era esperar que houvesse um mês em que o dia 1 fosse a uma segunda-feira, para começar. Era uma forma de atrasar o começo do livro. Cada vez mais, quando acabo um livro, o meu medo é o de já estar a rapar o fundo ao tacho. A sensação de que nasci com um certo número de livros e de que, se calhar, eles já acabaram. Este está a sair com tanto ímpeto que, graças a Deus, ainda vou ser capaz, provavelmente, de fazer mais alguns. Se viver esse tempo.

*Como é a sua vida nesses meses que medeiam entre o fim de um livro e o começo de um livro novo – as suas rotinas alteram-se?*
Não. Leio mais. Olhe, e em vez de escrever fico aqui sentado à espera.

*Vem para este cantinho do ateliê onde normalmente escreve?*
Sim. Mesmo sem escrever. Às vezes fico a ler. A maior parte do tempo, fico sem fazer nada. Isso é muito importante para mim. Depois, as coisas vão-se formando a pouco e pouco, sem que se tenha consciência. Nos filamentos, nos vagos sons, nos cheiros. Palavras que vêm, desaparecem, voltam a aparecer, desvanecem-se, não voltam mais. Outras ficam. Outras transformam-se. É a fase melhor. É muito agradável.

*Fica a arquitectar mentalmente ideias para livros futuros.*
Não. Fico a assistir. Aquilo vai-se formando sozinho. E eu a assistir. Não há nenhum esforço volitivo da minha parte. É uma fase fascinante. Estou a assistir àquilo tudo sem a responsabilidade de escrever.

*Quer dizer que o que predomina é a descontracção e não a angústia de não estar a trabalhar.*
Nem descontracção nem angústia. É um estado de bem-estar. Depois começa a culpabilidade: Porque é que não começas o livro? Porque é que não começaste já? Quando é que vais começar?

*É o superego.*
Uma vez o Eduardo Lourenço estava a falar de mim e citou aquele soneto do Fernando Pessoa que começa: "Emissário de um rei desconhecido/Eu cumpro informes instruções de além." Isto, dito assim, parece que eu escrevo como uma espécie de iluminado.

*Soa a impulso místico.*
Não tem nada que ver com isso. É uma questão de trabalho. Escrever é sobretudo uma questão de trabalho. Há um dom que lhe é dado mas, se não trabalhar muito, de nada lhe serve. É tudo conquistado penosamente. Aliás, quando está a sair com facilidade, eu desconfio logo. Aquilo que vem muito depressa não pode ser bom.

*Há uns anos lembro-me de o ouvir dizer que só escreveria mais dois ou três livros e depois parava. O que é que alterou essa sua decisão?*
Talvez o facto de a vida se ter encarregado de quase me fazer essa vontade.

*O susto porque passou.*
Não foi susto. Foi espanto. O Paul Klee escrevia: "Como posso eu, cristal, morrer?" Ninguém está preparado para morrer. Ninguém.

*Agora já não põe um limite, uma meta, ao número de livros que quer escrever?*
Não posso pôr meta nenhuma. Gostava que me acontecesse como ao Tolstoi: foge de casa, vai morrer numa estação de caminho-de-ferro e a mão dele, no cobertor, ainda continuava a fazer o movimento de escrever. Eu construí toda a minha vida em torno disto. Para isto. Construí-me a mim para isto. Desde que me conheço que não me imagino a fazer outra coisa.

*Apesar de ter feito outras coisas.*
Mas era sempre em função disto.

*Mesmo a medicina?*
Sim. Obviamente nunca usei alguém que tivesse tratado para pôr num livro. Deus me livre. Isso eu não faria nunca. Eu tinha que ser médico. Tinha que ganhar a vida.

*A escrita pesa sobre si, de algum modo, como uma obrigação?*
Não. Eu é que talvez pese sobre ela como uma obrigação. Escrever sempre foi o centro da minha vida. E ler, claro. Ler, para mim, é uma fonte de prazer imenso. Descobrir um livro novo, um autor que não conheço e de que gosto. É uma maravilha.

*A motivação com que escreve, hoje, ainda tem alguma coisa a ver com aquela com que escrevia quando publicou* Memória de Elefante*?*

Foi sempre a mesma coisa. Eu não escrevia por estar motivado. Escrevia porque tinha que escrever. Não era uma questão de destino, nem de obrigação. É qualquer coisa... Não sei explicar de onde é que isto vem. Sei lá, deve ser pela mesma razão que a pereira dá peras. É difícil falar sobre isto. Tenho sempre muito pudor em falar sobre isto. Se eu falar sobre isto estou a falar do mais íntimo de mim.

*Como é que avalia hoje, retrospectivamente, aquele outro António Lobo Antunes que durante muitos anos escreveu para a gaveta?*
O importante não era publicar. Era escrever. Portanto, acabava os livros e deitava-os fora.

*Por isso é que lhe perguntava se é ainda o mesmo.*
É claro que é a mesma pessoa. Aqui há tempos, morreu um tio meu de quem eu gostava muito. Na semana passada, a viúva dele, a minha tia, deu-me umas cartas que eu tinha escrito para ele quando tinha vinte anos. Já era a mesma pessoa. É extraordinário. Igual.

*Mas os livros são muito diferentes.*
São. Mas olhando com atenção... Eu também tinha essa ideia, mas o meu editor francês – o Christian Bourgois, que morreu há pouco tempo, um editor genial – disse-me: "Olha, já está tudo aqui, não percebo porque é que não deixavas que o livro fosse traduzido." Eu não deixava traduzir a *Memória de Elefante*, achava-o muito imperfeito. Surpreenderam-me as imperfeições mas, ao mesmo tempo, surpreendeu-me a força extraordinária que aquele livro tinha. Mesmo com as suas imperfeições todas.

*Nunca teve vontade de limar as imperfeições e de reescrever esses seus primeiros romances?*
Se eu reescrevesse aquilo, era um livro completamente diferente. Isso seria desonesto da minha parte. Estava a reescrever o livro de um outro. Aquilo era a ideia que eu, na altura, tinha do que era um livro. Completamente diferente daquela que tenho hoje.

*Então afinal não era o mesmo António Lobo Antunes, ao contrário do que me estava dizer ainda há instantes.*
Exactamente. É curioso, não é? É um paradoxo aparente. Era e não era. Eu fui aprendendo muito com os livros que escrevia mesmo sem os ler. À força de os corrigir. A *Memória de Elefante*, por exemplo. É extraordinário como é que um livro daqueles me fez passar um ano inteiro com o primeiro capítulo. Um ano a escrevê-lo, a reescrevê-lo... Acho que basicamente continuo a ter a mesma atitude. Escrevi-o para me agradar a mim mesmo. Até chegar a um ponto em que me agradasse a mim. Aquelas várias versões não me agradavam.

*Ainda guarda algum dos livros que escreveu antes de publicar* Memória de Elefante*?*
Não. Penso que existem fragmentos ou a quase totalidade de um livro que deve estar em poder das minhas filhas. Estive dez anos a trabalhar nele e nunca foi publicado. Nem será.

*Está seguro disso?*
Espero que não.

*Já leu o* Lavagante*, de José Cardoso Pires?*
Não.

*Não tenciona ler?*
Tenho medo.

*Tem medo de que não esteja à altura do seu amigo?*
Tenho. Eu conhecia muito bem o Zé. Era uma relação diária. Durante anos e anos e anos. Se ele achasse... Tenho uma certa dificuldade em falar disto. Estou a falar de uma pessoa de quem continuo a gostar muito. O que eu me pergunto é: se o Zé achasse que o livro... será que ele o teria largado? Ele nunca me falou desse livro.

*Foi uma surpresa para si saber da publicação deste livro?*
Sim. E eu julgo que nos últimos vinte anos de vida fomos os amigos mais próximos um do outro que qualquer um de nós teve. Embora falássemos muito pouco sobre os livros. Falávamos muito pouco do que estávamos a fazer. Falávamos de tudo aquilo que possa imaginar. Aliás, ele falava muito mais do que eu. Mas muito pouco de livros. Havia um grande pudor entre nós.

*Como é que avalia a publicação de um livro incompleto, póstumo, dez anos depois da morte de um autor?*
Depende, Carlos. O Zé é uma pessoa especial para mim, no meu coração. Desejo do coração que o livro seja bom. Sabe, ele era um homem tão generoso e tão sem inveja, que uma vez me telefonou para me dizer: "É para te dar os parabéns porque ganhei um prémio." Isto define o que é a amizade, para ele. E a inversa também era verdadeira: ele exultava quando os amigos faziam uma coisa bem feita. Lembro-me... Lembro, não, porque eu não conheci o Redol. Vi-o morrer, era eu um jovem estagiário, no Hospital de Santa Maria. Ainda era estudante. Estava a acabar o curso. Mas ouvi contar como, quando ele escreveu o *Barranco de Cegos*, isso

foi uma alegria para o Zé. Ele era muito crítico em relação à obra do Redol e tinha achado o *Barranco de Cegos* um livro magnífico. Exultava com aquilo que os amigos faziam bem.

*Mas isto de trazer à luz do dia os despojos de um escritor falecido...*
Não sei. Não tenho o direito a fazer um julgamento. Como gostava muito do Zé, gosto da família dele. Sabe, nós, quanto temos um amigo... Eu, pelo menos, sou completamente parcial.

*O António tem alguma arca de papéis por publicar?*
Não. Não tenho nada. Se eu morrer neste momento, o que tenho é um punhado de crónicas que não foram juntas em livro...

*E tem esse tal livro que escreveu ainda antes da* Memória de Elefante.
Sim. E, provavelmente, versos que escrevi aos catorze, quinze anos. Escrevia nos livros de que gostava e guardava os livros. Escrevia nas primeiras páginas e nas últimas. São versos, de certeza, muito maus. Agora, não tenho nenhum trabalho estruturado. Nada. Zero. Sob esse aspecto, isso não se passará comigo. Não é possível. O Zé deixava livros de lado, muitas vezes. Eu nunca o fiz. Há muitos escritores que o fazem. Eu nunca o fiz.

*Tem medo de que esse livro que está em poder das suas filhas seja publicado, um dia?*
Não. Eu já cá não estou, não é? Medo, não. Porque eu hei-de ser avaliado pelo melhor que fiz e não pelo pior. Sabe, nós agora estamos a comemorar o bimilenário do exílio do Ovídio. Ele dizia que a obra dele ia vencer o tempo, o fogo e o ferro. E venceu. Ele só fez coisas extraordinárias. Eu tento traduzir os poetas latinos. O meu

latim é mau mas lá ponho o indicador no substantivo, o mindinho no verbo e tal.

*Ainda continua a fazer esse exercício, hoje?*
Sim. Para aprender a escrever.

*Isto vinha a propósito, já não sei como, da publicação de obras cujos autores não as consideraram suficientemente interessantes para as publicarem.*
Não tenho nada contra. E mesmo que tivesse alguma coisa contra não a diria.

*Digo em tese, não estou já a falar do caso concreto do livro do Cardoso Pires.*
Em princípio, não tenho nada contra.

*Pode sempre argumentar-se que é graças ao desrespeito do Max Brod pelas indicações que recebeu que temos hoje a obra do Kafka.*
Pois. Eu não sou grande fã do Kafka. Mas não foi só ele: o Virgílio pediu para destruírem tudo o que tinha feito.

*O Kafka não é um escritor da sua família literária. Porquê?*
Basta ler-nos aos dois. Julgo que, apesar de tudo, as diferenças são menores do que parecem, à primeira vista. Talvez por não o ter lido numa altura que fosse a mais favorável para mim, por motivos meus, para poder gostar dele.

*Leu-o demasiado cedo ou demasiado tarde?*
Já não lhe sei dizer. Provavelmente, as duas coisas ao mesmo tempo. Não sei. Acho que os meus gostos começaram a formar-se

desde muito cedo. Depois, obviamente, foram evoluindo. Senão, ficava a fazer *Memórias de Elefante* toda a vida. E *Cus de Judas*. E *Conhecimentos do Inferno*. Não renego esses livros, porque me ajudaram a ser quem sou.

*A sua família, nas letras, tem vindo a aumentar ou tem vindo a restringir-se?*
Tenho descoberto escritores que não conhecia e de que gosto muito. Agora, a minha família sou eu. Cada vez mais. Neste momento sinto que não devo nada a ninguém. O Carlos não detecta uma influência, um plágio, uma cópia. Mesmo no conceito de *imitatio* do Horácio, que era uma espécie de homenagem. O Quevedo fez sonetos à Camões, o Camões à Petrarca e por aí fora. O Camões começa *Os Lusíadas* como o Virgílio, que por sua vez começa como o Homero, etc. Esse era o conceito de *imitatio*: prestar homenagem a um grande livro, a um autor que se admira e se respeita. Agora, não.

*Não se sente parte de uma família literária?*
Os escritores de quem eu gostava – quando lia um livro por dia, com treze, catorze, quinze anos – eram aqueles que faziam *harakiri*.

Harakiri *literário?*
Sim. Eu estava a ler e via tudo: o sangue, tudo. Não eram exercícios. Por exemplo, eu gosto do *Ulisses*, do Joyce, claro que gosto. Mas muitas vezes irrita-me, porque sinto que é acrobacia pela acrobacia. Aí, aproximo-me mais do Tolstoi quando ele fala na eficácia do livro. O livro tem de ser eficaz. Tem de se sacrificar a tentação a favor da eficácia. Por exemplo, o Nabokov. É um excelente escritor e irrita-me. Irrita-me porque estou sempre a vê-lo dizer-me "repara

como eu sou inteligente, olha como eu faço isto". E faz bem, de facto. Mas estou sempre a vê-lo a ele atrás dos livros. Já estou farto de dizer isto: o livro é que tem de ser inteligente.

*Hoje em dia, é mais de ler e procurar novos autores ou está mais dado a releituras?*
Mandam-me muitos livros. Descobri há pouco tempo um escritor que morreu nos anos vinte ou trinta. Um escritor húngaro chamado Kosztolányi, que tem uma obra curta.

*O romance* Cotovia *foi editado pela Dom Quixote.*
Adorei esse livro. Andei dois anos a insistir, na Dom Quixote, para publicarem aquele livro. É um homem com uma obra breve. Era sobretudo poeta e tradutor. Escreveu cinco livros pequenos. Esse é um deles e é uma obra-prima. Ultimamente, tenho lido muita literatura policial.

*É surpreendente ouvi-lo dizer isso.*
Aprende-se muito.

*É uma aprendizagem oficinal?*
Sim. Aprende-se a dar a informação de uma forma lateral. Aprende-se muita coisa. E depois há autores que me são saborosos. Rex Stout, por exemplo. Gosto muito do Nero Wolfe. Encanta-me. E encanta-me também o homem, o autor. Foi um homem de uma grande coragem. Foi presidente da União dos Escritores Americanos e teve uma posição muito activa, muito corajosa e muito difícil durante o macarthismo. Era um homem de uma coragem exemplar. Como aliás o Dashiell Hammett também foi. Outro escritor muito bom. As descobertas que tenho feito nos últimos

anos andam à volta disso. Tenho lido muito mais livros policiais. Agora estou só a escrever.

*Quando está a escrever só escreve?*
Não. Leio livros policiais, também. Leio poesia. Mas tenho pouco tempo. Leio à noite, sempre.

*Tem ideia de qual terá sido o livro que releu mais vezes?*
São tantos. Não sei dizer-lhe. Acabo sempre por voltar aos mesmos autores. Assim que o Carlos falou nisso, pensei logo nos russos: Gogol, Tchékhov, Tolstoi...

*Há uns anos falava sobretudo dos americanos: do Faulkner, por exemplo.*
Faulkner, menos. Cada vez menos. Há um escritor de que eu gosto muito: William Gaddis. Morreu há pouco tempo. É um escritor que continua a ser muito controverso. O Steiner, que tem sido tão generoso para mim, crucifica-o por completo. Qualifica-o de ilegível. Tem quatro livros, enormes. Publicados a distâncias de dez, quinze, vinte anos uns dos outros. Gosto de ler o Bukowski. Gosto de alguma poesia moderna americana. Sou sobretudo um leitor de poesia.

*Costuma ir às livrarias para estar a par do que vai saindo?*
Vou sempre à mesma livraria. Sempre à mesma, sempre no mesmo dia e à mesma hora. Quando estou com um livro, não escrevo a partir das quatro e meia de sábado até domingo de manhã. Então, é nessa altura que vou lá. Agora não, porque já não tenho mais espaço físico para livros. A vontade de comprar é imensa. Olhe, tenho estado a reler os clássicos portugueses. Clássicos! Não gosto

da palavra. Fernão Lopes, por exemplo. É extraordinária a *Crónica de D. João I*. Ele consegue mover o livro como Cecil B. DeMille movia um filme. Aquele levantamento de Lisboa é extraordinário. É escrito em *cinemascope*.

*Só me tem estado a falar de bons livros, embora aqui há tempos confessasse que ainda gosta, hoje, de livros maus.*
Gosto.

*Qual foi o último livro mau de que gostou?*
Bem, dos portugueses não li nenhum porque são tantos. Mas isto, que existe em Portugal, existe em toda a parte em muito maior número. Fartei-me de ler Harold Robbins, Jackie Collins, Jacqueline Susan. Tudo isso eu li.

*E de que é que mais gosta nos livros maus de que diz gostar?*
Alguns deles têm uma técnica que não é nada má. Nada de deitar fora. Há, por exemplo, um livro sobre o romance, do Harold Robbins, que não é nada mau. É curioso, isto. Nada mau.

*Costuma espreitar os* tops *dos livros mais vendidos?*
Não. Isso é tudo comprado. É uma negociata. Da mesma maneira que a colocação dos livros nas livrarias: as coisas que vão para a montra, os que estão em pé, os que estão sentados. Há-de haver alguma verdade, mas não me interessa nada, isso. Eu não vou a essas livrarias. A livraria a que eu vou é pequenina. É raríssimo entrar numa FNAC.

*Nos últimos anos, tem havido uma enorme vaga de popularidade em torno do romance histórico: tira alguma conclusão disso?*

Não é um fenómeno dos últimos anos, isso sempre existiu. Todo o romance é histórico. Aí entramos num terreno pantanoso, que é o terreno da não-literatura. As pessoas compram isso da mesma maneira que vêem novelas. Não exige uma atitude activa do leitor. Estamos ali a receber aquilo passivamente. Mas isso sempre existiu. Sempre há-de existir. Não faz mal a ninguém. Enquanto lêem aquilo não se drogam. Já não é mau. Agora, fazer livros é uma coisa, ser escritor é outra. Quando algumas das pessoas que fazem esses livros dizem "Pus os portugueses a ler"...

*Está a citar o Miguel Sousa Tavares.*
Não sei quem foi. Não estava a pensar nele, estava a pensar noutro nome.

*Mas foi ele que disse isso.*
Penso que foi anterior. Mas não faz mal, podem-se copiar uns aos outros. O problema é que não põem os portugueses a ler. Põem os portugueses a lê-los a eles. O que também não é especialmente grave. Agora, duvido que alguém que leia esses livros – não estou a pensar no Miguel Sousa Tavares, estou a falar de uma maneira geral – vá depois ler o Dostoiévski ou o Tolstoi. Obviamente que não vai. A leitura é uma coisa que se educa. Que se ensina e que se aprende. O problema é que qualquer grande escritor tem de ensinar os seus leitores a lê-lo. O grande juiz acaba sempre por ser o tempo.

*O que há de novo agora é que nunca se editou tanto como no nosso tempo.*
Claro que não. Os meios são outros.

*O que lhe queria perguntar é se teme que esta avalancha editorial soterre os livros bons.*
Não. As pessoas que gostam de ler continuarão a gostar de ler. Seja o que for que se publique. E há autores imortais como o Ovídio, por exemplo. Mas são tantos. Fazem parte do nosso património. São das coisas mais importantes que o espírito humano fez. Então, se alguém quer escrever, tem de escrever contra essas pessoas. Contra o Ovídio, contra o Horácio, contra o Homero.

*É o que o António faz?*
Ah, não. Eu agora já estou na fase de poder escrever a favor deles. Carlos, só vale a pena escrever se tiver a convicção profunda de que tem de ser o melhor. Sabendo que, no fundo, é apenas o elo de uma corrente que começou muito antes de si e acabará muito depois. Sabe, quando eu fui operado, o meu cirurgião – que me é muito querido, tenho por ele um grande amor (é bom poder amar um homem sendo homem) – estava tão espantado, que o comentário dele, que me ia operar, foi: "Tu és um génio mas não és um super-homem." Portanto, aquilo que ficará de mim são livros. Agora estava a dizer isto e a lembrar-me do Flaubert que se enfurecia com a Madame Bovary e com a ideia de que a Madame Bovary ia sobreviver e ele ia morrer. Os meus livros vão ficar, eu não. Eu vou ser um nome. Também, não sei se tem notado, eu apenas quero ser um nome.

*Como é que encara as alterações que têm estado a acontecer no mercado editorial?*
Isso é uma tendência mundial. A tendência para os grandes conglomerados editoriais.

*Está preocupado?*
No estrangeiro só beneficiei com isso. Quando a minha editora alemã passou a fazer parte de um grande grupo – como aconteceu também em Espanha e noutros países –, eles diminuíram a produção em quarenta por cento. Reduziram drasticamente o número de autores. Só publicam em duas épocas do ano mas os livros são feitos com imenso cuidado. As traduções são revistas e revistas e revistas. Fazem-se *editings*, o que aqui em Portugal ninguém faz. Não há um editor que o ajude.

*Gostaria de ter um editor, nesse sentido anglo-saxónico do termo?*
Fazia isso com o Zé. Fazíamos isso um ao outro. Lembro-me de que ele me fez isso com o *Fado Alexandrino*. Lembro-me de lho fazer no *De Profundis, Valsa Lenta*.

*Isso não é constrangedor fora de uma relação de amizade muito forte?*
Não. Eu respeito. A mim nunca me disseram nada, até hoje. Mas sei que os tradutores trabalham com os editores. Que pesam as palavras. Eu desconfio dos tradutores que não têm dúvidas. A tradutora alemã e o tradutor sueco mandam-me cartas e cartas, cheios de dúvidas. Lembrei-me agora destes, assim de repente. Outros não mandam nada. Estou consciente de que estes livros são impossíveis de traduzir. São livros muito musicais, estão muito próximos da música. Pelo menos, parece-me a mim que estão. Como transferir isso? Noutro idioma a música é diferente.

*Estava a dizer-me, antes de mais este parêntesis, que não está preocupado com a concentração editorial em curso.*
Não especialmente. Não, porque eu estou numa posição privilegiada.

*Pergunto-lhe isto porque quando foi sabido que a sua editora, a Dom Quixote, tinha sido absorvida por um grande grupo, o António Lobo Antunes veio manifestar publicamente a sua preocupação.*
Perguntaram-me e eu limitei-me a responder. Eu já não estava contente com a Dom Quixote. Acho que a editora foi muito boa, tanto quanto eu me posso aperceber, enquanto leitor, no tempo da Snu Abecasis – não havia concessões, da parte dela – e durante grande parte do trabalho do Nelson de Matos. Até ser comprada pelo grupo Anaya. Aí, a editora começou a fraquejar. Eu não estava contente com a editora.

*O que é que é importante para si: o catálogo?*
É, só. É a única coisa que é importante para mim. Não é o dinheiro.

*Tem de ser um catálogo ao nível das suas expectativas e do seu gosto?*
Com certeza. Uma amiga minha espanhola, que foi directora do Babelia, a Maria Luisa Blanco, dizia sempre, e é verdade, que quando a agência me apresenta uma nova editora não fala logo no dinheiro. Começa por falar no catálogo. É a editora deste e deste e deste. Isso é muito importante. Eu fui para algumas editoras onde estou pelos autores que lá estavam.

*Está descontente com a Dom Quixote por autores que faltam no catálogo ou por autores que acha que estão lá a mais?*
Sabe, é sempre delicado... Não quero ser agressivo e não quero magoar ninguém. Há muitos anos que tenho a preocupação de não magoar ninguém. As pessoas não precisam de mim para se magoarem, já se magoam tanto a elas mesmas. Não precisam da minha ajuda para nada. A sensação que eu tinha e que eu tenho é que não há um rumo editorial. Não há uma estrutura. Por exemplo,

a Assírio e Alvim tem uma estrutura, tem uma direcção, tem um sentido. Tem um sentido ético, até, da literatura. Eu conheço mal o Manuel Rosa mas gosto muito dele. Parece-me um homem que não faz cedências. Algumas pequenas editoras fazem trabalhos notáveis, em Portugal. Aquilo, na Dom Quixote, era uma máquina muito grande. Não havia, não se sentia, não se via uma linha orientadora, um projecto editorial coerente, como tinha a Gallimard, que era uma grande editora, no tempo do grande patrão.

*A Dom Quixote, integrada agora num grupo, vai mudar?*
Não sei o que vai acontecer. Estou na expectativa. Não sei.

*O seu próximo livro sai pela Dom Quixote ou isso ainda não está decidido?*
Isso é uma questão que tem de ser resolvida. No entanto, um homem de que eu gostei, chamado João Amaral...

*O director editorial do grupo Leya.*
Sim. Gostei dele. Para mim as primeiras impressões são importantes. Posso enganar-me mas são importantes. Ele disse-me: "Dê-nos uma oportunidade."

*Uma oportunidade para quê?*
Para mostrar o que fariam comigo. Vamos ver. Não gostei da maneira como os meus últimos livros saíram. Não há uma orientação naquela editora. Quer dizer, eu tenho que respeitar um editor. Não posso conceber que um editor não leia os livros todos. Estou contente, na Dom Quixote, por ter lá a Tereza Coelho. Porque ela sabe ler.

*O que é que requer de uma editora?*

O mesmo amor que eu pelos livros. Que este amor seja partilhado. Por exemplo, tinha a ideia de fazer uma colecção para pôr as pessoas a lerem livros.

*Foram publicados dois até agora.*
Sim, saíram dois e não vai sair mais nenhum.

*Porquê?*
Não posso conceber que no fim do livro do Tolstoi venha propaganda aos livros que lá estão. Não o posso conceber. Tolstoi não pode ter ninguém ao pé. Pediram-me um pequeno prefácio. No pequeno prefácio, eu tentava explicar o que era *A Morte de Ivan Ilitch*. Se era um livro sobre a morte, se não era um livro sobre a morte. Foi uma discussão que houve durante muito tempo. O livro é tão complexo e tão rico. Falava lá, pela rama, no Luckaks, que negava que fosse um livro sobre a morte, etc., por aí fora. Contracapa do livro: "Este livro aborda o tema da morte." Dá vontade de não escrever mais para aquilo, não é? Quer dizer, não têm o direito de fazer isto ao Tolstoi. Primeiro, os livros não abordam nada porque não são corsários. E, segundo, não é de facto um livro sobre a morte. Depois, o resumo da vida dele em sete linhas é uma coisa miserável. Órfão desde tenra idade – é mais ou menos assim –, frequentou a universidade daqui e dali, sem ter acabado o curso. Bardamerda! O que é que isto interessa? Fiquei revoltado com isto tudo. Não se pode tratar assim um grande autor.

*O que é que lhe responderam, quando fez essas críticas?*
Falei com uma senhora de lá, que disse que ia "tomar as minhas palavras em consideração". E eu pedi-lhe desculpa por não ter

sabido que ela era secretário de Estado. "Tomar as minhas palavras em consideração" é genial.

*É linguagem de secretário de Estado?*
Quando eu falo de livros, que é uma coisa de que eu sei um bocadinho, que diga o meu nome para dentro três vezes e depois fale comigo. Bolas, eu li *A Morte de Ivan Ilitch*, sem exagero, mais de cem vezes. Em inglês, em francês. Comecei a aprender russo para o poder ler em russo. Quando falo do Tolstoi, sei um bocadinho do que é que estou a falar. Não aceito que se ponha numa contracapa: este livro aborda o problema da morte. Não há o direito de se fazer isto. Eu tinha feito uma lista de livros e isso agora acabou.

*Vai dar ao grupo Leya a tal oportunidade que o coordenador editorial lhe pediu?*
Não sei. Vamos ver.

*A sua decisão depende de quê?*
De ver como eles trabalham. Se for como me disseram, que a Dom Quixote passaria a ser uma editora literária sem concessões... Agora vou ouvir outras pessoas que vêm falar comigo.

*Pessoas de outra editora?*
Sim, de um outro grupo. Vou ouvir o que têm para me dizer. Tudo isto, obviamente, envolve dinheiro mas eu estou-me cagando para o dinheiro. Eu já não preciso de dinheiro. Vivo com tão pouco. O que eu quero é um sítio onde os livros sejam tratados com dignidade.

*Com isto tudo, há uma curiosidade interessante: o facto de o António Lobo Antunes estar, agora, no mesmo grupo editorial do José Saramago. Isso tem alguma relevância para si?*
Não. Nenhuma. Eu não percebo porque é isso. Parece que fazem disso uma espécie de par amoroso. Tristão e Isolda. Orfeu e Eurídice. Benfica e Sporting. Bucha e Estica.

*Lobo Antunes e Saramago.*
Eu não tenho nada a ver com o que ele escreve. Nada. Conheço muito mal a obra. Não tem nada que ver com a pessoa. O homem é da idade do meu pai. Não tem nada que ver com ele. Espanta-me sempre esse matrimónio. Isso, para mim, não faz qualquer sentido.

*A alegada rivalidade entre os dois existe?*
Não. Eu não sinto nenhuma. Mostraram-me uma vez uma fotografia em que o homem atirava ao chão um livro meu. Deu-me vontade de rir. Mas o homem nem sequer me é antipático. Eu não o conheço.

*Não se conhecem pessoalmente?*
Conheci-o em 83. Quando fui ao Brasil pela primeira vez. Ainda me mandou alguns livros com dedicatórias. Que não vou repetir por boa educação. Depois, a partir de certa altura deixei de me dar com ele. Também não era uma pessoa que me interessasse especialmente. Estava mais perto de outras. Era uma viagem em que foram pessoas que me estavam mais próximas. O José Cardoso Pires, o Pedro Tamen, o Alexandre O'Neill. Pessoas que me interessavam muito mais. Enquanto pessoas e enquanto escritores.

*Essa viagem foi a única vez em que se cruzaram?*
Não. Esse grupo que foi ao Brasil ainda jantou algumas vezes junto. Um pouco por acção do Fernando Assis Pacheco, que era um homem muito activo. E é um poeta que me parece injustamente esquecido.

*O que eu estava a tentar perceber é se o facto de o António Lobo Antunes e o José Saramago estarem agora no mesmo grupo editorial é uma coabitação difícil para si.*
Não. Esse é como outro qualquer. Não me faz diferença nenhuma. Não tenho nada que ver com o que ele faz. Ó Carlos, se me quiser arranjar competições arranje-me pessoas do meu tamanho. Ou livros, não sei. Eu não sou a melhor pessoa para falar disso.

*Mas lê o que ele tem escrito?*
Não. Li uma vez uma parte de... como é que se chamava? Uma espécie de diário.

*Cadernos de Lanzarote.*
Exactamente, isso. E folheei um ou outro romance. Nunca li nenhum.

*Nunca leu um romance do Saramago?*
Do princípio ao fim, não. E isto não tem nada de pessoal. Não percebo quem inventou isso e porquê. É uma questão tão menor. Fiquei surpreendido com essa sua pergunta. Qual é o problema?

*Esta história já se tornou um lugar-comum, já foi referida publicamente inúmeras vezes.*
Não sabia.

*O próprio António disse há pouco que essa parelha aparece frequentemente.*
É. E eu fico sempre surpreendido.

*Eu aproveitei o facto de ter agora as cartas viradas para cima para lhe falar deste assunto.*
Sabe, eu tenho uma atitude cada vez mais tolerante. O Carlos fez-me várias partidinhas assim, com este, com aquele, com aqueloutro. É-me completamente indiferente. Desejo-lhes as maiores felicidades. Do Miguel ainda me considero amigo. Tivemos uma relação bastante mais próxima há muitos anos. Não tenho nada contra. Não acho mal nenhum que as pessoas façam esses livros. Não fico nada assustado com o facto de haver pessoas que vendem um milhão de livros. Ou dois milhões. Ou três milhões. É-me completamente indiferente. Só me faz impressão quando as pessoas põem aquilo como cinta. Mas isso já não tem que ver com o escritor, julgo eu. Não sei. Agora, isso não é importante, Carlos. O que é importante é a boa literatura e essa, infelizmente, é muito pouca.

*As relações entre escritores são relações como quaisquer outras ou a literatura acrescenta-lhes uma intensidade diferente?*
Eu não conheço muitos escritores. Mas com os que conheço é uma relação normal. Estou a pensar em escritores estrangeiros. Quem é que eu conheço? Fui bastante amigo do Jorge Amado. Tenho muitas cartas dele. Gostava muito dele.

*Já disse também que não gosta muito do que ele escreveu.*
Gostava muito. Há uma fase da vida em que se gosta muito. Mas *Os Pastores da Noite*, por exemplo, é um livro que continuo a achar divertido. O *Quincas Berro d'Água*. Sou amigo do Amos Oz, por exemplo. Normalmente não falamos de livros.

*Não convive com escritores, habitualmente?*
Eles estão a escrever, eu também. Também não conheço muitos. Curiosamente, conheço mais estrangeiros. Porque é quando tenho tempo e quando as pessoas aparecem. Aqui em Portugal não conheço muitos. Posso conhecer muitos de lhes apertar a mão ou de lhes dizer olá. E, em todo o caso, de cada vez que vou à Feira do Livro, fico pasmado a ver os escritores a assinar livros, cheio de inveja. Eles escrevem! Continuo a ter a mesma atitude de quando era miúdo e ia a uma cervejaria que havia, na altura, em frente ao Jardim Zoológico, onde – acho que era às quintas-feiras – almoçava um grupo de gente que escrevia: o David Mourão-Ferreira, a Natália Correia, por aí fora. Eu ficava cá fora, de nariz encostado ao vidro, a vê-los comer. Encantado. Continuo a estar assim. São escritores que eu nem conheço: estão ali a assinar livros. Ou não estão a assinar, estão à espera que cheguem os leitores. O que deve ser um bocado penoso, estar ali à espera. E eu fico ali encantado.

*Há nisso alguma maldade.*
Não há nenhuma, nenhuma, nenhuma.

*O António tem sempre filas enormes. Ao referir a ausência de leitores para os outros...*
Não é para os outros. Estava a pensar nalguns que eu não sei quem são. No *stand* em que eu estou, normalmente encontro um homem que assina bastante e que eu respeito muito, que é o Pepe.

*O Pepetela.*
Tenho muita admiração e muito respeito por ele. Pelo homem. E acho que a obra dele é profundamente honesta. Isto é a melhor qualidade que um escritor pode ter. Gosto do José Eduardo

Agualusa, por exemplo. Acho que é um homem que tem muito talento. Tem uma coisa rara em Portugal: tem muito sentido de humor a escrever. E depois é agradável olhar para ele porque é bonito. É um homem de uma simpatia e de uma modéstia muito grandes. Gosto muito dele.

*Dá mais valor a um bom escritor ou a uma pessoa de bom carácter?*
Enquanto estão vivos, para mim é fundamental que tenham bom carácter. Agora, o Wagner obviamente tinha um péssimo carácter mas isso pouco me importa: deixou uma obra extraordinária. O carácter do Beethoven tinha lacunas graves. O do Céline, nem falar. Mas é a obra deles que fica, não o que eles foram. O O'Neill, por exemplo, de quem eu estive próximo durante algum tempo, almoçávamos uma vez por semana: era difícil ser amigo dele. Muitas vezes saía de junto dele com a impressão de que ele não gostava de ninguém.

*Era um homem agreste?*
Era um homem muito especial. Muito, muito especial.

*Acha que podem dizer o mesmo de si?*
Não faço a menor ideia. Eu, graças a Deus, tenho amigos muito bons. Tenho tido múltiplas ocasiões para sentir a amizade deles. Isso é uma felicidade muito grande para mim. E muito poucos são do meio literário.

*Isso será apenas um acaso?*
Há escritores... Falei no Pepe, no Zé Eduardo, gosto muito do Pedro Tamen como pessoa, também. Gosto do Nuno Júdice. De uma maneira geral, tenho uma grande admiração e uma grande

inveja pelos poetas. Conseguem fazer aquilo que eu não consigo. O Vasco Graça Moura é um grande poeta, do meu ponto de vista. Espero que não só do meu.

*Gosta mais que digam de si que é um grande escritor ou que é um grande homem?*
Nunca pensei nisso, Carlos. Bom, agora estão sempre a repetir-me que sou um grande escritor. Mas não é isso que é importante. Importante é eu conseguir chegar onde queria chegar.

Abril de 2008

# JOSÉ
# SARAMAGO

VAI SER PRECISO QUE EU MORRA
PARA HAVER OUTRO NOBEL PORTUGUÊS

*No aparador da sala de entrada há uma fotografia de Jorge Luis Borges amparado por Maria Kodama, que, ao fim de uns minutos de espera, como que se materializa,* mutatis mutandis, *na imagem de Saramago, acompanhado por Pilar, descendo cautelosamente as escadas ao meu encontro. O aperto de mão é forte como sempre, apesar da debilidade física ainda evidente, depois de uma doença que deixou o escritor muito magro. Ainda mais magro do que sempre foi. Dez anos depois de se ter tornado o primeiro autor português a receber o Nobel da Literatura, José Saramago não tem planos para comemorar a data. Ainda assim, verá chegar às salas de cinema o filme de Fernando Meirelles baseado no* Ensaio sobre a Cegueira, *está a escrever um novo romance e trouxe a Lisboa a exposição "A Consistência dos Sonhos", sobre a sua vida e obra, inaugurada em Lanzarote. Uma exposição que revela episódios biográficos até agora desconhecidos e cartas em que o escritor se expõe um pouco mais. Como acontecerá também ao longo destas duas horas de conversa, em que falará do nervosismo dos anos que antecederam a conquista do Nobel, da sensação de irrealidade com que recebeu o prémio ou da "animadversão" (expressão do próprio Saramago) de António Lobo Antunes. À nossa volta há livros em português e em castelhano:* La metamorfosis, *de Franz Kafka;* Os Lusíadas, *de Luís de Camões;* Até Amanhã, Camaradas, *o romance de Álvaro Cunhal, sob o pseudónimo de Manuel Tiago, na edição ilustrada por Rogério Ribeiro. O artista plástico, falecido em Março, é também o autor do quadro que domina a sala: uma figura feminina que representa Blimunda. A personagem emblemática do* Memorial do Convento *é uma espécie de guardiã da casa. É também ela a figura representada no azulejo sobre a porta da entrada. A figura que me foi dada como referência para identificar o pequeno e elegante* chalet *do escritor. É Blimunda Sete-Luas – neste início de tarde de sábado, cheio de sol – que nos abre as portas para a conversa.*

*Blimunda é, de algum modo, uma figura tutelar da sua obra?*
Tutelar, não. Enfim, eu não vivo à sombra dela. Não lhe peço opiniões, se tenho alguma dúvida. É uma figura que me saiu das mãos ou da cabeça e que quase ganhou existência própria, real. Mas eu não fiz nada por isso. Não se trata de uma estratégia. Muito menos de ter ali uma referência. Ela não é uma referência. Não pode ser.

*Mas é uma figura a que tem uma ligação muito forte, como o azulejo na fachada da casa e o quadro que tem nesta sala provam.*
Isto são duas obras do Rogério Ribeiro. O meu querido Rogério, que já cá não está. Quanto ao azulejo, havia o nicho para que o dono da casa pusesse ali o que quisesse e nós decidimos pôr ali uma Blimunda, que ele [*Rogério Ribeiro*] nos desenhou, pintou e pôs lá.

*No nicho que, tradicionalmente, nas casas portuguesas é onde estão os santos da devoção de quem vive nelas.*
A senhora de Fátima e outras coisas assim. Nós, se decidimos colocar-nos sob a protecção de alguma figura que não é celeste, é terrestre, foi realmente sob a Blimunda. Que nasceu com o

*Memorial do Convento* mas que quase devorou o *Memorial do Convento*. Transformou-se numa personagem que não é única, evidentemente – temos o Baltasar Sete-Sóis, temos o padre Bartolomeu de Gusmão e toda aquela gente –, mas com uma força, até para mim, inesperada. Completamente inesperada.

*Blimunda é a mulher com o dom de ver dentro dos outros. Alguma vez desejou ter esse poder?*
Não, não, não. Já me causa repugnância o espectáculo de fora, para ter agora que me sujeitar a assistir ao funcionamento do interior de alguém. Quer dizer, eu sei que tenho, em princípio, os órgãos que toda a gente tem e quando estamos doentes tomamos uma consciência diferente, nova, dos nossos órgãos. Temos coração, pulmões, rins e tudo isso e vivemos com toda essa parafernália sem lhe ligar grande importância. Quando as coisas se complicam é que somos conscientes de sermos muita coisa.

*Mas nunca teve a tentação de olhar os outros por dentro? A literatura não será, muitas vezes, um pouco isso também: um trabalho de sonda no interior do ser humano?*
É, nós temos essa pretensão. Nós, os escritores, temos essa pretensão de podermos mergulhar, digamos, nas sombras interiores. Sombras do espírito, claro.

*Do espírito?! Essa é uma palavra que não costuma usar muito.*
Não. Não a uso muito mas tinha que usar alguma coisa e aquilo que me saiu foi isso. Mas há uma coisa estranha: nós vamos investigar essas sombras numa personagem que criámos. De maneira que há, aqui, uma ambiguidade tremenda. É tomar alguém, um personagem para cuja criação nós contribuímos, e ir lá ver o que é

que ele é. Nós criamos o objecto e criamos aquilo que nos convém para justificar, culpar ou desculpar.

*Quer dizer com isso que a literatura é uma expressão clara da nossa limitação e da impossibilidade de vermos dentro dos outros?*
Não. Enfim, nós sabemos cada vez mais. Mas ao mesmo tempo vamos sabendo cada vez melhor sobre a importância daquilo que não sabemos. E há um território mais ou menos desconhecido – quer dizer, não é desconhecido, evidentemente, mas cuja complexidade é de tal ordem que, antes que cheguemos ao fim das averiguações necessárias para saber como aquilo funciona, vai levar tempo: é o cérebro.

*Seria saudável ou perigoso termos a capacidade da Blimunda?*
Não sei. No fundo, para que é que a Blimunda quer aquilo? Nasceu com esse dom, chamemos-lhe assim, que não lhe serve de muito. A força da Blimunda não está aí. Está naquilo que ela é como pessoa. Aí sim. Se ela, ao longo da história que eu conto, não se distinguisse dos outros senão por essa coisa de poder ver através da pele, não seria muito importante. E sobretudo seria bastante monótono.

*De onde é que lhe veio a ideia para uma personagem com essas capacidades? Ainda tem memória disso?*
Tenho memória. Nessa mesma época, existiu uma mulher, no Algarve, de quem se dizia que podia ver através da pele.

*Encontrou referências históricas a esse episódio?*
Sim. Para assinalar esse facto e para distinguir essa pessoa, o rei – creio que era o D. João V – concedeu-lhe o título de Dona. Ela era

uma plebeia. Não sei mais nada dela. Ela estava casada com um comerciante francês mas não pude averiguar mais.

*Onde é que descobriu essa história?*
Não me lembro.

*Foi ela que desencadeou a construção da personagem de Blimunda?*
Foi ela. Dificilmente me ocorreria, assim, sem mais, sem um estímulo exterior, a ideia de criar uma personagem que visse através da pele dos outros.

*A sua imaginação tem de ter sempre esse estímulo exterior?*
Não. Vamos lá ver: aqui, para ser franco, não se tratou só de um estímulo exterior. Do que se tratou foi de colher, nessa realidade histórica, aquilo que me servia para individualizar a personagem de Blimunda com uma característica estranha, mas que, repito, perde importância ao longo do livro para deixar aparecer – posso dizê-lo assim, sem demasiada presunção – a extraordinária figura que a Blimunda é.

*O que eu estava a tentar perceber é se, normalmente, o estímulo exterior costuma ser o motor para pôr em funcionamento a sua imaginação.*
Não. Eu não pertenço àquele tipo de escritores que anda com as antenas no ar, captando o que está fora: diálogos, impressões, imagens e tudo o mais. Não. Enfim, não ando com um caderninho de notas para apontar uma frase interessante que tivesse escutado. Eu não preciso de estímulos exteriores. O que preciso, sim, é que a minha cabeça, por iniciativa própria, dê o pontapé de saída do jogo que vai começar. Isso leva-me a ter – para histórias que são romances – ideias um pouco estranhas: que a caverna de Platão está debaixo de

um centro comercial, que as pessoas de repente decidem votar em branco... Ideias que podem estar num romance, que em princípio não são a ideia motora de um romance mas que, no meu caso, sim.

*A Blimunda chamou-se Blimunda desde o princípio?*
Não. Desde a primeira hora em que me sentei para escrever o livro, ela era Blimunda e Blimunda ficou. Mas quando eu andava na fase preparatória cheguei a chamar-lhe Inês Antónia.

*Porque é que sentiu necessidade de lhe arranjar outro nome?*
Não é que não tenha gostado do nome. Tanto assim que o aproveitei para a irmã do Baltasar Sete-Sóis, que se chama Inês Antónia. O que acontece é que, de repente, pareceu-me necessário ou pareceu-me interessante que, uma vez que o Bartolomeu Lourenço de Gusmão tinha como letra inicial do seu nome o B, os outros personagens tivessem essa espécie de sinal de irmandade. Daí que o Baltasar seja Baltasar. Portanto, tinha que encontrar um B. Não era fácil, porque apareciam nomes que, não tendo nada de censurável, não me interessariam.

*Por não corresponderem ao espírito do romance?*
O som que eu procurava era muito particular. Então, ponho-me a ver no vocabulário onomástico. Comecei na letra A por descargo de consciência antes de entrar na letra B. Quando o encontrasse, se o encontrasse, o próprio nome deveria dar-me um sinal, como se dissesse: "Sou eu."

*Foi assim que aconteceu?*
Efectivamente, quando cheguei ao nome Blimunda senti que era aquele. A partir daí ficou a trindade definida da maneira que eu queria: Blimunda, Baltasar e Bartolomeu.

*Isto foi ainda no tempo em que as suas personagens tinham nome. O que é que as fez perder o nome, entretanto?*
O que as fez perder o nome foi o mesmo que nos fez perder o nome a nós. Não é que tenhamos perdido o nome mas o nome passou a ter pouca importância. O que tem uma importância efectiva, na vida actual, é o número do cartão de crédito. Porque os nomes repetem-se. Duas pessoas que vivam a dois mil quilómetros de distância uma da outra podem ter o mesmo nome. O que eu lhe asseguro é que não terão o mesmo número do cartão de crédito. E foi essa espécie de... de...

*Revelação?*
Não é revelação. Foi algo que se me tornou claro, evidente. Depois, diga-se aquilo que se disser, é muito difícil encontrar nomes para personagens de romances.

*Ao ponto de, no seu caso, ter chegado a ir procurá-los ao vocabulário onomástico.*
Não se lhes pode chamar qualquer coisa. Sobretudo por isto: porque um nome, de certa maneira, define. Define antes que qualquer outra coisa esteja definida.

*Sente que o seu nome o define, a si, de alguma maneira?*
Enfim, não sei se me define. Mas a verdade é que, como qualquer de nós, habituei-me ao nome que tenho. Devo dizer que estou muito agradecido ao tal oficial do registo civil que decidiu por conta própria – e não porque estivesse bêbedo, como dizia o meu pai – o meu nome. O meu pai tinha todo o direito a gostar ou não gostar. Efectivamente, não gostava muito da alcunha da família dele, a minha família paterna. Tanto assim que, chamando-se José

de Sousa, unicamente, quis que eu me chamasse também José de Sousa. Mas não o formulou com clareza suficiente. Isso foi o que levou o senhor Silvino, assim se chamava, a acrescentar, por sua conta e risco, a alcunha da família. E eu agradeço-lhe muito. Porque, se eu vinha a ser um escritor, tenho de dizer que não usaria, como escritor, o nome José de Sousa.

*Teria de inventar, para si, um pseudónimo?*
Teria que inventar um pseudónimo. Então, parece que isto já estava combinado desde o princípio e que o Silvino tinha de ser ele a dar-me o apelido que se converteria no meu nome de escritor.

*Nunca temeu que o facto de não dar nomes às suas personagens – transformando-as, de certo modo, em personagens-símbolo – lhes retirasse a empatia que o nome dá na relação com os seres humanos?*
Não sei. Nem sempre dá empatia.

*Individualiza.*
Sim, individualiza. Mas individualiza da mesma maneira que seria dizer "é ruivo" ou "é moreno" ou "é loiro" ou coisa que o valha. Por si só, não, não dá.

*Blimunda, se não se chamasse Blimunda, seria a personagem memorável que é?*
Bem, não podemos saber. Agora, que o nome Blimunda parece ter ajudado muito, isso é certo.

*A mulher que vê, no* Ensaio sobre a Cegueira, *não seria uma personagem que sentiríamos mais próxima de nós se tivesse nome?*

Não. Quer dizer, como aquilo que o *Ensaio sobre a Cegueira* mostra ou denuncia – além de outras coisas, claro – é a despersonalização do ser humano, a redução do ser humano a um nível inferior, não ter nome já é a primeira indicação nesse sentido. Mas também, a verdade é esta, não tem nome mas acaba por tê-lo. Se eu lhe chamo "mulher do médico" estou a dar-lhe um nome. Ao velho da venda preta, se eu lhe chamo "velho da venda preta", estou a dar-lhe um nome. O "ladrão", a "rapariga dos óculos escuros"... Tirei-lhes o nome mas dei-lhes outro.

*Mas é um nome impessoal, enquanto José Saramago, por exemplo, é um nome com uma carga pessoal mais intensa.*
Terá uma carga pessoal mais intensa só porque nós achamos que precisamos de um nome e o nome acaba por confundir-se com a identidade da própria pessoa, com a sua personalidade. Um homem que se chame Carlos Magno pode até ser tentado a reproduzir na sua própria vida as façanhas do imperador. Não vale a pena. O que ele tem é de pôr o nome à altura daquilo de que for capaz. E nada mais.

*Aceitaria que se dissesse a seu respeito que é um escritor mais interessado nas relações sociais do que nos mistérios das motivações humanas e daquilo a que há pouco chamou as sombras do espírito?*
Não sei. Vamos ver. Há esse quadro das relações sociais, que realmente me interessam muito – não de uma maneira para-científica mas simplesmente porque é o quadro em que nos movemos, todos, por muito espirituais que sejamos.

*E isso interessa-lhe mais do que os aspectos insondáveis da alma humana?*
Não, não, não. Não me interessa mais. Interessa-me que esse quadro de relações sociais esteja presente, para que o leitor não se

perca. Para que saiba onde está e com quem está a conviver. Mas isso não significa que dentro dessa espécie de suposta frieza não se passem coisas. No caso do *Memorial do Convento* passa-se uma grande história de amor. Que tem uma característica: em nenhum momento se pronuncia uma palavra de amor. Olhe que é obra!

*Isso foi deliberado?*
Não foi, não, senhor, não foi deliberado. Foi já perto do final que eu me apercebi de que tinha escrito uma história de amor – que é patente, um grande amor – sem a mais insignificante das expressões sentimentais. Como dizer "minha querida" ou coisa assim no género. Nem Blimunda nem Baltasar – e não porque o tenham pactuado. Não. Eu creio que foi a própria força – não só das personagens como também das situações vividas – que excluiu essa... não lhe quero chamar lamechice porque não o é, é muito sério. Mas de uma certa forma creio que desbanalizei a relação daqueles dois.

*O quadro de relações sociais que lhe interessa – e que tem estado presente, de uma forma explícita, em todos os romances que tem escrito – é de alguma forma uma tentativa, enquanto romancista, de encontrar uma certa objectividade na abordagem ao mundo?*
Sim. Creio que sim. Embora não seja fácil, porque nós vivemos no reino da subjectividade.

*Mesmo na procura da objectividade?*
Mesmo dentro do esforço para encarar as coisas, estudá-las, examiná-las, vivê-las com um grau suficiente de objectividade, temos de estar conscientes de que a subjectividade é rainha e senhora das nossas acções, dos nossos pensamentos, das nossas opiniões. Sobretudo das nossas opiniões.

*Mas a busca da objectividade, no seu caso, continua lá, mantém-se?*
Está efectivamente lá. Mas é a busca consciente de uma pessoa que sabe, em primeiro lugar, que a objectividade absoluta está muito longe das nossas possibilidades de análise e que até, talvez, não fosse muito conveniente. Enfim, a imagem do labirinto – que, de certo modo, nos define – não sei se é boa, se é má. Sejamos um labirinto ou uma linha recta, não discuto isso, a objectividade absoluta, como absoluto que seria, não é sequer possível imaginá-la. E não sei se seria desejável.

*Nem mesmo no quadro da sua formação no materialismo científico?*
Sim, mas escute: no fundo, tudo são palavras. Tudo são palavras. Quando alguém se chama a si mesmo materialista científico...

*Ainda é o caso?*
Quer dizer, eu sou materialista... Não sei se sou científico nem me interessa muito isso. Não acredito nessas supostas espiritualidades que colocam os ideais de vida ou a satisfação dos desejos de cada um a distâncias inalcançáveis. Por se estar prometendo, no fundo, a eterna promessa da felicidade, em qualquer dos seus aspectos, que forma a base de todo esse tipo de mensagens espiritualistas, digamos assim. É uma maneira bastante coerente de designá-las, porque leva uma carga pejorativa que efectivamente convém. Espiritualistas!

*Não havia também uma promessa de felicidade implícita no materialismo científico e na utopia comunista?*
Essa promessa, no fundo (e hoje sabemo-lo melhor do que nunca), consistia, ou deveria ter consistido, na melhoria das condições materiais da vida. O objectivo – e chamo-lhe objectivo

porque se falou muito disso – de criação do homem novo, que teria os seus fundamentos nessa mesma concepção da existência, fracassou. Vejamos o caso da Rússia actual, o quadro social da Rússia actual, herdeira directa da Rússia comunista (para chamar-lhe assim), e não parece que o homem novo se distinga positivamente.

*A sua explicação para isso é que alguma coisa terá sido mal feita pelo caminho ou que, na base, esse anseio era inalcançável?*
Eu creio que era inalcançável. O interessante do caso é que situações como essas reúnem todas as contradições possíveis. Quando aquele que viria a ser depois um general no exército de Mao Tsé-tung – um homem chamado Chu Te – quando ele quis juntar-se ao exército sublevado, era um homem viciado no ópio. Viciado em altíssimo extremo. Então, fez uma viagem para se juntar às forças sublevadas contra o governo do Chang Kai-shek. Embarcou num barco que ia subir o Yangtzé, sem ninguém a acompanhá-lo a não ser os marinheiros, e lutou com o ópio. Com a necessidade absolutamente enlouquecedora do ópio. Até que a venceu. Quando chegou ao destino, nunca mais fumou ópio. Então, há acções individuais que parecem mostrar que o ser humano pode ser sempre outra coisa. Há circunstâncias que fazem ascender nele o melhor que ele tem. E há outras que fazem ascender nele o pior que ele tem. Ora bem, para um regime que se dispunha a criar um homem novo, sabemos hoje que os métodos e as propostas para esse homem novo não eram grande coisa. O que veio a ser confirmado pelos resultados. O actual quadro russo não tem nada que ver com aquilo que alguma vez alguém, na melhor boa-fé, imagino, pensou que poderia ser factível.

*O José Saramago chegou a ter essa boa-fé.*
Não. Nunca cheguei. Sou suficientemente céptico para nunca acreditar. Quanto maior é a promessa mais eu desconfio.

*Já era assim no dia 16 de Janeiro de 1969?*
O que é que aconteceu nesse dia?

*Este dia não lhe evoca nada?*
[*Pausa*] Talvez. Enfim, talvez evoque a minha adesão ao PCP.

*Exactamente.*
Eu era assim. Evidentemente que era assim...

*Já era céptico.*
... agora, ter a consciência de que quanto maior é a promessa mais fácil é vir a faltar a ela – ou cumpri-la de uma maneira incompleta – não podia, evidentemente, conduzir-me, não pode conduzir ninguém, à paralisia. Entre um cem que eu sei que não posso alcançar e um oitenta e quatro que sim, talvez, pois então joguemos no oitenta e quatro.

*Costuma guardar na memória estas datas marcantes na sua vida?*
Não, essa data eu não a tinha. Sabia que era em 69 mas não tinha a data concreta. Foi na organização da exposição ["A Consistência dos Sonhos"] que eu a vi. Tinha apontado isso.

*Estes momentos que são marcos na sua vida ficaram-lhe gravados na memória ou não liga muito a essas datas?*

Eu não sou nada festivaleiro. Ao contrário. Mas as datas são importantes, na medida em que representam pontos de passagem mais importantes do que o dia anterior ou o dia seguinte.

*Há uma nota, nos* Cadernos de Lanzarote, *em que diz que detesta o* Parabéns a Você.
Ah, sim. Isso, não posso ouvi-lo. Não posso ouvi-lo porque é uma importação estúpida – como tantas outras que nós fazemos – das modas ou dos costumes norte-americanos. E não é por serem norte-americanos. É que, ainda por cima, a versão portuguesa, que é uma versão brasileira, há que reconhecer que é um pouco chocha. "Parabéns a você, nesta data feliz." Isto é mau! É mau em qualquer língua.

*As suas agendas – reveladas parcialmente na exposição que lhe é dedicada – são muito minuciosas. Aquelas anotações eram para memória futura ou apenas por questões práticas e imediatas?*
Não era como memória futura. Eu não saberia dizer para que é que queria aquilo. Eram coisas que estavam a acontecer. E que nem sequer precisavam de ser muito importantes ou parecer ser importantes.

*Muitas vezes era apenas o título de um filme que viu.*
Nada mais. No fundo, como se eu não quisesse esquecer. Agora já não faço isso, já não tenho agenda. Afinal de contas, sem me aperceber, sem saber, sem poder imaginar, sequer, essas anotações viriam a ser, como creio que se considera, um dos aspectos mais importantes da exposição. Dá às pessoas essa possibilidade, ou a aparência dela, de estar a seguir-me no tempo: fez isto, pensou aquilo, decidiu aquilo.

*O que pensou é menos frequente. É mais frequente a anotação breve do que viu, dos encontros que teve, do almoço com alguém.*
A anotação directa, factual e acabou.

*Voltamos à tal questão da objectividade.*
Enfim, neste caso porque outro tipo de anotação mais reflexiva implicaria outra disposição inicial.

*Seria já um diário, que também escreveu e até publicou durante uma certa fase.*
Exactamente.

*Já não escreve o diário?*
Não. Interrompi porque aconteceu uma coisa chamada prémio Nobel. Eu tinha, e conservo, material que ia recolhendo para o *Caderno de Lanzarote* referente ao ano de 1998, mas acontece que vem o prémio. E o que é que eu faria no caderno de 98 levando às costas aquele prémio? Em primeiro lugar, coisa bastante incómoda, teria de descrever as emoções causadas pelo prémio.

*Para os leitores seria interessante ter essa perspectiva.*
Mas para mim não. A cerimónia da entrega, os discursos, tudo isso. Pensei que aquilo era como no poema do Drummond: era "uma pedra no meio do caminho" e eu não podia simplesmente alçar a perna e passar para o outro lado. Depois, tive esta consciência, também, de que o que iria acontecer no futuro imediato e não só no imediato, mais além do imediato, seria uma espécie de... como quando se atira com uma pedra à água, num lago onde a água esteja calma, e há uma ondulação que depois, pouco a pouco, vai diminuindo. Porque tudo, a partir daí, tudo ficou – para usar

esta palavra, que não é muito apropriada – tudo ficou contaminado pelo prémio Nobel. Reconheçamos que seria uma chatice.

*Passa este ano uma década sobre o Nobel. Parece-lhe que já foi há muito tempo ou parece-lhe que ainda foi ontem?*
Não me parece que tenha sido há muito tempo. Eu creio que isto tem que ver com a idade que uma pessoa tem. Se a idade já é tão avançada como a minha, tudo parece ter acontecido ontem.

*Qual é, na sua memória, o momento emblemático – o fotograma, se falássemos na linguagem do cinema – que isola dessa celebração como o momento central?*
Creio que foi, pela novidade e pela responsabilidade, a leitura da minha conferência na Academia Sueca, antes da entrega do prémio, no dia 7 de Dezembro: "De como a personagem foi mestre e o autor seu aprendiz." Creio que foi esse o momento em que eu senti mais o peso da responsabilidade.

*E o peso da emoção, também?*
Sim, também. A emoção chegou, creio recordar, em dois momentos de evocação. Não tinha que ver com o prémio Nobel. Tinha que ver com o que eu estava a dizer naquela altura. Foi na parte inicial, na referência aos meus avós. Houve um momento em que eu tive de me suspender durante um segundo ou assim. E, como sabemos, numa situação dessas um segundo é muito tempo. Fora isso, não. De resto, eu creio que – e aconteceu um pouco comigo – numa circunstância como aquela a gente vive no interior de uma nuvem ou no interior de uma esfera. Vê-se através dessa esfera tudo quanto se passa fora e sabemos que aquilo tem tudo que ver connosco, mas, ao mesmo tempo, quase não nos toca.

É demasiado... Não sei se é demasiado importante. Mas, quer dizer, não estávamos habituados. Quem é que já estava habituado ao prémio Nobel antes de o ter?

*Viveu aquela situação sob uma espécie de manto de irrealidade?*
Sim. Um pouco isso. Eu não quero chamar-lhe, também, distanciamento. Porque, evidentemente, se havia alguma pessoa envolvida em tudo aquilo era eu. Mas a apreensão, a captação daquilo que estava a acontecer era, digamos, uma captação em bruto. Captava aquilo que me estava a acontecer mas nem sequer me apercebia do efeito que estava a produzir em mim. Não tinha tempo para analisar os efeitos, em mim, daquilo que estava a acontecer.

*Como uma espécie de vertigem?*
Não. Nenhuma vertigem. Uma espécie de anestesia.

*Já dá razão a quem preparou a estratégia de aproximação ao prémio?*
[*Pausa*] Qual estratégia?!

*A palavra não é minha, é sua. É usada por si...*
Quando?

*... no último volume dos* Cadernos de Lanzarote*, a 10 de Setembro de 1997, referindo-se a uma viagem a Estocolmo – com entrevistas, conferências, jantares –, diz a certa altura: "não dou nada pela estratégia".*
Não, não. Estratégia que não era minha.

*Por isso mesmo é que eu lhe perguntei: já dá hoje razão a quem preparou a estratégia?*

Não, não, não. Não dou. Continuo a não dar. E por uma razão muito simples. Era tão óbvia a estratégia, era tão clara, tão transparente que, evidentemente, não iria encontrar por parte da Academia sueca um grau de receptividade suficiente.

*Mas os factos desmentem-no.*
Os factos desmentem-me? Não. Creio que, em princípio, deveria ter tido o prémio nesse ano.

*Em 1997, um ano antes de o ter recebido de facto?*
Em 97. E não o tive – claro que não tenho provas disto, é apenas aquilo que eu intuo – não o tive precisamente pela... É como se a entidade portuguesa que organizou aquilo... como se chamava? É aquela coisa do comércio externo...

*O ICEP.*
Sim. Foram eles que organizaram aquilo. Era de tal forma óbvio... Era um pouco como um pai que tem uma filha para casar e que se cansa a dizer: "Vejam como a minha filha é bonita, que excelente dona de casa que ela vai ser e tal."

*Sentiu-se como uma menina casadoira a ser apresentada a um bom partido?*
Não o pensei naquela altura, mas é uma comparação fácil. Estavam a decorrer todos esses actos e eu disse: "Não, se a intenção é essa, não vão conseguir; porque, no fundo, o que se está a fazer é uma pressão sobre a Academia sueca para que me dêem o prémio." Com as melhores razões deste mundo, evidentemente.

*Quantas vezes foi a Estocolmo antes de lhe ser atribuído o prémio Nobel?*

Não sei. Talvez umas quatro ou cinco. Quando você falou aí em estratégia, eu pensei que era uma estratégia minha, que eu tinha definido. Não. Pelo contrário. Tão clara era a minha posição nessa matéria que, também nos *Cadernos de Lanzarote*, e falando do prémio Nobel, eu digo: se a condição para que eu viesse a ganhar o prémio Nobel fosse o abandono das minhas convicções políticas, não as abandonaria e portanto não ganharia o Nobel.

*Mas alguém, alguma vez, lhe fez essa sugestão?*
Não, não, não. Nunca. Isso não.

*Pôs a hipótese apenas em termos académicos.*
Em termos académicos mas que me comprometiam. No sentido em que, se eu o tinha escrito, seria para cumprir, se tal coisa viesse a acontecer.

*O ano de 1997 foi o do dramaturgo italiano Dario Fo, que lhe deixou uma mensagem no atendedor de chamadas dizendo que lhe tinha roubado o prémio.*
Que me deixou a tal mensagem dizendo: "Sou um ladrão, roubei-te o prémio, mas deixa lá que, no ano que vem, com certeza que será."

*Em que altura é que lhe começou a ocorrer a ideia de que obter o prémio Nobel não seria impossível?*
[*Pausa*] Quer dizer...

*Quantos anos antes é que isso, para si, foi claro?*
Claro, nunca o foi. No fundo, é mais uma vez a importância que têm os órgãos de comunicação social na formação das opiniões. A partir do primeiro ano em que um jornal, ou alguns jornais, me

incluíram na lista dos três ou quatro de quem se falava como possibilidade para o prémio Nobel, nesse ano, eu, enfim, aceitei aquilo e disse: "Bom, se se fala em mim é porque há uma possibilidade."

*Isso terá sido uns cinco anos antes de vir a ganhar o prémio.*
Sim, à volta disso, 93, 94. O pior é que isso cria uma coisa que, pelo menos eu, não tinha: o nervosismo pré-Nobel.

*Não tinha e passou a ter?*
Passei a ter.

*A perspectiva do Nobel tirou-lhe o sono?*
Não, não. Tirar o sono, não, mas na véspera, na antevéspera, na ante-antevéspera é claro que essa insistência... Insistência que, no fundo, também não significa muita coisa. Porque os nomes que saem na comunicação social são nomes que o redactor da notícia pensou por conta própria.

*Haverá quem tenha proximidade com os membros da Academia.*
Não, não. A Academia não deixa filtrar nada. Rigorosamente nada. A Academia não põe a correr qualquer possibilidade de que seja o senhor fulano ou a senhora fulana a poder chegar a ter o prémio.

*Então, o que é que o leva a pensar que deveria ter tido o prémio em 1997, um ano antes da data em que o obteve, de facto?*
Bem, uma razão bastante forte está na mensagem do Dario Fo. Porque é que ele iria dizer-me que me tinha roubado o prémio se nos bastidores, nessa ocasião ou mesmo depois do prémio dele, não tivesse ouvido: "Ah, havia também o Saramago e tal..."

*Haverá então bastidores?*
Bastidores internos, quer dizer... Note, não vale a pena estar aqui a especular porque, em realidade, não sabemos o que é que aconteceu. Não sabemos o que é que se passou.

*Em todo o caso, esse* stress*...*
Não era *stress*.

*... existia.*
Sim, quer dizer, essa espécie de... No fundo era tentar responder à pergunta "será este ano?".

*Foi por isso que escreveu – numa carta a Jorge Amado, datada de 1994 e revelada na exposição "A Consistência dos Sonhos" – esta frase: "Não há dúvida de que esse prémio é uma invenção diabólica."*
É. É uma invenção diabólica.

*Ainda está convencido de que o é?*
É uma invenção diabólica porque, para muita gente, se converte numa espécie de farol. Tudo, na navegação, é posto em função desse farol e da rota para chegar lá. Mesmo quando não se faz isso de maneira consciente, se tens essa preocupação vais viver a vida em função dela.

*No seu caso tinha essa preocupação, uma vez que havia o tal nervosismo de que já falou.*
Não, não, não. Escuta, se eu pego de manhã no jornal e o jornal diz: "Fala-se na possibilidade de que de entre fulano, sicrano e beltrano saia o prémio Nobel..." Se encontras aí o teu nome é claro que isso não é indiferente. Só nessa medida.

*Nunca foi, para si, o tal farol?*
Não. Como é que podia ser farol, pá?

*Como me disse que há escritores para quem o prémio se torna um farol...*
Ah, isso há. Agora mesmo, o Philip Roth está esperando o Nobel. Esse está claríssimo.

*Isso é claro, para si, também naquilo que ele tem escrito?*
Não é naquilo que ele escreve. É na postura.

*Seria um bom Nobel?*
Eu creio que sim. É um grande narrador. Um enorme narrador. Capaz de tornar fascinante qualquer descrição que faça. De uma situação, de um lugar. É realmente muito bom. Não me surpreenderia nada que fosse.

*Vê algum outro escritor português merecedor do Nobel?*
Eu não respondo a isso porque... Houve-os. Mas também é preciso colocar as coisas no contexto real em que as coisas podem acontecer ou não. O Aquilino? O Aquilino evidentemente que seria um grande Nobel. Mas não o podia ser. A obra dele não era conhecida. Portanto, não vale a pena lamuriarmo-nos pelo facto de o Aquilino não ter tido o Nobel. O Torga? O Torga foi lido na Academia sueca. Não sei se foi considerado ou não. A verdade é que na biblioteca da Academia sueca os livros dele estavam e com sinal de serem lidos. Não foi isso o suficiente para que ele não tivesse o Nobel? Pois não. Infelizmente. O Pessoa? O Pessoa seria o grande Nobel da nossa época. Esse sim. Mas como? Quem é que conhecia o Pessoa? Nem nós.

*Está a responder-me no passado e a minha pergunta era deliberadamente no presente: vê algum escritor português merecedor...*
A isso eu não respondo.

*Porquê?*
Repare, porque têm-se dito tantas tontices à roda disso. A Agustina – sobre quem, há uma quantidade de anos, quando eu fazia crítica na *Seara Nova*, em 68 ou 69, escrevi: "Se há, em Portugal, um escritor que participa da natureza do génio é a Agustina Bessa-Luís..." E repito-o hoje... Mas o que eu não perdoo... Ou não é que não perdoe, não tenho que perdoar ou não, desculpar ou não... Mas surpreende-me. Surpreendeu-me que numa entrevista que a Agustina deu tivesse, ela, declarado que em Portugal só havia duas pessoas que mereciam o prémio Nobel: uma era o Vergílio Ferreira e a outra era ela. Diz-se "ah, é uma fraqueza, a natureza humana é assim". Sim, mas, quer dizer, a natureza humana deve tomar algumas precauções e a primeira é vigiar-se um pouco, antes de se lançar em certas declarações. O melhor era encarar objectivamente os factos. Ela devia perguntar a si mesma se a Academia sueca a conhecia, se os livros estavam traduzidos e se, estando traduzidos, iriam chegar à Suécia. Porque – embora a Academia receba informações ao longo de todo o ano, de todo o mundo, sobre os escritores daqui e dali e, com isso, vá formando as suas opiniões – há que ter cuidado quando se lança assim uma declaração destas.

*Mas saber se os livros estão traduzidos é algo que faz parte das condições objectivas extraliterárias para o prémio. Pode-se pensar que este ou aquele escritor merece o Nobel por razões estritamente literárias sem ter em conta essas condições extraliterárias.*

Sim. Vamos lá ver, não são extraliterárias. Eu, neste caso, disse da Agustina que a considero um génio. E disse também que ela se considerava tanto um génio que, por sua conta e risco, se incluiu a si mesma na parelha... Eram só dois. O Vergílio Ferreira também muito dificilmente podia chegar ao Nobel por uma questão de desconhecimento da obra. Se a obra não está traduzida nos principais idiomas do mundo e, também, se possível, em sueco, é muito difícil que se chegue lá.

*Há quem diga que o Nobel, para a literatura portuguesa, é uma espécie de cometa Halley: vai ser preciso muito tempo até que volte a passar.*
Agora vai ser preciso que eu morra, simplesmente.

*É?*
Eu creio que sim. Vai ser preciso que eu morra, para haver um outro Nobel, porque é pouco crível admitir a hipótese da existência de dois prémios Nobel portugueses vivos.

*Porquê?*
Bem, a mim parece-me óbvio. Quer dizer, um determinado país tem um escritor com o prémio Nobel. Não é que não haja outros escritores nesse país que mereçam o prémio Nobel, mas também não podemos esquecer que há mais não sei quantos países no mundo que merecem o prémio Nobel.

*A Doris Lessing, que ganhou o prémio no ano passado, é britânica e não deixou de receber o prémio por ainda estar vivo V. S. Naipaul, que também é britânico.*
Ele é um britânico um pouco *raro*. Um pouco especial. Não digo que não, mas... Não sei... [*pausa*] A Espanha, digamos, que teve

vários prémios Nobel, cinco ou seis, nunca teve dois na mesma época, no mesmo período. Portanto, o que eu digo é que agora o que há que esperar é que eu morra para que o terreno fique limpo. E então a Academia sueca com certeza pensará... Além disso, há que pensar noutros países de expressão portuguesa: o Brasil, Angola, Moçambique, tudo isso. Pode ser que não já, mas virão a ser distinguidos. Não sei quando, evidentemente. E que Portugal tenha outro prémio Nobel, nada mais natural. Oxalá! O problema foi abrir a porta. A partir do momento em que a porta ficou aberta tudo é possível.

*Já leu, seguramente, o argumento que veio a público por diversas vezes, segundo o qual, sendo Portugal um país de poetas, o prémio para um escritor português devia ter sido atribuído a um poeta e não a um romancista.*

Esse pensamento e a formulação dele, tenho de lhe dizer que me parecem inferiores. Sendo Portugal um país de poetas... Coisa que são os poetas que dizem, em primeiro lugar. Que tinha de ser um poeta? Não sei se tinha de ser. Eu não sou juiz nessa matéria. A única coisa que sei foi aquilo que aconteceu. Que distinguiram um romancista. O que podia levar-nos a um outro tipo de raciocínio: sendo Portugal um país de poetas, é preciso que os romances que lá se escrevem sejam muito bons para que o prémio tenha sido dado a um romancista. Há várias maneiras de entender as coisas.

*Na carta a Jorge Amado, de Setembro de 94, que já há pouco citei, refere a dado passo António Lobo Antunes como alguém que "anda a dizer que vai ganhar o Nobel". Via-o como um rival no período anterior à obtenção do prémio?*

Não. Eu nunca vi o Lobo Antunes como um rival. A minha opinião sobre essas questões de quem é melhor ou de quem não é tão bom é muito clara. Em literatura, ninguém tira o lugar a ninguém.

*Nos prémios, sim.*
Estou a falar na obra literária. Por aí se começa. Ninguém tira o lugar a ninguém. Ocupa um espaço, que não importa discutir se lhe estava destinado ou não. Mas ocupa um espaço. O simples facto de que o ocupe – e se o ocupa de uma maneira clara – mostra que esse espaço não estava ocupado. Portanto, ninguém rouba nada a ninguém. Que, depois, tenha êxito de vendas, isso é outra coisa. Não depende do autor. O escritor não vai de porta em porta chamar os inquilinos e dizer-lhes: "Sou um escritor, tenho um livro, gostaria que mo lessem." Ninguém faz isso. Um livro é uma barca deitada ao mar, sem tripulação nem destino. Lança-se ao mar e depois logo se vê o que acontece. No meu caso, posso-lhe dizer que tive sorte. Sou uma pessoa que admite a importância do factor a que chamamos sorte. Ter aparecido no momento exacto. Talvez até com a obra exacta. Mas isso não era premeditado. Não fazia parte de um plano. Quando eu escrevi o *Memorial do Convento* isso não foi parte de um plano para obter isto, aquilo ou aqueloutro e muito menos o prémio Nobel.

*Foi o romance central para o Nobel?*
Não para o Nobel. Repare que, quando a decisão para que me dessem o prémio em 98 já estava tomada, saiu o livro *Todos os Nomes*. Então, aconteceu que, no Verão de 98, um dos académicos, o Kjell Espmark, que fala um pouco de português, com a ajuda do dicionário, dedicou todo um mês a ler, em português, *Todos os Nomes*. Acontece que *Todos os Nomes* não é um

mau livro. Mas podia sê-lo. Então, eu admito que o prémio, que parecia garantido, acabasse por não o ser porque a Academia sueca podia dizer: ele estava a escrever bem mas agora aparece com um livro mau, péssimo e tal. E o prémio que parecia ganho não o era. Quer dizer, aquilo que outros escritores consideram que seria justo para eles, seria eu a última pessoa a dizer que não têm razão.

*Quando lhe perguntei se considerava Lobo Antunes um rival, antes de ter recebido o prémio, perguntei-lho porque, tendo a opinião de que não podem coexistir dois premiados com a mesma origem, se ele ganhasse o prémio, o José Saramago estaria afastado do Nobel.*
É evidente.

*Foi nesse sentido que falei de rivalidade.*
Rival? Mas o que é isso? Rival?!

*Como o refere explicitamente na carta ao Jorge Amado...*
Sim, porque se falava disso, eu comentei. Mas eu nunca considerei o Lobo Antunes como um rival. Eu fazia o meu trabalho, pá.

*Ele disse-me, na entrevista publicada na edição anterior da LER, que nunca leu um romance seu. O José Saramago lê os romances dele?*
Ao princípio, sim. [*Pausa*] Pois, para quem nunca leu um romance meu, ele desdobrou-se em opiniões a meu respeito, como escritor. Tem todo o direito a não ter lido e a continuar a não ler, até ao fim da vida, uma só linha minha. Mas, em princípio, isso retira-lhe o direito de julgar. E há uma outra coisa, em toda esta história lamentável: eu nunca me comportei, em relação ao Lobo Antunes, como ele em relação a mim.

*Ele diz, nessa mesma entrevista, que há uma fotografia do José Saramago atirando um livro dele ao chão.*
Que disparate é esse? Que disparate é esse, pá?! Ele não precisa de inventar coisas para reforçar a sua animadversão em relação a mim. Não invente! Quer dizer, você, que me conhece razoavelmente, diga-me: é capaz de imaginar-me a atirar ao chão um livro de um suposto rival ou competidor, fosse ele português, espanhol, italiano, uruguaio ou o que quer que fosse? Isso não é infantil? A raiva expressa dessa maneira?

*Segundo o António Lobo Antunes, isso foi fotografado.*
E onde é que está esse documento que ninguém viu? Não há nenhum documento fotográfico, porque a situação que o documento fotográfico supostamente ilustra não existiu.

*Que memória é que tem dos encontros que tiveram?*
Ao princípio, na altura do *Levantado do Chão*, ainda tínhamos uma relação, enfim, cordial. Lembro-me até que ele me disse num jantar, na Varina da Madragoa, que eu devia arranjar um agente literário e me aconselhou que fosse o agente dele. Nessa altura, ele era capaz de dar uma entrevista, como deu, em que dizia: "Eu só leio os livros dos meus amigos – fulano, fulano, fulano e fulano." E lá estava o meu nome.

*Portanto, mantiveram uma relação de amizade, numa certa altura.*
Não. Não lhe chamemos assim. Amizade, não. Isso são palavras maiores. Um contacto cordial.

*Frequente?*
Relativamente frequente.

*Ao ponto de se encontrarem para jantar.*
Pois. Não muitas vezes. Finalmente, declara, anos depois, que nunca leu um livro meu. Parece-me bem! Não tenho nada contra.

*Lê aquilo que se vai publicando na literatura portuguesa?*
Não. Quer dizer, eu tenho pouquíssimo tempo. Pouquíssimo tempo e nem sempre a paciência necessária. Não quer dizer que não haja excepções, que felizmente as há e muito boas, mas a maior parte daquilo que se publica hoje... Em todo o caso, a situação está a mudar. Aqui há uns anos, os editores tinham tanta fome de nomes novos que publicavam tudo aquilo que se lhes apresentava. E o que se lhes apresentava, em muitos casos, era francamente mau.

*Hoje já lhe parece que existe uma triagem maior?*
Eu creio que sim. Uma triagem que não sei como os editores a fazem. Mas presumo que se terá chegado à conclusão de que a quantidade não é a solução. A qualidade, sim.

*E em relação aos autores a quem é atribuído o Nobel e de quem não conhece a obra: vai lê-los depois de saber que foram premiados?*
Sim. Agora estou a ler com muito interesse a obra do Philip Roth. Quando o Coetzee recebeu o prémio já o conhecia. Tinha-o conhecido no México e tinha-o lido. A Doris Lessing, também, mas, não sei porquê, não entrei profundamente na obra dela.

*Dos nomes que lhe sucederam nestes dez anos, depois de lhe ter sido atribuído o prémio...*
Há alguns de que não sabia nada. Não conhecia nada do Orhan Pamuk. Não sabia nada do Kertész e é um grande escritor. Da Elfriede Jelinek, a verdade é que nem sabia da sua existência.

O que mostra que devemos ter cuidado nos nossos juízos, ao dizermos que não se publica nada de jeito, que isto é uma crise terrível. Enfim, a crise é nossa, porque não lemos as coisas.

*Também não é humanamente possível ler tudo.*
Não é humanamente possível, evidentemente. O caso do Kertész, para mim, foi uma surpresa total e, enfim, rendi-me, entreguei-me.

*Da lista dos autores que receberam o prémio depois de si, de quem é que se sente mais próximo, em termos literários?*
Mais próximo literariamente? [*Pausa*] Não sei. Talvez do Pamuk. Não o conhecia e gostei do que li. Senti-me próximo porquê? Enfim, pelo tema, pelo modo de tratá-lo. Pelas preocupações filosóficas do autor. Há várias razões. Não há uma razão única para que uma pessoa se sinta próxima de um autor.

*Como é que vai comemorar os dez anos do Nobel?*
Eu não comemoro essas coisas.

*Numa das crónicas que publicou no livro* A Bagagem do Viajante *escreveu, há muito anos, esta frase: "Tenho uma confiança danada no futuro." É uma frase que ainda poderia escrever hoje?*
Bem, a frase é bastante estúpida, há que reconhecer. Homem, quem é que se pode permitir escrever "Tenho uma confiança danada no futuro"?

*Escreveu o José Saramago.*
Escrevi eu, pois. Como é que é possível?

*Acontece-lhe muitas vezes ir reler algo que escreveu e fazer para si próprio esse tipo de observação – "como é que foi possível"?*
Não. Mas quando sou posto diante de alguma coisa que escrevi com toda a convicção e me dou conta de que aquilo tem pouco sentido ou nenhum, reajo.

*Portanto, hoje já não tem a tal confiança danada no futuro.*
Não. Pessoalmente, alguém que tem oitenta e cinco anos não se pode permitir dizer que tem uma confiança danada no futuro. Em segundo lugar, nessa frase não está dito de que futuro se trata: o futuro pessoal? Ou isso significa, simplesmente, que eu nesse dia estava bem-disposto? Provavelmente. Os humores pesam muito nessas coisas.

*O que me ocorreu foi que pudesse ser essa confiança a motivá-lo para começar a escrever um novo livro.*
Não. Nós somos muito menos dramáticos do que essa coisa de deixarmo-nos levar por confianças no futuro. A vida, digamos, propõe-nos coisas. Por vezes, sentimo-nos em condições de aceitar a proposta e lançamo-nos a um trabalho. Outra vezes, não. A vida não é uma obra teatral. Numa obra teatral tudo está posto no seu lugar. Cada elemento tem a sua função. A articulação dos elementos todos, para conduzir a efeitos dramáticos, está muito bem pensada. A vida não pensa. Nós vivemos no caos. O que se passa é que vivemos num espaço limitado dentro de outro espaço que escapa à nossa capacidade de apreensão. Dir-se-á: "Mas nós informamo-nos, lemos os jornais." Os jornais são palavras. Não têm nada que ver com a realidade. Essa realidade, mesmo que próxima, pode não nos tocar por isto ou por aquilo. Ou tocar apenas de raspão.

*Estamos mais rodeados de mistérios do que de certezas?*
Não, de mistério, não. Isso a que chamamos mistério é, simplesmente, o que não se sabe. A partir do momento em que há uma explicação científica, ou lógica simplesmente, deixa de ser mistério.

*O que é que o motivou a iniciar a escrita do romance que está agora a escrever?*
Achei que a história era interessante. Que valia a pena arriscar. Porque o último livro, sem contar com *As Pequenas Memórias*...

*As Intermitências da Morte.*
... é um bom livro. Posso dizê-lo assim, como um pai pode dizer de um filho "é um bom filho". Posso dizer assim, sem pudor: é um bom livro.

*Mas diz de algum livro seu que é um mau livro?*
Não. Não sinto, em consciência, que devesse dizê-lo. Considero – ou pelo menos considerava – a *Jangada de Pedra* um livro um pouco falhado. Só por uma questão de organização da matéria narrativa. Em princípio, uma história avança em direcção ao clímax. E na *Jangada de Pedra* o clímax está posto logo à entrada. Mas creio não ter escrito nenhum mau livro. Se alguém pensa que sim, é uma questão de opinião, nada mais.

*Como é que lhe surgiu a ideia do elefante em viagem que vai ser o seu próximo romance?*
Não posso dizer porque qualquer coisa que eu dissesse adiantaria exactamente aquilo que eu não quero que se saiba. Foi uma ideia que começou por entusiasmar-me, que depois me cansou,

desisti dela, para depois regressar a ela passados meses. E estou satisfeito.

*Escolheu um elefante para protagonista por estar desiludido com os seres humanos?*
Não. É simplesmente para descrever a história da viagem de um elefante. A viagem é do elefante, mas que espécie de protagonismo é que se pode dar a um elefante? Antropomorfizá-lo, a exemplo daquilo que se tem feito tantas vezes? O que o Torga fez com os *Bichos*, por exemplo? Não. Eu não sei o que é um elefante. Um elefante pensa? Tem ideias? Tem ilusões? Tem esperanças? Não sei, pá.

*Está a tentar sabê-lo escrevendo o livro?*
Não, não, não. Que ideia! Pelo contrário. Como eu não sei, não pergunto.

*Vai ser um livro volumoso?*
Não, não pode ser. Seria difícil transformar a viagem de um elefante num livro volumoso. Não quer dizer que fosse impossível mas talvez não valesse a pena. Tem que ser é um livro denso. Um livro com miolo.

*É um elefante africano?*
Não, é um elefante indiano.

*Já sabe para onde vai o elefante?*
Já. Já sei tudo. Mas não o devo revelar. Penso que lá para Outubro o livro sairá.

*Não querendo ainda revelar o destino, já se pode saber de onde parte a* Viagem do Elefante*?*

O ponto de partida não me importo de dizê-lo. O ponto de partida é Lisboa.

Junho de 2008

# EDUARDO LOURENÇO

ESTOU EM DÍVIDA
PARA COM A HUMANIDADE INTEIRA

*Sai do elevador num passo lento, um pouco hesitante, e com uma expressão grave, por detrás da qual esconde um sentido de humor a que não falta, por vezes, uma boa dose de traquinice. Combinámos o encontro no hotel em que se aloja sempre que vem a Lisboa e à porta, sob a percussão de uma betoneira, queixa-se das obras que já se arrastam há seis anos. "Coisas à portuguesa", desabafa, num aparte que evidencia que continua sintonizado com a nossa maneira de ser, apesar de viver há mais de meio século no estrangeiro. Aos oitenta e cinco anos, Eduardo Lourenço é o mais respeitado intelectual português vivo. Conquistou todo o tipo de distinções, do prémio Camões ao prémio Europeu de Ensaio. Escreveu muito mas sempre de forma dispersa. Experimentou a poesia e a narrativa, na juventude, mas abandonou-as para as trocar pela reflexão a partir da poesia e da narrativa dos autores que foi descobrindo e dando a conhecer ao longo da vida. Diz, com frequência, que do que gosta é de "paleio". Tanto como continua a gostar de jornais. A caminho da Gulbenkian, ainda temos de fazer um desvio para comprar a imprensa do dia. Tem passado ultimamente quase tanto tempo em Portugal como no sul de França, onde vive. Mantém-se tão* à la page *com a actualidade nacional como se nunca de cá tivesse saído. Quando chegamos ao gabinete que tem na Fundação, a conversa pelo caminho já o fez esquecer a pequena queixa de uma incómoda dor de garganta com que acordou, depois de na véspera ter apanhado uma pontinha de sol. Num curto desvio, vai perguntar a uma funcionária se haverá possibilidade de ser visto por um médico ainda antes da hora de almoço. Pela janela temos uma vista ampla do jardim. Sentamo--nos, um de cada lado da secretária, rodeados de livros. O meio natural para um homem que tem dedicado a vida toda às obras dos outros. Foi assim que construiu – com generosidade, imaginação e inteligência – uma obra própria a partir do seu tão pessoal modo de ler.*

*Acredita que o livro impresso tem futuro?*
As mudanças têm sido tão vertiginosas – em todos os campos, nas tecnologias de ponta, como se diz –, que é arriscado fazer vaticínios. O vaticínio é o nosso próprio desejo.

*No caso, imagino que o seu desejo é o de que os livros continuem a existir.*
É. Aqui há uns anos, em Praga, participei num colóquio cuja temática era um pouco esta: qual é o futuro do livro? Fiz na altura uma pequena intervenção lembrando que em tempos tinha visto um filme – creio que do Mankiewicz – sobre Júlio César. Havia nele uma famosa cena em que estava o Brutus a ler um livro.

*Um anacronismo.*
Uma coisa que um romano não podia fazer. De maneira que é possível que no futuro aquilo a que nós hoje chamamos um livro – num futuro que já é presente – seja uma dessas caixinhas em que uma pessoa tem uma biblioteca inteira. Só com um toque os livros vão desfilando. Ao fazer essa constatação, eu dizia que entraríamos então num outro tempo. Um tempo a que faltaria uma das componentes essenciais do nosso relacionamento com o livro. Porque o livro transporta com ele, além da informação e

do texto, um tempo próprio. Quer dizer, estar a ler os ensaios do Montaigne tal como eles apareceram no século XVI, numa edição desse tempo, não é a mesma coisa que estar a ler o mesmo texto – porque o texto é o mesmo – em qualquer das edições contemporâneas. Pior será quando for uma coisa do tipo puramente digitalizado. Falta essa cor do tempo. O cheiro do papel.

*Não consegue imaginar um mundo sem livros?*
Dificilmente. Bom, de qualquer modo os livros ainda estarão aí. Estarão aí, mas como museu. Em vez de termos uma biblioteca, que é uma floresta viva da memória humana, os livros estarão lá como espectros. Mas, enfim, podem ser ressuscitados pela leitura de cada um. Isso modifica a nossa relação com o mundo. Porque o relacionamento com os livros – que vem de todos os livros que a gente lê quando é jovem – torna-os bocados de nós próprios. São as tábuas privadas das nossas leis. As escritas e as não escritas. Faltará qualquer coisa quando a nossa relação com eles for puramente electrónica.

*O Marshall McLuhan dizia que o meio é a mensagem.*
Sim. Portanto, a mensagem não será a mesma. É claro, uma pessoa depois esquece-se, naturalmente. É a mesma coisa que com o cinema. Quem assistiu (como eu, que já estou quase tão velho como o Manoel de Oliveira) ao nascimento do cinema (e ele não só assistiu como contribuiu também para a invenção dele) sabe que as emoções que se tinham nesses primeiros anos épicos, quer do mudo (eu ainda apanhei um bocadinho disso) quer do sonoro, eram as de um mundo novo. Era como se a gente estivesse a descobrir a América. Ou como se a América nos estivesse a descobrir a nós, o que seria uma imagem melhor. Agora, com o acesso que

nós temos à memória cinéfila – através dos DVD e tudo isso – não é a mesma coisa, nem o nosso relacionamento é o mesmo. Estar solitário a ver na televisão um desses filmes que nos marcaram não é a mesma coisa que estar numa sala de cinema a comungar de uma experiência colectiva.

*Tem nostalgia dessa ideia de livro que as novas tecnologias ameaçam vir a substituir?*
Sim. Absoluta. Porque se há alguma coisa que posso dizer de mim é que eu nasci nos livros e nunca saí dos livros. Há um filme famoso – já não sei como se chama – que é a história de alguém que lê e a narratividade do livro é a sua própria história.

*É a* História Interminável.
Exacto, é esse. Ora, eu sou do tempo do livro. Do fim do tempo do livro, tal como nós o vivemos, desde o Gutenberg até hoje.

*Ainda se pode dizer hoje que somos a civilização do livro?*
Sim. Acho que sim. Ainda somos. Do livro e do som.

*E da imagem?*
Do livro, do som e da imagem. Porque também houve a rádio. Esses diversos meios estão ao lado uns dos outros. Coincidem.

*A imagem ganhou uma enorme preponderância – está a aniquilar a palavra escrita?*
Paradoxalmente, a mais frágil dessas mensagens é a da imagem. Dá a impressão que se gasta no momento mesmo em que é consumida. É pior do que a mensagem da rádio. Nela, nós transformamo--nos, nós próprios, na rádio, na coisa que estamos a ouvir. Aquilo

impregna-nos. Em relação à imagem, veja o que se passou com um dos acontecimentos mais importantes dos últimos anos: o ataque às Torres Gémeas. Houve muita gente que viveu essa experiência pensando que estava a ver um filme. Depois, apercebeu-se de que aquilo era uma imagem que vinha da realidade. Passados vinte minutos, essa imagem já se tinha transformado numa glosa de si mesma. Já tinha voltado a ser ficção. Como aquilo era passado *en boucle*, em espiral, ao fim de algum tempo o impacto dramático da primeira imagem ia-se diluindo à medida que havia uma sobre-informação, um regresso do mesmo.

*É surpreendente dizer que há uma fragilidade na imagem, quando nós constatamos a força que ela tem na sociedade contemporânea.*
Sim. Quer dizer, há uma fragilidade porque nós aceitámos que o espaço virtualmente intemporal ou eterno – sobretudo o das grandes mensagens ou dos grandes livros – fosse, ele próprio, uma ficção. Efémero. Quer dizer, aceitamos que o efémero é a nossa eternidade. Não dispomos de outra. Realmente, mais do que nunca, estamos a viver num presente que é, ao mesmo tempo, todos os presentes. Essa famosa eternidade – que era, digamos, o espaço de fuga e aquilo que ficaria de tudo depois de tudo passar; uma espécie de paraíso que nos esperaria em qualquer sítio –, a gente agora consome-a no presente.

*A civilização da imagem, em que estamos a tornar-nos, é inimiga da civilização do livro?*
É outra coisa. Mas não. Até porque em matéria de imagens – ou das narrações que têm um suporte na imagem – muitas delas vivem da reciclagem daquilo que foi ficcionado em livros. De maneira que é a mesma coisa noutra versão. Mas é já outra coisa. O livro tem

uma leitura que nós podemos suspender. O tempo da leitura não é o tempo da imagem.

*O livro exige o silêncio, de que falou num ensaio já antigo, como uma componente essencial à poesia – será essa uma das diferenças principais em relação ao mundo do audiovisual?*

Sim. A imagem não nos deixa grande liberdade. Digo isso porque eu próprio sou muito ofuscado pela imagem. Logo que se trate de cinema, mesmo o mais ordinário, fico fascinado. Fico preso àquilo até acordar e dizer: "Isto não vale nada, estou aqui a perder o meu tempo." Quer dizer, desde o princípio que a nova era da imagem nos infantilizou.

*Tem qualquer coisa de encantatório?*

É como aquelas crianças que recebem uma mensagem e fazem corpo com aquela mensagem enquanto ela realmente dura. Quer dizer, nós somos muito menos livres em relação à imagem do que éramos em relação ao livro. No livro a gente pode voltar atrás, andar para frente. Também podemos fazer isso com a imagem, provavelmente, mas há sobretudo esse tempo que é transportado fisicamente pelo livro. Esse pó que fica nos livros. O pó do tempo. Nos novos instrumentos não haverá pó. É só o que lhes falta. Esse pó quer dizer o tempo, quer dizer a própria essência da nossa vida.

*Havia livros em sua casa, na infância, em São Pedro de Rio Seco?*

Havia, porque o meu pai tinha tido uma certa escolaridade. Tinha frequentado uma escola comercial, no Porto. Ainda jovem, tinha-se alistado no Exército mas não com a ideia de ficar lá. A ideia dele era ser médico. Portanto, havia uma série de livros que ele deixou lá na aldeia.

*Que livros se lembra de ver lá em casa?*
Bom, foram livros capitais... Mais do que capitais. A minha vocação para vir a ser alguém encantado pelos livros – e mesmo fazedor de alguns – nasceu daí. Havia alguns Júlio Verne e havia sobretudo – o que foi o encanto da minha infância/adolescência – Júlio Dinis, por quem ainda hoje conservo uma afeição absolutamente singular.

*Foi o seu primeiro encantamento literário?*
Foi. De facto, foi o Júlio Dinis.

*Algum livro em particular?*
*As Pupilas* [*do Senhor Reitor*], *A Morgadinha dos Canaviais*...

*Lembra-se de qual foi o primeiro que leu?*
Foram *As Pupilas*. Depois, aquele que mais me interessou – já numa releitura – foi realmente *A Morgadinha*, que eu acho um excelente romance.

*O que é que o fascinou tanto, sendo ainda criança, em Júlio Dinis?*
O que é engraçado é que eu lia esses livros do Júlio Dinis e aquilo tudo se passava na minha aldeia. Não tinha nenhuma visão historicista ou uma forma de situar o autor, em que região aquelas histórias se tinham passado. Não sabia nada. Aqueles personagens eram transpostos, por mim, para outros que eu conhecia: a família, um padrinho meu, que era o José das Dornas... Aquilo está tão bem descrito – é tão século XIX e a minha infância era tão século XIX ainda –, que tudo aquilo estava perfeitamente presente. Tirando o lado romanesco que depois me encantou mais. Já havia o jogo entre a cidade e o campo, com *A Morgadinha*. É mesmo

esse o tema do livro, como será mais tarde o do último Eça de Queirós. Mas isso foi outro mundo. O Eça foi a descoberta da literatura enquanto tal. Da literatura dos tempos modernos.

*É uma descoberta que, já li algures, só faz em Coimbra.*
Em Coimbra, sim.

*Quer dizer que chegou à Universidade de Coimbra sem ter tido contacto com a obra do Eça de Queirós?*
Sim. O ensino literário no Colégio Militar, onde eu andei, não seria muito famoso. Ficávamo-nos pelos autores que estavam nas selectas. Não se vinha até à modernidade. Lembro-me de que naquela altura as antologias se ficavam pelo Guerra Junqueiro. Eu sou muito velho. Portanto, a modernidade foi quando eu cheguei a Coimbra. Descobri, de repente, que havia um outro mundo. A primeira manifestação disso foi, de facto, o Eça de Queirós.

*Já deu por si a imaginar o que teria sido a sua vida sem esses primeiros livros que o empurraram na direcção do que é hoje?*
Teria sido uma vida como a de toda a gente. O que a minha também é. Mas sê-lo-ia sem essa segunda dimensão que nos é dada pelo encontro com qualquer forma de transcendência. Com uma transcendência artística. Podiam ser livros, podia ser pintura... Mas naquele mundo em que eu vivi não havia, de facto, a possibilidade de encontrar pintores, músicos, etc. A música eram só aquelas músicas que chegavam lá por ocasião das festas, de tipo popular. Só quando cheguei à Guarda é que comecei a ouvir rádio, que transmitia fados e essas coisas todas. O meu universo foi, realmente, o universo desses livrinhos que estavam ali. Havia também, curiosamente, alguns autores brasileiros. Não autores

como Machado de Assis, mas um Coelho Neto, que era muito célebre no Brasil. Era um autor académico e um clássico. Até que veio essa revolução a que nós chamamos Modernismo brasileiro. Mas o meu pai ainda não conheceu essa gente. Não sei porque havia autores brasileiros ali. Talvez porque no Porto, quando ele fez esse estágio, havia muito relacionamento cultural com o Brasil, naquela época.

*O seu pai era leitor?*
Leu pelo menos até àquela idade. Depois, deixou de ter tempo para ler. Com os filhos e a tropa. E depois foi para África. Mas lia. O meu pai estava sobretudo muito atento. Tinha o gosto da matemática e tinha tido uma pequena iniciação à economia, que era uma coisa rara. Sobretudo para quem vinha de um meio tão modesto.

*A sua mãe também sabia ler?*
Era minimamente alfabetizada, digamos. Deve ter feito a quarta classe. Sabia ler e escrever.

*Naquele contexto isso não era, de alguma forma, raro?*
Não. Havia escola em São Pedro. Agora, uns faziam a escola com algum sucesso e interessavam-se por aquilo que lhes era ensinado e outros seguiam, naturalmente, de "cabra coxa". A não ser talvez os filhos da professora, ninguém tinha naquela altura a ideia de ultrapassar a escola primária.

*Mas a maior parte das pessoas da sua aldeia sabia ler e escrever?*
Não. Nem pensar.

*Então, a alfabetização era rara.*
Os que sabiam ler e escrever, se fossem dez por cento, já seria muito.

*O seu percurso escolar é, portanto, anómalo, digamos assim.*
Sim, anómalo nesse sentido. Tirando os filhos da professora, que depois fizeram estudos, e um outro rapaz cujo pai tinha emigrado para a Argentina e que mais tarde fez o curso de Direito... Fomos os três primeiros a fazer um curso. Talvez houvesse um caso numa geração anterior, porque havia lá um advogado, que se formou em Coimbra. Realmente, as pessoas com estudos, naquela época, éramos só nós os três.

*Sendo tão poucas as pessoas que sabiam ler, como é que os livros eram encarados?*
Sabe, se havia livros, lá, eram sobretudo livros de piedade, os livros religiosos que as pessoas liam. O meu avô, por exemplo. Não sei que estudos ele teria feito. Não sei se teria feito a escola primária mas a verdade é que ele sabia ler. Ele lia a Bíblia. Lia o Evangelho. Até lia latim, que é uma coisa que não sei onde ele apanhou. Era amigo do padre. A verdade é que ele lia latim. Mas aquilo era uma espécie de gueto cultural, igual a outros que havia no país. A única diferença era essa mala de livros. Cada um tem a sua mala. O Pessoa também tinha a sua. Essa ideia agrada-me: pensar que também tive a minha malinha. O meu pai não era o Pessoa, mas deixou esses livrinhos para aquele rapaz os ler. Não havia outra coisa. Esses livros foram o meu primeiro cinema. Foi a minha primeira evasão.

*Curiosamente, tendo sido os livros tão importantes ao longo da sua vida, foi sempre completamente desprendido em relação à construção de uma obra própria. Porquê?*
Não sei. Quando isso podia ter algum sentido – quer dizer, quando eu cheguei à universidade e encontrei uma geração onde essa perspectiva de escrever versos já era uma tradição –, fui para um curso onde encontrei jovens poetas e futuros romancistas. Comecei a dar-me com eles e nessa altura uma pessoa pensa que pode escrever novelas, ficções ou versos ou coisa parecida.

*Começou por escrevê-los.*
Sim. Mas em relação à ficção – com a minha falta de sentido do concreto – muito cedo pensei que não teria capacidade de me tornar aquilo que eu mais queria ser: um romancista, um ficcionista.

*Mas o seu primeiro texto publicado foi um conto.*
Foi um conto, sim. Talvez por influência daqueles que estavam à minha volta. Entre eles, o Carlos de Oliveira e outros. Havia um jornal – acho que era o *Diário Popular*, que era um jornal novo naquela altura – que tinha lançado uma espécie de desafio: as pessoas podiam mandar para lá contos.

*Foi assim que publicou o seu primeiro texto?*
Exacto. Era um conto desses do tipo pré-Torga. Ainda muito século XIX. Sem nenhum interesse especial.

*Quando é que se deu conta de que lhe faltava esse tal sentido do concreto que considerava necessário à ficção?*
Como é que me dei conta? [*Riso*] É uma coisa paradoxal, porque a minha paixão pelos romances foi muito precoce. Comecei a ler

não só autores portugueses. Portugal viveu sempre muito das traduções. Naquela altura eram sobretudo traduções de autores franceses clássicos, que andavam por aí. Essa gente – fosse o Balzac, fosse o Victor Hugo, fosse mais tarde o Stendhal –, esses mundos pareciam-me tão inalcançáveis, que eu já considerava que havia uma enorme distância entre essa literatura e a literatura portuguesa contemporânea. Parecia-me que eram coisas perfeitamente inacessíveis. Era uma coisa a que só outros – não se sabe por que privilégios – tinham naturalmente acesso. Enfim, as grandes culturas que nós mitificámos – a justo título, suponho eu – foram-no também com excesso e também em detrimento da nossa. Além disso, no Colégio, eu não tinha recebido um ensino literário.

*Fez a descoberta dessa incapacidade para o romanesco por si próprio ou houve alguém a demovê-lo?*
Tirando as minhas relações de amizade e uma certa conivência de gostos – num dado momento da nossa juventude – entre mim e o Carlos de Oliveira, eu não tinha camaradas propriamente literários.

*Mas frequentava as tertúlias.*
Bom, isso também não ajudou nada. Coisa ainda mais desastrosa – que foi o que me aconteceu a mim por razões complexas – é conhecer relativamente cedo a geração precedente. Eles ainda estavam lá em Coimbra.

*Miguel Torga, por exemplo.*
O Torga, o Paulo Quintela, um professor de História que era uma pessoa de uma erudição extraordinária, o Dr. Martins de Carvalho, e essa gente. A minha tertúlia era de gente mais velha do que eu uns quinze ou vinte anos. Ao mesmo tempo, havia a tertúlia dos

da minha geração. Também, alguns deles, mais velhos do que eu, como o Joaquim Namorado. Ou, mais próximo de mim, o Carlos de Oliveira, que era um bocadinho mais velho também. Eram duas tertúlias, não era a mesma tertúlia. Nessa altura, eu já tinha algumas reticências em relação ao tipo de aposta – que ainda não se chamava ideológica ou militante – do que era aquela minha geração. Tinha mais afinidades com outra gente...

*Com a geração da Presença.*
Com a geração da Presença. Com a qual, em última análise, eu também polemizei. Mas, na verdade, foram mais eles os meus mestres do que os da minha geração. Cada geração não é mestra de si mesma. Há sempre um ou dois que são um pouco as referências ou as pessoas que influenciam os outros. Ou porque são mais velhos ou porque são mais brilhantes. Mas na verdade a nossa geração não se comportou, nesse aspecto, como se diz miticamente que se terá comportado a – para nós famosa, a nossa referência – geração de 70. Havia entre eles aquela espécie de disputa e conivência. Eram tipos que parece que tinham, pelo menos na primeira fase da vida deles, uma espécie de projecto comum. Eram uma pequena seita ideológico-literária.

*Na sua geração também existiu isso?*
Havia essa seita. Mas eu não era dessa seita. Ou por outra, também fui um bocadinho.

*Também foi mas afastou-se rapidamente.*
Encontrava-me mais à vontade com o liberalismo da geração precedente.

*É isso que contribui para o demover dos seus intuitos romanescos e poéticos?* Não é que aquilo me desencorajasse, coisa nenhuma. Eu é que nunca me atrevi. Mostrei alguns textos a Miguel Torga. Foi por causa dele que publiquei *Heterodoxia I*. Ou por outra, através dele, de algum modo. Mas eram textos de prosa, naturalmente. Sobre a Europa e essas coisas. Nunca textos de ficção.

*Nunca lhe mostrou nada do que fazia, à excepção da escrita de ensaio?* Não, porque ficcionista era ele. Ele é que era o contista. E era um homem que já tinha... Pode imaginar qual era, em Coimbra, a reputação do Torga no princípio dos anos quarenta. Todas as gerações que passavam em Coimbra iam lá ao Torga. Ou queriam conhecê-lo ou lhe mostravam os versinhos, ou isto ou aquilo.

*Ele tinha fama de levar muito a sério essa reputação. É uma fama justa?* Não sei. Talvez ele perdesse muito tempo com essa coisa. A verdade é que isso era uma espécie de homenagem que cada geração que vinha lhe prestava. Todos passaram por lá. Mesmo o Carlos de Oliveira. Depois tiveram más relações, mas toda a gente, naquela época, lá ia. Não havia outra figura. Bem, havia o Afonso Duarte, já de outra geração, quase da do Pascoaes, a quem a nova geração redescobriu. O Carlos de Oliveira, o Cochofel e essa gente redescobriram o Afonso Duarte. Ele era cáustico e era um tipo com uma visão mais socialista. Eu não. Eu não tive essa camaradagem. A minha camaradagem era com os da minha própria geração. Além do Carlos de Oliveira, a pessoa com quem eu, nessa altura, tive mais relacionamento – esse, sim, já ao nível da camaradagem – foi o Raul Gomes. Um homem que depois não continuou mas que era um menino que tinha nascido no Brasil – que conhecia a literatura brasileira, na altura com muita influência aqui em Portugal, o Lins do Rego e assim – e que me mostrou um romance que era um romance à Lins do Rego. Nunca o publicou. Não sei porquê. Depois, enveredou para a História, escreveu livros escolares para os programas do liceu e deixou a ficção. Com ele é que eu tinha alguma afinidade. Podia mostrar-lhe o que fazia, trocar textos. Com os outros não. Porque os outros já eram.

*O que eu queria tentar perceber é o que é que o desencorajou nesse trajecto.*
Desencorajei-me a mim mesmo. Eu não preciso de ninguém para me desencorajar.

*Também chegou a escrever poesia.*
Mas foi sem...

*O primeiro texto que publicou na* Vértice *foi um poema.*
Era uma coisa de circunstância. Em Portugal, toda a gente faz versos.

*No seu caso, foi mais do que isso, porque chegou a ter um livro prestes a ser publicado já em meados dos anos cinquenta. Parece que se chamava* O Dia e a Noite, *não era?*
Nem sei... É assim? Eu já não me lembro.

*É o que está escrito.*
É provável, é provável.

*Já não se lembra?*
Projectos, tive eu sempre muitos. Os títulos estão lá. Agora, não há lá mais nada. Aqui há uns anos ainda publiquei uns poemas dessa época. Mas tudo aquilo, realmente... Então eu, que sou tão

exigente em relação ao trabalho dos outros e que me dediquei a glosar os grandes poetas portugueses...

*O convívio com o génio é inibidor?*
Eu acho. Mas eu, génios, nunca encontrei nenhum.

*Não?*
Não.

*O Pessoa.*
Ah, sim. Mas esse eu não o conheci. Encontrei talentos. Encontrei lá o Torga, naquela altura, e para muita gente ele era genial. Mas génio... Não sei, a História o dirá. Eram pessoas que tinham já uma inscrição. Não conheci o Régio, por exemplo. Encontrei-me com ele uma única vez. Não o conheci com familiaridade, como gente que foi aluna dele, ou que o conheceu como o Eugénio Lisboa.

*Ao falar-lhe do convívio com o génio, referia-me ao efeito que podem ter certas leituras.*
Ah, esse é outro problema. Isso é o encontro que todos nós podemos fazer com aquelas grandes referências, que já estão lá no passado mas que chegam até ao presente. Fazem parte daquilo a que o Charles de Gaulle chamava "as estrelas fixas" do universo literário. Quando a gente as encontra, são aqueles encontros que podem ser decisivos. Não só para a vida literária da pessoa mas para a vida *tout court*. Uma pessoa que não sabia quem era o Shakespeare encontrou um dia o Shakespeare no seu caminho. Alguém que não sabe quem é o Montaigne encontra o Montaigne no seu caminho. Se não sabe quem é o Camões, encontra o Camões no

caminho. Bom, das duas, uma: ou eles não lhe dizem nada e essa pessoa não tinha nascido para os encontrar ou então... Bem, esses senhores é que nasceram para que nós os encontremos. A minha sorte é que à minha geração – não foi uma sorte pessoal, foi da minha geração – caiu-lhe na rifa, como se tivesse acabado de nascer naquela altura (embora já viesse também da geração anterior), a descoberta do mundo poético do Pessoa. Que era mais do que poético. Era uma poesia de problematização extremamente profunda e extremamente original, por ser aquela que correspondia ao estado do mundo. O mundo estava atravessando uma crise que, de resto, ainda não terminou. Estamos no começo dessa grande transformação que o Ocidente está a sofrer. E de repente encontramos um poeta consciente de todos esses problemas que já se punham nesse momento e que nunca mais deixaram de se pôr. Praticamente até hoje.

*Foi uma revolução coperniciana, para si.*

Exacto. Pelo menos no meu caso foi isso. De repente, toda a poesia da mesma época ou a anterior empalideceu ao lado dessa. De resto, não foi só por causa do Pessoa. Seria muito injusto não lhe dizer que a minha primeira paixão foi o Sá-Carneiro. Ainda hoje tenho um grande culto pelo Sá-Carneiro. Tão grande como pela poesia do Pessoa. São dois universos ao mesmo tempo próximos e diferentes. São duas expressões geniais. Não só da poesia. Para mim, a poesia não é essa espécie de canto ornamental da existência humana. Não. A poesia é aquilo que nos põe em contacto com qualquer coisa que até ali nós não víamos, não sentíamos. Passamos a ter uma outra visão, realmente. Distinta da visão natural e ingénua que é a nossa, quando a gente vem a este mundo e enquanto é jovem. A grande poesia é aquela que, de repente, nos oferece um mundo no qual a vivência deste se altera em cores e dimensões não sonhadas. É a criação de um outro mundo que se acrescenta realmente ao nosso mundo visível. É portanto isso e não os versos que são muito bonitos. Nós temo-los. A nossa poesia é uma poesia muito bela, muito cantante, etc.

*Mas não é isso que lhe interessa.*
Para mim, os grandes momentos são os dessa gente que criou... No interior, é certo, dessa tradição lírica, consagrada em geral à celebração da natureza, ao relacionamento humano sob a sua forma mais misteriosa e mais sublime, que é a poesia amorosa, mas muitas vezes de um modo não muito problematizante. Quando chega o Camões, de repente, percebe-se que o Camões corresponde a um momento de uma outra crise. A primeira grande crise do Ocidente cristão. Mesmo estando nós na margem disso, a coisa chegou cá. O que é esse mundo que o Camões captou? É a primeira imersão daquilo que esteve oculto durante séculos pelo triunfo de uma outra visão comungada por toda a gente, consensual, que é o cristianismo, na sua versão tradicional, até à revolução luterana. E depois com a Reforma. As duas coisas ao mesmo tempo, numa espécie de ressurreição do mundo antigo. Uma pseudo-ressurreição, porque era algo de impossível. Não foi uma ressurreição, foi uma competição com o mundo antigo. Na verdade, era um mal-estar em relação a um mundo que estava já em crise.

*Camões representou uma percepção aguda desse mal-estar?*
O Camões conheceu isso ou intuiu isso. Mesmo se é muito ortodoxo. Do que eu não duvido. Eu não sou daqueles que pensam que ele dizia essas coisas que lhe atribuem.

*O quê?*
Uma espécie de heterodoxia na visão do mundo. Bom, é verdade que ele tem uma percepção dos valores humanos que não é essa, tranquila e tranquilizadora, que a ortodoxia, a visão católica normal do mundo, inculcava. Há já ali uma grande angústia. Apesar de ser o autor da nossa epopeia, há nele uma visão pessimista do mundo. É uma visão que anuncia várias coisas. Com o Pessoa, a coisa corresponde a uma altura em que a civilização ocidental começa a viver uma perda de sentido em relação a si própria. O nosso Pessoa volta então a isso tudo. Não há questão nenhuma, ainda hoje, que nos interesse, que de uma maneira ou de outra não esteja na obra do Pessoa.

*Chegámos aqui porque eu estava a tentar perceber se esses seus encontros tão intensos com certos autores limitaram, de algum modo, a sua própria forma de expressão literária.*
Pois, eu estou a fugir com o rabo à seringa, como se diz. O problema é que, quando os poetas que têm verdadeira vocação poética descobrem um mundo poético – ou são descobertos por esse mundo poético –, das duas uma: ou eles dialogam, à sua maneira, com essas obras, tentam aproveitar isso e entrar em diálogo com elas ou continuá-las, ou ficam esmagados e não passam de uma imitação pálida, de um eco daquilo que esses grandes encontros significam.

*No seu caso, temeu ser esmagado?*
Não. Quer dizer, o sentimento – quer na ordem da expressão, quer na ordem da visão das coisas – é o de que o Pessoa é tão radical, tão extremo, que a ideia de entrar em... A minha ideia, aquilo que me interessou, foi perceber. Entender, eu próprio, como é que esse mundo funcionava. Mas não entrar em competição. Coisa que o

Pessoa fez em relação aos autores que para ele foram realmente determinantes. Isso já faz parte da genialidade dele. O Pessoa era de uma megalomania infinita. Fabulosa. Mesmo o Jorge de Sena fica muito aquém dele, nesse capítulo.

*É necessária megalomania para construir uma grande obra literária?*
Por megalomania, quero eu dizer: ele é de uma audácia, de uma ambição prometaica. Penso que o fenómeno Pessoa não tem explicação sem nós pensarmos que aquele menino fez a sua educação na África do Sul, que se impregnou da cultura inglesa, em geral, e em particular dos poetas que amou. Sobretudo Shakespeare. Realmente, ele nasceu no interior do mundo do Shakespeare. Que é um mundo terrífico. Um mundo de que não fica nada. É a primeira expressão de uma espécie de niilismo metafísico, de um poder de sedução fantástico. Porque aquilo nos parece uma visão tão realista da condição humana e do espírito humano, que um sujeito mergulha no Shakespeare e não sai mais desse pélago. É um dos espelhos nos quais a humanidade se tem reflectido ao longo dos séculos. Mas o engraçado no Pessoa é que ele não se pôs a fazer teatro à Shakespeare. Não. Shakespeare é uma espécie de modelo ideal para Pessoa ser o Shakespeare da época dele. E não um Shakespeare da época do Shakespeare. Ou um romancista do tempo do Balzac. Ele entrava em competição com esses sujeitos. Lia aquilo e dizia: eu sou capaz de fazer a mesma coisa que este tipo fez e melhor. Sempre foi assim.

[*Toca o telefone. Eduardo Lourenço atende. Nos últimos minutos, acentuou-se uma tosse que vai entrecortando as frases. Ouve o que lhe dizem do outro lado e pergunta: "Ah, sim? E pode ser já?" Desliga e comunica-me que vamos ter de fazer um intervalo na conversa. "Vou lá abaixo para o médico me ver e já continuamos." Acompanho-o e pelo caminho, depois de quase tropeçarmos numa escultura de ferro fundido, à entrada para o longo corredor que nos leva aos elevadores, conta-me, a rir, a situação embaraçosa em que se viu um dia, quando, na Bienal de Veneza, se sentou num sofá, ao lado do painel de uma instalação, e foi repreendido por um guarda da exposição que lhe veio dizer que "estava sentado numa obra de arte". Descemos na companhia de um contínuo até ao gabinete dos serviços clínicos e, depois de uma espera breve, Eduardo Lourenço é chamado para ser visto pelo médico e volta, minutos depois, com uma receita na mão. Voltamos ao primeiro andar e prosseguimos a conversa.*]

*Ainda estávamos naquele ponto em que eu tentava averiguar se o convívio com os grandes autores que leu e estudou profundamente lhe travou o passo, de algum modo, para as suas próprias aventuras literárias.*
Bem, isso é uma pretensão... O encontro com grandes figuras literárias – célebres ou menos célebres, pouco importa – foi para mim um incentivo a querer realmente compreendê-las. A situá-las. A ver o que elas significavam no processo geral da cultura universal e, particularmente, naquela cujo código temos mais presente, que é a nossa, de ocidentais. Na verdade, a minha pouca aptidão – ou nenhuma – para aventuras literárias dignas desse nome na ordem da ficção transferiu-se para uma ficcionalidade em segundo grau. Foi o ter tomado, em última análise, a aventura cultural como objecto. Também como *rêverie*, como entusiasmo, como fruição, tudo o que se quiser. O homem é um ser ficcionante. Independentemente do que seja o objecto dessa ficção. Nós estamos sempre ficcionando. A nossa relação com o real é uma relação imaginária.

*Cumpriu-se aí a sua vocação literária?*
Se não foi com o objecto próprio que é uma história, tal como a nossa tradição as elaborou – em geral, histórias de sedução, de poder, de luta entre os seres humanos para se autodefinirem –, foi por outro meio. Uma pessoa pode ter o esqueleto dessa ficcionalidade como tema. E fazer um romance abstracto.

*O seu amigo Vergílio Ferreira escreveu, num dos volumes de* Conta-Corrente, *que terá sido uma questão de pudor a travá-lo. Reconhece alguma validade nesta observação?*
Bom, é provável. [*Hesita.*] Mas não. [*Nova hesitação.*] Eu reconheço validade nessa observação mas, sobretudo, eu traduzo isso de outra maneira. É uma consciência – que eu penso justa – das minhas capacidades dessa ordem.

*Pode-se falar, como fala o Vergílio Ferreira, em pudor?*
O pudor, nisso como noutras coisas, é uma grande virtude, mas é mau conselheiro. Sobretudo, para quem anda nessas aventuras do imaginário. Realmente, o que é que têm feito mesmo os mais inibidos, mesmo os mais contidos dos seres? Nós não teríamos a obra deles se eles não decidissem realmente dar o passo e passarem para o lado de lá. Vencerem esse obstáculo.

*Ele dizia que, no seu caso, havia um receio em mostrar de si, num seu livro, aquilo que esse livro pudesse revelar.*
Bom, isso era o que ele me dizia. Falta de audácia. Acho que ele tem razão. Tem razão. A expressão dele era: "Você não arrisca." Eu arrisquei à minha medida em vários domínios. Mas não nesse de...

*De se expor?*
De... [*Longa hesitação.*] De expor aquilo que nós todos temos de mais secreto.

*Para manter uma reserva de intimidade?*
Não. Nem sequer isso. Eu sou, um pouco... Nisso, há a frase do Malraux, que era muito contra essa verdadeira prática – é quase uma definição dos intelectuais em geral, mas sobretudo dos homens de ficção – de explorar esses famosos segredos a que ele chamava os "*petits tas de secrets*". Essa coisa tão narcísica a que um sujeito está dedicado mas que, no fundo, não tem grande importância.

*O Vergílio Ferreira, ainda numa dessas notas do diário em que se refere a si, dizia que "todo o criador é um despudorado". Concorda com ele?*
É verdade. Ele, pelo menos entre nós, foi um dos que tiveram essa coragem de dizer sobre si próprio, não apenas através de figuras literárias criadas de propósito para transportar isso. Uma pessoa pode sempre fazê-lo. É assim que faz a ficção. A gente pode sempre inventar umas Madames Bovarys para dizer que somos nós, como fez o Flaubert. Isso já é da ordem da ficção. Nunca me deu para isso.

*O Vergílio Ferreira foi muito criticado...*
Foi, sobretudo pelo diário.

*Justa ou injustamente?*
Umas vezes terá sido justa, outras vezes injustamente. Mas eu considero que o diário dele é uma das coisas mais originais que se escreveram em Portugal nessa matéria. Quer dizer, há esta coisa muito portuguesa de não querer conflitos, de não pôr em causa a

tranquilidade própria. Ele, numa área que não tem muitos precedentes em Portugal, disse tudo o que lhe passou pela alma, pelo coração, pelos nervos. Tudo. Realmente, teve um despudor grande. Que tem uma grande tradição. Entre outros, é a do Montaigne.

*Foi por pudor que nunca publicou o seu já célebre diário inédito?*
Num determinado momento, seria. Pensava – e ainda penso hoje – que aquilo não tinha o interesse que eu pensei numa certa altura que poderia ter, por um lado. Por outro lado, porque acho que até o perdi. Desencaminhei-o. Não o encontro mais. Pouco importa. Francamente, não sei onde está.

*Se o encontrasse, punha a hipótese de o publicar?*
Sim. Pelo menos parte. Não tudo. Não é por razões de uma prática escritural como seria a do Vergílio Ferreira. Por ter nele coisas que são inconvenientes ou que ofendem outros ou coisa parecida. Não, não é por isso. É por pensar que aquilo não corresponde ao que eu queria que fosse, pura e simplesmente.

*Não é um diário como o do Vergílio Ferreira, mas também não é um diário no sentido do do Torga.*
Não. Se um dia for publicado se verá que coisa é. Quer dizer, os outros é que saberão o que aquilo é, porque eu não sei. Não tem nada de...

*Não tem polémica?*
Numa primeira fase, ainda havia alguma cronologia. Intermitente, mas ainda havia. Depois, deixou de haver. Há períodos imensos, anos, em que não há nada. Coisa nenhuma. Depois, volta a haver, noutros períodos. Quer dizer, não é um diário no sentido banal da

palavra. É mais uma coisa de reflexões, de comentários, de glosas, de *fait-divers*. Algumas dessas coisas terão algum interesse mas, se eu o voltar a encontrar, vou reunir aquilo que seja mais interessante. Já saíram algumas coisas, por aí, mas é pouco em relação àquilo que havia.

*Ainda mantém a escrita do diário?*
Sim, mantenho sempre umas agendas. A gente vai pondo nelas sempre qualquer coisa com a ideia de isso poder vir a ser aproveitado de alguma forma. Aproveitado, mas não tal como está. Aproveitar isso assim não tem interesse nenhum. São coisas que são filhas de uma circunstância e que devem ter a espontaneidade e a força de algo do momento. Não é estar a pensar. Porque, se é uma reflexão, já é em segundo grau.

*Ao longo da sua vida conheceu praticamente todos os principais vultos da cultura portuguesa das últimas décadas. Conhecer o ser humano ajuda a entender melhor a obra?*
Pode dar uma outra luz. Há duas opiniões completamente contrárias a esse respeito. Uma é a de que é melhor não conhecer a criatura. Realmente, um autor é o texto dele. Agora, se há uma relação funda entre aquilo que ele é e o texto, já é quase um problema metafísico sabê-lo.

*Aliás, foi por essa ideia de separar a obra do autor que se bateu fortemente, até de certo modo em polémica, com a geração da Presença.*
Sim. Quer dizer, não me interessa. Volto à mesma coisa do Malraux: esses "*petits tas de secrets*" não me interessam. O que me interessa é o auto-retrato que cada um de nós traça escrevendo. Seja o que for. Nós não precisamos de psicanalista para nada. A gente

dá-se. Vende-se. A escrita é realmente a escrita do nosso inconsciente. Uma pessoa não pode trair-se a si própria. De maneira que não vale a pena.

*Apesar disso, tendo conhecido tanta gente, alguma vez alterou o que pensava sobre a obra a partir do conhecimento pessoal do autor?*
Quando se conhecem os autores, há umas correcções à imagem que nós temos a partir apenas de uma leitura prévia. E, em geral, não são para melhor. Quer dizer, não é muito bom conhecer os autores.

*Degradam a obra?*
Não estão à altura da ficção que nós fazemos lendo-os. O que é normal. Porque, se são verdadeiramente grandes criadores, o melhor é aquilo que eles escreveram.

*Quando o Miguel Torga se zangou consigo, por causa de uma nota crítica que publicou a respeito de um dos volumes do* Diário, *ficou surpreendido?*
Não. Porque qualquer pessoa que tivesse compreendido o que eu tinha escrito – e ele não era nenhum estúpido – teria reagido da mesma maneira.

*Quando escreveu aquilo já sabia que a reacção ia ser aquela?*
Bom, sabia que a coisa não podia ser muito boa. Mas nós também praticamos muitas coisas que são inconscientes ou mal pensadas. Há uma necessidade intrínseca qualquer que nos obriga a fazê-lo. Senão, depois, a relação torna-se tão hipócrita que então o melhor é acabar com um relacionamento qualquer desse género. Com uma relação de familiaridade ou de amizade. Limitarmo-nos a ler ou a não ler o que o autor escreve e acabou-se.

*Houve mais gente a zangar-se consigo por causa de coisas que escreveu?*
Não. Só por ausência. As pessoas não se queixam tanto do que se escreve sobre elas. Do que as pessoas se queixam é do que, sobre elas, a gente não escreveu.

*Queixaram-se-lhe muitas vezes?*
Não. A gente sente. Não são só eles que sentem. Eu próprio sinto que estou em dívida. Estou em dívida para com a humanidade inteira, de qualquer modo.

*Qual é o autor em relação ao qual sente uma dívida mais funda?*
Há pessoas em relação às quais queria escrever e nunca escrevi aquilo que queria ter escrito. Por exemplo, neste momento – embora eu tenha escrito alguma coisa sobre ela mas de passagem –, em relação à Gabriela Llansol. Quando ela morreu, foi uma surpresa. Não sabia que ela estava doente como estava. Quando ela morreu, fiquei com esta ideia: afinal, morre esta senhora que eu tanto admiro e eu não escrevi sobre ela. Quer dizer, não lhe fiz saber, a ela, até que ponto eu achava que ela era dos escritores mais originais da literatura portuguesa. Não só da literatura contemporânea, mas provavelmente de sempre. É um caso. Penso que muito se falará dela no futuro. Provavelmente, a Gabriela Llansol será, penso eu, o próximo grande mito literário português. A escrita dela é fulgurante. Não há nada que se possa comparar àquilo.

*Porque é que ainda não se deu essa descoberta?*
Algumas pessoas sabem. Os amigos e os admiradores dela são uma espécie de seita. Embora eu nunca tenha sido de seitas, propriamente. Fui uma das primeiras pessoas que repararam nela. Não fui só eu. O Prado Coelho, tanto o pai como o filho, e outras pessoas,

como o João Barrento. Há páginas dela que são siderantes. Aquilo não entra dentro de um mínimo de coerência do tipo racional, a que nós estamos habituados e na qual a gente sabe o que aquilo é, para onde vai, etc. Também ela, de uma maneira diferente do Pessoa, vem de um planeta estranho: é aquele mundo flamengo, aqueles Boschs, aquele misticismo renano, aquelas coisas complicadas que aparentemente têm pouco a ver connosco. Já tiveram, em tempos. É poesia da mais alta. Sem se oferecer imediatamente com esse valor da poesia. É uma surpresa no interior de qualquer coisa que se apresenta como prosa mas que realmente é da mais alta poesia.

[*Volta a tocar o telefone. O poeta Gastão Cruz e o jornalista António Guerreiro vieram ter com Eduardo Lourenço. Ele vai pedir-lhes para esperarem mais uns minutos, enquanto não terminamos a entrevista. Fica a saber que veio também um fotógrafo para lhe tirar uns retratos. Reage com um misto de espanto e ironia: "Eu sou tão pouco fotografável; como é que se pode fotografar um sujeito póstumo?" Regressamos à conversa.*]

*Acompanha o que tem sido publicado pelos autores mais novos da literatura portuguesa?*
Cada vez menos. Primeiro, porque realmente agora há muitos. Como houve sempre. A gente é que não dá por isso. Mas há autores que merecem realmente ser lidos. Aqueles que têm a gentileza de me mandar as obras deles, tento lê-los e acompanhá-los. Sempre com esta ideia, que todas as gerações têm, de não estarem aqui a viver-se a título póstumo. De maneira que a gente tenta acompanhar o que se vai fazendo para ainda estar vivo através deles.

*Que nomes lhe ocorrem, nesse conjunto de autores que tem acompanhado com interesse?*
Um dos que me parecem mais interessantes é esse... que depois começou a fazer umas crónicas na *Visão*.

*Gonçalo M. Tavares.*
Gonçalo, sim. Que me parece ter um universo muito próprio. Uma escrita fria e brilhante, ao mesmo tempo. Paradoxal. Gosto dele. Em tempos, aquele indivíduo... Direitinho? Como é?

*José Riço Direitinho.*
São uns jovens que eu li. Mas não quer dizer que os acompanhe. E a poesia, agora, ainda menos.

*Num ensaio recolhido no livro* Tempo e Poesia, *afirma a certa altura o seguinte: "A História da nossa literatura, e talvez de todas as literaturas, é a narração fiel e comovida de entronizações sucessivas de autores desagradáveis." Este texto foi publicado pela primeira vez há mais de meio século; continua a ser assim?*
A nossa nem é muito. Há outras que são muito mais do que a nossa.

*Em que sentido é que usa aqui a expressão "autores desagradáveis"?*
Desagradáveis quer dizer sujeitos que no seu próprio tempo encontraram grande resistência. Ou que não foram lidos, ou que foram pouco lidos, contestados, etc. Depois, vêm novas gerações que percebem que esses anteciparam.

*Colocaria a Llansol, de que falava há pouco, nesse grupo?*
Penso que sim. A Llansol nunca será uma autora fácil e consensual. É uma espécie de fenómeno misterioso. Alguém vindo de

uma outra espécie de planeta. Quem a encontra é difícil não ficar fascinado por essa escrita.

*No outro prato da balança temos os casos de sucesso. Como é que encara as tiragens cada vez maiores de certos títulos que se tornam grandes fenómenos de vendas?*
Sabe, eu não sou tão desdenhoso em relação a esse fenómeno dos *best-sellers*. Há autores de *best-sellers* que são, digamos, especialistas em *best-sellers*. Mas é preciso um talento mínimo. São tantos, para apenas um ou outro escapar. Encontramos leitores realmente entusiastas desse tipo de criação.

*Encara isso como uma ameaça à literatura ou prefere vê-lo com uma forma de vitalidade do livro?*
Sempre houve isso. Agora, a diferença são as grandes tiragens. No século XVII – e já no século XVI –, havia toda uma literatura, digamos, de televisão *avant la lettre*. Séries que nunca mais acabavam. Eram os famosos romances de cavalaria, contra os quais vai nascer a reacção do Cervantes e de outros. Houve grandes sucessos e pertencem até à nossa literatura, porque de alguns desses, famosos, até o Cervantes gostou. Ele falava do *Amadis de Gaula* e de outros que vêm lá no *Dom Quixote*. Textos que ele isentou e que ninguém lê hoje, a não ser os eruditos daquela época, por causa do Cervantes. Ora, estes *best-sellers* de hoje correspondem a isso. São uma espécie de folhetins.

*Muitos deles, hoje, são romances históricos. Encontra algum significado nisso?*
Isso é interessante. Têm mais a ver com os folhetins dos séculos XVI e XVII do que com o romance histórico, propriamente dito,

à maneira do Walter Scott e de tudo o que se lhe seguiu até ao nosso Herculano e ao nosso Garrett. Esses eram romances históricos em que o referente histórico era uma coisa basilar. O Walter Scott era mesmo um historiador, um grande historiador da Escócia. O Herculano era historiador.

*Neste caso, são muitas vezes romances históricos sem História.*
Para mim, o interesse dessas coisas é o tipo de visão mitológica a que eles estão dedicados. Estamos no lendário. Numa ficção intemporal. Ou, por outra, de tempos deslocados: ou para o mais antigo – dinossáurios e coisas desse estilo – ou para um futuro que é uma espécie de extrapolação deste mundo, não na ordem dos factos mas na ordem da magia. Toda essa grande literatura do romance histórico era uma literatura que vinha de um grande fascínio pela Idade Média, uma espécie de idade de ouro em relação a esta idade moderna que começava a aparecer e que começava a pôr problemas. Mas não o era no sentido mais primário da primeira literatura da humanidade, que é puramente lendária, puramente onírica. Isso é interessante em si mesmo. É um fenómeno extraordinário. É o Graal e a espada disto e a espada daquilo e o Excalibur. Algumas são coisas referentes a essas grandes lendas que vêm lá do passado, outras – como as grandes ficções em filme, como os *Matrixs* e outras coisas assim – correspondem ao facto de, numa fuga total à nossa ficção – sobretudo a nossa, de ocidentais, destinada a dar uma visão mais globalizante e mais inteligível daquilo que é efectivamente o nosso mundo –, ter havido como que um esgotamento dessa veia realista. E o sujeito escapa-se para esses mundos puramente imaginários.

*É uma literatura de evasão.*
É uma literatura de evasão. Mas essa evasão tem um sentido. Não é só para ganharem dinheiro com facilidade. Senão, não encontravam um público. Ou então é evasão num outro sentido. Por exemplo, o famoso caso do Paulo Coelho. O Paulo Coelho começa por ser uma pessoa que um sujeito que se preza não lê. Não quer saber do Paulo Coelho para nada. Mas o fenómeno Paulo Coelho é verdadeiramente espantoso. É uma reciclagem de coisas simples.

*Já o leu?*
Li o primeiro. Aquilo é uma coisa contrária à tradição da grande literatura. Mas lê-se. É uma literatura de um optimismo beato, em todos os sentidos da palavra. Ele descobriu que havia aqui uma carência. Com essa ingenuidade – ou falsa ingenuidade – da visão do Paulo Coelho, as pessoas encontram-se nessa espécie de paraíso portátil e de receitas de salvação, quando as receitas de salvação das grandes religiões capotaram. Ele oferece-lhes um sucedâneo da essência de todas essas coisas, mas em versão *light*. O fenómeno em si é um fenómeno extraordinário. Uma vez encontrei um senhor que me disse que o Paulo Coelho era um Heidegger de quinta categoria. Fiquei aterrorizado. Uma coisa não tem nada a ver com a outra. Nem quinta nem... Não há passagem possível entre Heidegger e Paulo Coelho. Mas para ele... E veja, era um sujeito desses dos quadros altos, que andam por aí, pela Europa. Mas em si essa literatura não me merece desprezo. Agora, não é literatura no sentido em que a gente acha que o Joyce é literatura ou em que o Eça de Queirós é literatura.

*Leu os maiores fenómenos portugueses recentes, como o* Equador, *de Miguel Sousa Tavares, por exemplo?*

O *Equador* não pertence a essa categoria. O *Equador*, como dizia o Vergílio Ferreira a respeito do *Mau Tempo no Canal*, é um excelente romance do século XIX. É mais interessante do que as pessoas possam imaginar. É muito clássico, até muito queirosiano, a muitos títulos. Queirosiano e aquiliniano. É talvez – não sei se foi essa a intenção dele – o último romance do império. Do nosso império em chamas. E aquele final é um achado: pensar que nem o português, nem o inglês – que vem dar a lição do grande imperialismo contra o pequeno imperialismo – conseguem coisa nenhuma, mas que é o africano que leva o *morceau*. É ele que leva a musa.

*Continua a encontrar um espaço na literatura para o romance clássico, à século XIX?*
Claro que sim. Até porque o modelo mais acessível do romance foi esse que o século XIX criou. O século XIX foi o século grandioso do romance. Desde o Balzac até ao Tolstoi.

*Pergunto-lhe isto lembrando-me – já que fomos falando dele por diversas vezes ao longo desta conversa – que o seu amigo Vergílio Ferreira torcia o nariz a esse modelo de romance, que considerava ultrapassado.*
Sim, porque o romance, ainda no século XIX, entrou num caminho que é quase o da aventura da escrita pela escrita. De resto, o precursor de tudo isso chama-se Flaubert. Portanto, o século XIX marcou – quer sob o modelo Balzac, quer sob o modelo Flaubert – a chamada forma "romance". O século XX passou a desestruturar essa forma. É um século de desconstrução desse romance.

*Isso pode ser dado como explicação para haver gente a afastar-se da leitura?*

Suponho que sim. Não me venham dizer que as pessoas lêem o Joyce como se lê o Tolstoi. Ou o Thomas Mann, para falar de um grande clássico do século XIX que é, ao mesmo tempo, um grande romancista do século XX. Mesmo a Virginia Wolf. São já romances de uma enorme sofisticação, quase metafísicos sem metafísica e de uma alta poesia. Em que o fascínio vem da própria escrita. Quer dizer, da visão que aquela escrita transporta.

*Essa tendência cada vez mais experimental é a que conduz já na segunda metade do século XX ao* nouveau roman*?*
Sim. O *nouveau roman* não é só um romance novo. De facto, o que eles queriam dizer com o *nouveau roman* era um romance de um homem que já não tem interioridade, o romance da morte do sujeito. Nós somos uma espécie de espelho, e descrever o mundo basta.

*É a tentativa de abolir a psicologia por completo.*
É. Coisa que o Vergílio não fez. Apesar de tudo. Apesar de todos os fascínios por essas coisas. O romance viveu durante muito tempo da sua própria crise e do diálogo com as várias tradições da ficção romanesca, por um lado, e, por outro lado, à procura de uma coisa nova. É do que toda a gente anda à procura. De qualquer coisa que seja – ou pelo conteúdo ou pela maneira de fazer – novidade. Já se fizeram tantos e tantos e tantos que, de facto, estamos agora na busca de outras maneiras de fixar ainda a atenção dos leitores.

*No seu entender pode-se falar de um divórcio entre aquilo a que se chama "o grande público" e essas tentativas de continuar a procurar novas formas de expressão literária?*

Há um divórcio, digamos, em relação àquilo que será o romance digno de ser chamado romance: o romance que problematiza e que somatiza toda a experiência romanesca dos séculos passados, nos quais se inscrevem os grandes romances. Depois, há esta outra ficção legível – ou hiperlegível – que, por isso, tem tanto sucesso. É uma história que se conta pela peripécia, pelo exotismo, pela estranheza, pelas aventuras, etc. Que pertence mais à tradição do romance de aventuras, que vem do século XVII ou do século XVIII. É o que se chama o "romance de praia". As quinhentas páginas que se levam para a praia e com que está garantido que um sujeito não vai chatear-se, durante aquele mês, em cima da areia.

*Leva romances para a praia?*
Não levo porque detesto praia.

*Hoje em dia acontece-lhe mais frequentemente ler ou reler?*
As duas coisas. Talvez releia mais. Mas continuo a ler, na medida do possível.

*Continua a reler o Pessoa ou o essencial tem-no de memória e já interiorizado?*
O Pessoa, se o releio, é sem a sensação de releitura. Se estou muito tempo sem o ler, torno a receber as mesmas impressões, os mesmos choques. Contrariamente ao cansaço de Pessoa que existe por aí, no nosso contexto português, o grande Pessoa nunca me desilude. Mas não passo a minha vida a ler Pessoa, naturalmente.

*O ministro da Cultura comparou, recentemente, Fernando Pessoa a uma empresa, a Portugal Telecom, para concluir que o Pessoa, enquanto*

*"produto de exportação", dizia ele, talvez tenha um valor económico superior ao da PT. Como é que viu esta afirmação?*
Bom, isso é uma coisa muito *up to date*. Não é das coisas mais felizes que se possam dizer acerca do Pessoa. Mas, enfim, isso agora faz parte do *marketing*. Espero que essa referência do nosso ministro – que me parece muito activo e uma pessoa que quer fazer boas coisas – seja uma referência da antiga profissão dele mais do que da acção do ministro actual.

*Perturba-o ver Pessoa colocado assim cruamente como um produto de exportação?*
Naturalmente. Também é. Como dizia o Malraux, o cinema também é um comércio. É claro, tudo é comércio. O Marx, nisso, acertou em cheio. Nada escapa ao domínio do vendável. Nem as coisas que não têm preço. Realmente, o Pessoa não tem preço. E então tem todos os preços. Mas não é pelo preço que ele tinha, porque quando a gente o comprou ele não tinha preço nenhum.

*Quando ouve alguém como Vasco Graça Moura dizer que não gosta de Pessoa, qual é a sua reacção?*
[*Riso*] É uma opção dele. Lamento que ele não goste de Pessoa e espero que ainda venha a gostar.

*"Gostar" e "não gostar" ainda faz sentido perante obras que já adquiriram o estatuto que a obra do Pessoa alcançou? As coisas ainda podem pôr-se nesses termos?*
Uma pessoa não se pode fixar na ideia de que é obrigatório gostar do Pessoa. O Eça de Queirós tem uma página admirável sobre o homem que não gostava da *Gioconda*. O meu amigo Vasco Graça Moura é o homem que não gosta do Pessoa. Tal como o

personagem do Eça não gostava da *Gioconda*. Não é obrigatório gostar da *Gioconda*. Mas é uma pena não gostar da *Gioconda*.

*Qual é o maior autor, no seu caso pessoal, de quem se permite dizer que não gosta?*

Se é um grande autor, de certeza que eu gosto. Há um poema extraordinário do Goethe – um poema fantástico desse grande poeta do neopaganismo moderno – em que ele conta que Jesus ia com os discípulos, lá na Galileia, e depararam com o cadáver de um burro exposto ao sol. Já só ossos. Os discípulos começaram a falar das orelhas e disto e daquilo, a brincar mais ou menos malevolamente com o pobre cadáver do burro. E Jesus disse-lhes: "Olhai para os dentes dele, brilham como uma pérola." Quer dizer, sempre há alguma pérola que se pode ver brilhar.

Setembro de 2008

# MIGUEL
# SOUSA TAVARES

POSSO ENCAIXAR BEM AS CRÍTICAS
PORQUE ESTOU CONFORTAVELMENTE SENTADO
EM CIMA DE UM MILHÃO DE LIVROS VENDIDOS

A casa, protegida pelo arvoredo, está agora a dois passos de uma rotunda inútil e deserta, que Miguel Sousa Tavares atravessa em contramão. Uma obra recente tal como os prédios feios e ainda por habitar das redondezas. Sobe-se uma curta estrada de terra e, de repente, a explosão imobiliária de Lagos é engolida por uma redoma de silêncio. Na casa branca que foi de Sophia de Mello Breyner Andresen e de Francisco Sousa Tavares há um eco de palavras que talvez tenham sido escritas aqui por Sophia: "Em Lagos em Agosto o sol cai a direito e há sítios onde até o chão é caiado. O sol é pesado e a luz leve. Caminho no passeio rente ao muro mas não caibo na sombra. A sombra é uma fita estreita. Mergulho a mão na sombra como se a mergulhasse na água." Sentamo-nos debaixo de um alpendre com o mar e o passado por perto, mergulhados nessa sombra reconfortante. Aqui escreveu Sophia, aqui escreve agora Miguel. Garante que foi com a mãe que aprendeu as virtudes da simplicidade na escrita. Esse é o seu lema. Depois de mais um sucesso de vendas, com o "quase romance" *No Teu Deserto*, Sousa Tavares confessa-se cada vez mais confiante como escritor.

*O que é que o êxito dos seus livros alterou na sua vida?*
Nada. Não mudei de amigos, não mudei de hábitos, não mudei de gostos, não mudei de prazeres. As pessoas que me conhecem de perto sabem que não mudou rigorosamente nada.

*Nem em termos de auto-estima?*
O que fica é a sensação de que escrever ficção, uma coisa nova para mim, correu bem. Isso foi bom. Se a alternativa tivesse sido o fiasco não direi que desistiria de escrever, mas estaria agora deprimido, pelo menos.

*Considerou como um risco a experiência de começar a escrever ficção aos 50 anos?*
Para lhe responder sinceramente, ainda antes de acabar o *Equador* pensei que era um livro que, por inércia, venderia seguramente trinta, quarenta mil exemplares.

*A "inércia" corresponde à sua imagem televisiva?*
Exactamente. Depois, pensei que para cima disso seria o boca-a-boca, no fundo o que faz o sucesso de um livro. Lá na editora, houve quem apostasse, na melhor das perspectivas, em noventa mil, cem mil exemplares. Ficámos todos aquém, claramente.

*Chegou aos trezentos mil.*
Trezentos e setenta mil. Só em Portugal. Quer dizer, se de facto eu tivesse vendido apenas aquilo a que chamo as vendas por inércia, por ser conhecido, e se as pessoas dissessem "olha, mais um tipo da televisão que quis escrever um livro e que foi um fiasco", isso tinha sido duro de encaixar.

*Sente sobre si, ao fim destes três livros publicados, algum tipo de responsabilidade literária?*
Acho que não, francamente. Não me vejo assim tão importante na literatura para assumir uma responsabilidade dessas.

*Referia-me à responsabilidade de construir uma obra...*
Não, não.

*De pensar permanentemente num próximo livro.*
Se agora, por qualquer razão, alguém me dissesse "os deuses estão contra ti e tu nunca mais vais escrever um livro", eu vivia perfeitamente tranquilo com isso.

*Também me referi à responsabilidade para tentar perceber se sente para com os seus leitores o compromisso de lhes dar novos livros.*
Isso não pode existir. Diariamente, há alguém que vem ter comigo e me diz: "estou à espera do próximo". É uma coisa que me comove, obviamente. É uma coisa de que eu gosto. Agora, isso não pode ser determinante. Senão, começo a ser daqueles escritores que têm prazo marcado e que todos os anos têm que sair com um livro porque lá fora estão os leitores à espera e o editor também. Esse não é o critério. Eu não tenho nada a noção de obra. Por exemplo, o próximo projecto que espero levar até ao fim é uma peça de teatro. Não tem que ver com nada. É uma coisa que ainda por cima não vende, como nós sabemos. Se vender cinco mil é uma sorte. Todavia, é um exercício literário que me interessa muito. Já comecei, aliás, a dita peça.

*Já tem destinatário, no palco?*
Acho que sim...

*Quer dizer que já sabe onde é que ela vai ser representada?*
Não, não. De todo. Nem ninguém sabe que a estou a escrever. Estou convencido que vai ser uma boa peça para representar. É uma coisa que pode ser muito popular. Não no mau sentido. Popular no

sentido de as pessoas se sentirem muito próximas daquilo que é a vida delas. É uma leitura contemporânea das coisas.

*Está a escrevê-la imaginando actores concretos para as personagens?*
Não. Aí vou confiar na minha amiga Patrícia Vasconcelos para me fazer o *casting*.

*É a Patrícia Vasconcelos que vai fazer o* casting*?*
Não sei. Estava a brincar. Eu é que não vou encenar nem produzir a peça, com certeza. Só a quero escrever. Nem sei se algum dia irá à cena. Tenho também outra coisa iniciada: um livro de banda desenhada que também gostaria muito de levar até ao fim.

*Com quem?*
Com aquele miúdo que faz os bonecos para mim no *Expresso* [Hugo Pinto]. Só que ele ainda não entrou em cena porque primeiro eu quero ter a história toda escrita. Só sei como a começo e como a desenvolvo. Ainda não sei como vou acabá-la. É um *thriller*, um policial.

*Já encara a escrita de ficção como a sua actividade principal?*
Em termos de trabalho, sem dúvida que é. Agora, eu nunca quis ter uma só actividade. Acho que tenho medo de ficar preso a uma coisa só e de dizer: agora sou escritor de manhã à noite, mais nada. É capaz de ser um bocadinho limitativo.

*Não se imagina a viver só da escrita?*
Imagino. O problema não está aí. O problema está em ocupar-me só a escrever ficção. Acho difícil nunca mais escrever colunas de opinião.

*Por sentir que a sua opinião tem de ser tornada pública?*
Não. É o vício do jornalismo. É o vício de ter uma leitura instantânea das coisas, de estar ao corrente, de estar actualizado, de querer saber notícias, de querer discuti-las. Depois, porque há muitas coisas que gosto de escrever cujo formato é mesmo o da coluna. É uma coisa pequenina. Posso escrever sobre política para o *Expresso*, sobre futebol para *A Bola* ou sobre qualquer coisa para uma revista feminina. Até porque sou um bocadinho prolixo, como julgo que os leitores já terão reparado e portanto preciso de me condensar.

*No último livro fez um esforço de contenção assinalável, ao escrever um "quase romance".*
Foi para mostrar que era capaz de escrever pouco [gargalhada].

*Foi mesmo um esforço?*
Não foi. Quando eu começo a escrever tenho a noção exacta do tamanho que o livro vai ter. Falho por muito pouco. Aqui, eu já sabia. Lembro-me de dizer ao meu editor: isto é um livro para cento e vinte páginas. Realmente, teve cento e vinte e uma. Eu tinha a noção do tamanho da história.

*Neste caso, houve pelo meio o interregno do roubo do computador que, só por si, é uma peripécia de novela.*
Parece o caso do T. E. Lawrence, quando perdeu *Os Sete Pilares da Sabedoria* numa estação de comboio. O caso dele foi mais grave do que o meu, até porque ele já tinha acabado o livro. Eu estava a meio.

*Considerou a hipótese de o reescrever do início, caso o computador não tivesse voltado a aparecer?*
Lembrei-me muito, de facto, da história do T. E. Lawrence. Aquilo foi uma proeza verdadeiramente notável: voltar a escrever um livro daqueles e daquele tamanho. Eu não era capaz. Não conseguia pegar neste livro outra vez. Teria passado a ser um livro amaldiçoado. Era difícil que tivesse visto a luz do dia se o meu computador não tivesse reaparecido.

*Essa reaparição não dá também um conto?*
Não. Quando muito dava uma anedota. O computador apareceu por portas travessas, graças a um amigo que veio ter comigo, com outro amigo que tinha ido ter com ele, etc. Enfim, tive de pagar quinhentos euros pelo meu próprio computador, em notas contadas. Depois, disse à polícia que já tinha encontrado o computador. Só que – comunicaram-me entretanto – aquilo era um crime público. Eu não podia desistir da queixa. Por isso, queriam interrogar-me para saber como é que eu tinha encontrado o computador. E eu disse: isso não pode ser, não vou entregar as pessoas que me ajudaram a recuperá-lo. Houve para ali um imbróglio, um mal-estar, "pois, nós percebemos a sua posição, mas se não colabora connosco passa a arguido por obstrução à Justiça." Era o cúmulo da ironia. Eu, de roubado, passo a arguido. O nosso processo penal é assim.

*Como é que isso se resolveu?*
Lá se arranjou um expediente jurídico para conseguir arquivar o processo, sem que eu passasse a arguido. Era uma chatice porque, obviamente, não ia lá dizer quem é que me tinha ajudado a reaver o computador.

*Chegou a saber quem lho roubou?*
Não. Mas foi um trabalho profissional. Disso não tenho a mais pequena dúvida. Apareceu com a *password* arrombada, portanto andaram a vasculhar tudo lá dentro e depois puseram-no no mercado para fingir que tinha sido um roubo banal. O que não era. Até porque eu tinha outro ao lado – igual, do mesmo modelo, mas que não usava – e eles perceberam qual é que eu estava a usar e foi só esse que levaram. O outro, deixaram-no ficar. Tal como deixaram tudo o resto, em casa. Foi uma mensagem: olha, chegámos quase ao coração da tua vida, que é o teu computador.

*Sente o seu computador como o coração da sua vida?*
É um bocadinho o de nós todos, não é? Hoje em dia não me separo dele durante um único minuto. Para o roubarem de novo vão ter de me matar, também. Vou agarrado a ele [gargalhada].

*Ainda se sente mais jornalista do que escritor?*
Acho que sim. Embora esteja desactivado há uns tempos, o jornalismo é uma coisa instintiva para mim. Se começar a arder esse pinhal aí em frente eu vou já fazer reportagem. É uma coisa intuitiva. É a minha segunda pele. "Escritor" não é algo que eu sinta como uma pele. Quando às vezes vejo no jornal "Miguel Sousa Tavares, escritor" ainda estranho um bocado. Se puserem "Miguel Sousa Tavares, jornalista" acho que é naturalíssimo.

*Aprendeu alguma coisa no jornalismo que tenha sido essencial para a sua ficção?*
Com certeza. A principal coisa foi como contar uma história. O facto de eu ter tido bastante sucesso com os meus livros tem que ver com o contador de histórias que sempre fui. Tenho essa mania

peregrina, *demodée* e contra a crítica de que um romance é uma história. Quem paga para ler um romance não quer só ver que o autor escreve um português maravilhoso. Também tem de ter uma história que lhe interesse porque senão adormece em cima do livro. Tenho essa ideia, volto a dizer. Já sei que deve ser muito atrasada mas eu leio, à noite, vinte, trinta páginas de um livro, ando o dia inteiro a pensar nelas e, na noite seguinte, quero a sequência da história. Tal qual como os miúdos quando vão para a cama e o pai começa a contar-lhes uma história. Eles adormecem e no dia seguinte pedem a continuação. O leitor de romances há-de ser sempre uma criança que precisa de histórias. A minha função, tal como a vejo, é contar histórias. Isso, aprendi-o com o jornalismo.

*Mencionou a crítica: acha que os críticos não valorizam suficientemente essa função da literatura?*
Sim. Os nossos críticos literários, regra geral – mas regra muito geral mesmo, eu diria quase unânime –, têm terror de não serem levados a sério como literatos intelectuais. Portanto, gostam de complicar e gostam de livros que complicam. Não gostam da evidência das coisas. Há um texto do Italo Calvino em que ele fala disso mesmo a propósito de como ler os clássicos. Ele diz que não há nada pior do que livros acerca de um livro. É uma cortina de fumo que impede de ler o livro, tal qual como ele é, sem mais nada. É uma barreira que se estabelece entre o leitor e o livro. Isso é feito pelos críticos, pelos literatos, pelos académicos, etc.

*Às vezes os livros não são só o que são, têm de facto outros níveis de leitura e segredos dentro deles.*
Não. Os livros são sempre o que são, acho eu. Depois, como se olha para um livro é que varia de pessoa para pessoa. Mas há uma

determinada função da crítica literária que consiste, às vezes, em explicar ao leitor como é que ele deve ler o livro e porque é que ele deve gostar ou não gostar. Como dizia o Calvino, eu acho que isso é uma cortina de fumo que impede o leitor, em primeiro lugar, de ler o livro *tout court*, sem mais, e depois de fazer o seu próprio juízo.

*Sente-se maltratado pela crítica?*
[riso] Olhe, do meu último livro saiu uma crítica, no *Público*, tão imbecil que eu nem vou comentá-la. Começa assim, tal e qual: "O autor de *best-sellers* tem mais um." Isto não é maneira de começar. Percebo muito bem o que a senhora quer dizer, toda a gente percebe: está aqui o tipo que vende muito, se ele vende muito não presta; porque um tipo que vende muito, caramba, é um tipo que tem muitos leitores e não pode haver muitos leitores de bons livros. Esta ideia de que a literatura é uma ilha privada ao alcance de muito poucos e que não pode ter muitos clientes, muitos consumidores, que não pode ser entendida por muita gente, é uma coisa profundamente elitista, profundamente reaccionária. Felizmente é uma ideia que, nos últimos tempos, tem sido contrariada porque em Portugal lêem-se mais livros. Quer os críticos gostem, quer não. Se calhar não se lêem tanto os livros que eles gostariam que fossem lidos, mas lê-se mais. Isso quer dizer que há mais leitores. Numa fase em que é muito difícil que os haja. Quando baixam as vendas de toda a imprensa escrita, quando toda a gente se considera escritor – quanto mais não seja no Twitter e nos blogues.

*No Twitter é complicado porque cada mensagem só tem 140 caracteres.*
Escreve-se várias vezes.

*Aqui há tempos dizia que, para si, escrever bem é, em primeiro lugar, escrever simples.*
Sim.

*Quer dizer que escritores como Faulkner ou Joyce, na sua opinião, não escrevem bem ou não concorda com a ideia de que eles não escrevem simples?*
Boa pergunta. É uma boa ratoeira, de facto. Eu digo-lhe com toda a humildade do mundo que falhei três tentativas de ler o *Ulisses*. Portanto, estou absolvido porque tentei. Dei o melhor que podia.

*Com o Faulkner aconteceu-lhe algo de semelhante?*
Mais ou menos. Também não foi fácil.

*Também não é da sua família literária.*
Não. Não é. Se você quiser que eu lhe diga quem é que escreve simples e maravilhosamente, para mim, é o Tchékhov.

*Também costuma referir muitas vezes a Yourcenar.*
A Yourcenar não é tão simples mas aquilo é muito bem escrito. É simples na medida em que você vai atrás de uma ideia dela e não se perde. Quando eu digo que não é simples é porque a escrita dela é de tal maneira bonita que tem de ser lida com muita atenção. É um bocado como a Agustina. Aquilo tem de se ler com muita atenção e voltar atrás porque, de facto, há ali duas coisas: a história e a beleza da escrita. Temos de ser capazes de absorver as duas. Portanto, não é tão imediatamente simples. Mas o Tchékhov é simples, o Hemingway é simples. Esses são escritores que não precisam de intermediários nenhuns. Não precisam de quem explique aquilo. Se o Tchékhov fosse vivo, hoje talvez fosse um *best-seller*.

*Essa lição de clareza e de simplicidade aprendeu-a sobretudo no jornalismo ou – outra hipótese que me ocorreu – na poesia da sua mãe?*
Foi muito com a poesia da minha mãe. Essa é uma frase dela, uma frase que ela me disse a mim: escrever bem é escrever simples. Eu vi-a escrever, fisicamente, muitas vezes, muitas, muitas, e via o trabalho que ela tinha na depuração da escrita. A poesia da minha mãe foi importante, sobretudo, no sentido da oralidade. Era uma poesia muito oral e a minha mãe era uma pessoa que gostava de dizer poesia. Ensinou-me, desde miúdo, a dizer poesia. Eu recitava o Goethe em alemão, o "Llanto por Ignacio Sánchez Mejías", do Lorca, inteiro, o que deve demorar mais de meia hora...

*Ainda o sabe de cor?*
Ainda sei para aí metade ou dois terços. Dizia o Rimbaud em francês, sonetos do Shakespeare em inglês...

*Dizia tudo isso sabendo o que estava a dizer?*
Não. Sem perceber palavra. O Lorca, a certa altura, comecei a perceber. Era um toureiro que tinha morrido na arena, pronto. Às cinco da tarde, etc. Isso a gente tirava pelo sentido. Agora, do resto, eu não percebia nada.

*Era música, apenas?*
Era música, exactamente. Depois, a minha mãe explicava-me que dantes os poetas eram jograis e os jograis serviam para, ao som de uma cítara, irem recitar poemas ou cantar músicas, acompanhando poemas, perante a corte. Aprendi, portanto, que a poesia é para ser dita. É uma coisa oral. A poesia dentro do livro morre, praticamente. Acho difícil ler poesia em voz baixa. Quando se lê poesia deve-se tentar recitá-la também. Infelizmente, com o

andar dos tempos, perdi a memória de muitos poemas. Sabia muitos de cor. Gostava muito de dizer poesia. Ainda gosto.

*Como é que foi a sua educação literária?*
[riso] Foi muito básica. Muito simples.

*A sério?! É difícil acreditar nisso.*
Foi simples, foi. Havia a estante do meu pai e havia a estante da minha mãe. Na estante do meu pai, os livros estavam arrumados por género, como estão nas estantes das pessoas normais. Estavam arrumados também por alturas. Ou seja, nas prateleiras de cima estavam os livros mais picantes: o Jorge Amado e coisas assim. Só se chegava lá quando já se tinha crescido o suficiente. Lembro-me que a minha irmã mais velha já ia no Jorge Amado enquanto eu ainda estava cá em baixo no Melville, ou coisa que o valha. E ela dizia-me: quando chegar cá acima é que vai ver; aqui é que estão os bons. A estante da minha mãe era mais simples mas, para nós, mais complicada. Ela não arrumava por géneros, arrumava de uma forma extraordinária que eu nunca mais vi: os livros de que eu gosto e os livros de que eu não gosto. E os livros de que ela gostava eram não mais de cinquenta.

*O resto estava do outro lado.*
Depois, era o resto tudo misturado. Os de que gosto e os de que eu não gosto. Era a arrumação dela.

*Ainda se lembra dos livros que estavam nesse lote dos eleitos?*
Era muita poesia. O Byron, o Shakespeare, o Rimbaud, o Rilke, que ela adorava...

*Imagino que estariam lá os clássicos gregos.*
Sim, os clássicos gregos, em francês. Tinha muita coisa sobre a Grécia, realmente. Tinha muitos poetas brasileiros: a Cecília Meireles, de que gostava muito, o João Cabral de Melo Neto, o Murilo Mendes. Tinha o Pessoa, o Torga, o Jorge de Sena, de que gostava muitíssimo. Muita poesia. A minha mãe lia muito pouca prosa, muito pouco romance.

*Ela fazia-o ler certos livros?*
Não tanto. Isso era mais o meu pai. O meu pai era mais didáctico, nisso. Era mais metódico. Mesmo na música. Aos domingos ouvia-se música clássica em casa durante horas. Ele tinha uma programação para aquilo: hoje vamos ouvir os concertos de Brandenburgo, hoje ouvimos a quarta sinfonia do Mahler e depois a nona. Estava tudo programado.

*Eram audições em família?*
Em família. Quer dizer, não éramos obrigados a estar ali, só que a sala estava ocupada por aquilo. Só se podia andar de meias, ao atravessar a sala. Portanto, um tipo ou se retirava para o quarto ou ficava mesmo ali a ouvir aquilo.

*Com as leituras ele também tinha essa atitude metódica?*
Ele não obrigava a ler. Dizia: agora deve ler isto, agora deve ler aquilo; já leu isto, já leu aquilo? Antes de ler isso passe para ali, etc.

*Com a sua mãe isso não acontecia.*
Não, não acontecia. A minha mãe era mais de ensinar a recitar poemas.

*O Miguel tinha autorização para ler os poemas dela à medida que ela os ia escrevendo?*
Não, ela não mostrava. Não mostrava mesmo.

*Havia ali um território interdito.*
Não é que fosse interdito. Ela achava que nós éramos miúdos demais para termos critério ou opinião. O que a gente lia era os livros infantis. Esses eram testados connosco. Nós éramos as cobaias daquelas histórias, antes de elas serem publicadas.

*Foi mais influenciado pelo espírito poético da sua mãe ou pelo espírito metódico e prático do seu pai?*
Bem, o meu pai não tinha um espírito muito metódico. Digamos que o tinha nas leituras e na música. De resto era completamente anarca. Se houve coisa que a vida dele nunca teve foi grande método. Aliás, a da minha mãe também não. Aquela casa era o discurso contra o método [riso]. Em termos literários e em termos de vida acho que fui mais influenciado, naquilo que é essencial, pela minha mãe. Embora também não vá renegar que aprendi muita coisa com o meu pai. Muita coisa importante e essencial: em termos de valores, por exemplo. Agora, na maneira de olhar para o mundo e de observar as coisas, acho que saí mais ao lado da minha mãe.

*Na maneira de olhar o mundo, em que sentido?*
A minha mãe, tal como eu, era uma contemplativa. Era capaz de ficar horas a olhar uma paisagem. O meu pai não era. Ficava nervoso. Se estivesse com sono, adormecia; senão, começava a ficar nervosíssimo. Era uma pessoa que precisava de estar sempre a fazer qualquer coisa. Eu não sou assim. Saio muito mais à minha

mãe. Tenho uma história engraçada para a biografia deles. Uma vez fomos os três ver Toledo. Estávamos na Igreja de São Tomé a ver aquele quadro muito bonito do El Greco, *O Enterro do Conde de Orgaz*. Por acaso o único quadro do Greco de que eu gosto. Sentámo-nos no banco da igreja a olhar para o quadro, que é enorme, e o meu pai desata a dissertar sobre o quadro. Tudo. Lembrava-se das datas, a pedido de quem tinha o Greco pintado aquilo, qual o verdadeiro nome dele, quando é que tinha vindo da Grécia para Espanha. Ta-ta-ta, ta-ta-ta. Um massacre. A gente não conseguia ver o quadro em paz porque ele não se calava. De repente, calou-se. Manteve-se calado, eu achei estranho, olhei para o lado e ele tinha adormecido. Então é que eu e a minha mãe pudemos contemplar o quadro. Ele era uma pessoa que absorvia assim tudo, toda a cultura, mas que depois, do simples acto de ficar a olhar para uma coisa, sem mais nada, era incapaz.

*Era um homem enciclopédico.*
Era um homem enciclopédico, era.

*Como é que o Miguel se relacionava com as pessoas que frequentavam a sua casa?*
Muito bem. Era um bando de malucos engraçado. Todos com talento. E os meus pais sempre nos integraram. Era gente de várias idades. Não havia distinção de gerações. O meu pai fazia anos a 12 de Junho, noite de Santo António, e nós morávamos ao pé de Alfama. Havia sempre uma festa enorme, lá em casa, e acabava tudo em Alfama. Tudo misturado: amigos nossos com amigos deles, poetas com pintores, o César Monteiro com não-sei-quem. Era uma grandessíssima anarquia. A certa altura, o Ruy Cinatti tinha vindo de Timor – nós não o conhecíamos porque

ele tinha ido para Timor quando éramos mínimos – e o meu pai enfiou-nos a história de que ele era o nosso irmão mais velho que tinha ido para Timor. Vivemos durante muito tempo convencidos de que o Ruy Cinatti era, de facto, nosso irmão, apesar de ele ser uns quarenta ou cinquenta anos mais velho do que nós. Ficávamos fascinados com o Ruy Cinatti a contar histórias de Timor.

*E ele participava no jogo?*
Participava. O Ruy era um louco genuíno. Um louco sem remissão. Eu nunca vi tanto louco por metro quadrado como lá em casa. Era um vaivém interminável.

*Como é que essa loucura se manifestava?*
De formas extraordinárias. Um dia ainda hei-de recuperar uma cassette áudio de uma noite extraordinária, de copos e poesia e música, que reuniu o Zeca Afonso, o Vinicius de Moraes, o Chico Buarque, o Toquinho e já não sei quem mais. Gravei aquilo tudo. Uma vez, passados estes anos todos, estava eu no Rio de Janeiro, encontrei-me com o Chico e falei-lhe dessa noite. Ele ainda se lembrava. O Vinicius levou duas garrafas de Red Label, como eles dizem no Brasil, e bebeu as duas, sentado no chão, e a certa altura já não deixava ninguém cantar nem falar. Só ele é que cantava e falava. Havia desde noites de poesia em que as pessoas desatavam a escrever poemas e a recitá-los instantaneamente, até noites de pintura em que se juntavam não sei quantos pintores e só se ouvia dizer: dêem-me folhas A4, dêem-me folhas A4. Houve um, o João Vasconcelos, que, como já não havia mais folhas para pintar, pintou o quadro da electricidade, que era de madeira branca. Pintou-o com dois riscos, um horizontal, o outro vertical e assinou João Mandrião, que era uma piada ao Mondrian [gargalhada].

*A loucura, pelos vistos, era tanta que o Miguel até ia ver jogos do Benfica ao Estádio da Luz.*
Com o Ruy Belo, exactamente. E ia vê-lo jogar. Era defesa central.

*As idas ao Estádio da Luz eram frequentes?*
Eram frequentes, eram. Um dia, o Ruy Belo, coitado, quase teve de andar à pancada porque me levou a ver um Benfica-Porto e eu comecei a gritar pelo Porto no meio dos sócios do Benfica.

*Iam para a bancada dos sócios?*
Ele era sócio e levava-me. Mas teve o azar de me levar a um Benfica-Porto em que o Porto marcou um golo, coisa rara nesses tempos. Eu desatei aos pulos e a multidão gritava: leva-me esse puto de merda para casa! Coitado do Ruy.

*Ele sabia que o Miguel era portista?*
Sabia. Ele queria ver se me conseguia converter para o Benfica mas não resultou.

*Tinha a sensação de estar entre gente especial?*
Completamente. A princípio custou-me muito porque aquilo que eu mais queria quando era pequeno era ter dois pais normais. Como os outros. Dava muito mais jeito. Que me fossem buscar à escola, que me levassem. Depois percebi que não havia volta a dar e que o melhor era adaptarmo-nos às circunstâncias domésticas.

*Escreveu versos na adolescência?*
Escrevi, mas eram péssimos.

*Dava-os a ler à sua mãe?*
Dei uma vez e ela disse-me: não filho, escreve antes prosa. Foi o melhor conselho que me deu na vida. Se estou aqui hoje a dar esta entrevista devo-o a esse conselho [riso]. Aquilo era francamente mau. Era uma vergonha pública. Aqui há tempos descobri no fundo de uma gaveta uma coisa um bocadinho hemingwayana. Era a descrição simples de um dia em que tinha ido com três amigos à praia de Carcavelos e a seguir tinha ido jogar ténis ao Estádio Nacional. Era a descrição desse dia. Uma coisa longa, com umas vinte páginas. Curiosamente, achei que a minha escrita não tinha mudado muito desde então. O essencial, em termos de estrutura narrativa, está tudo ali. Uma vez mais, tratava-se de contar uma história. Uma história banal mas contada um bocadinho à maneira do Hemingway, em que a certa altura parece que dizer "e o fulano correu para a água e a água estava gelada" se torna quase uma coisa importante. Percebi que o meu gérmen estava ali e eu andava a tentar escrever poesia quando, afinal, um ou dois anos antes, já tinha escrito aquilo. Realmente, na escola eu era sempre o melhor aluno a redacção. Sempre, sempre, sempre. Eu vendia redacções aos outros. Foi o primeiro dinheiro que ganhei a escrever. Quando tínhamos de fazer uma redacção, eu fazia três, ficava com a melhor para mim e vendia as outras duas.

*Isso demonstra um espírito empreendedor assinalável.*
Era *argent de poche*. Às vezes trocava uma redacção por um desenho, porque não sabia desenhar. Sofria horrores com o desenho à vista. Era preciso desenhar um pote com duas asas iguais e, não sei porquê, a direita saía-me bem e a esquerda saía-me sempre mal. Mas na maior parte das vezes vendia. Aquilo já era um dinheiro

com que eu contava. Eram quinze escudos. Sete e quinhentos, cada redacção.

*Nunca nenhum professor se apercebeu do negócio?*
Não. Eu tinha o cuidado de fazer as deles francamente piores.

*Foi um adolescente tranquilo ou rebelde?*
Muito rebelde. Fechado num colégio de jesuítas, o São João de Brito, em semi-internato. Muito, muito, muito rebelde. Foram oito anos e saí de lá ateu convicto para o resto da vida. Em certo sentido, anticlerical. Foi uma experiência muito má, tirando uma coisa: o futebol. Tínhamos uma quantidade de campos e havia uns padres que eram bons treinadores de futebol.

*Essa rebeldia também se reflectiu na relação familiar?*
Também, mas era mais na escola. Era mais contra o poder, contra a instituição. Fiquei com uma espécie de alergia: a partir daí, nunca gostei de receber ordens. Sou muito mal mandado e também não gosto de mandar.

*Mas já mandou.*
Já mandei mas sem grande convicção e sem grande jeito.

*A sua família era católica?*
A minha mãe era crente. Não sei bem se posso dizer que era católica. Era cristã, isso sim. O meu pai, nunca percebi o que ele era, francamente. A única vez que o vi ir à missa foi em Lagos e mandou calar o padre porque o padre estava a fazer uma homilia a favor do Salazar. Foi ali na igreja de Santa Maria. O meu pai gritou-lhe: esteja calado que o Cristo não diz isso, o Evangelho não diz

nada disso. Foi uma barraca de todo o tamanho. Acho que se pode dizer que ele era institucionalmente católico, como eram todas as famílias.

*Puseram-no no colégio católico por razões religiosas?*
Por razões financeiras. Porque o meu pai tinha lá andado, o meu avô também e eles faziam descontos grandes aos filhos dos ex-alunos. E acho que também porque se livravam de mim. Eu saía de casa às oito da manhã e voltava às oito da noite. Era um descanso, lá em casa.

*A decisão de ir para Direito teve alguma coisa a ver com o facto de o seu pai ser advogado?*
Deve ter tido. Eu não sabia se ia para Direito ou para Economia – havia poucos cursos na altura – e na véspera atirei uma moeda ao ar e saiu Direito.

*Isso é mesmo verdade: escolheu o curso por moeda ao ar?*
É verdade. Agora, para lhe ser sincero, se tem saído ao contrário não sei se teria tido coragem de ir para Economia. Gostava muito de Economia e ainda gosto muito. Estive ali muito hesitante.

*O seu pai pressionava-o?*
O meu pai queria que eu fosse para Direito. Fez sempre muita questão nisso.

*Nunca teve a tentação da política activa, seguindo também nisso o exemplo do seu pai?*
Nunca. Nunca mesmo. Às vezes até me pergunto como. É estranho. Nasci numa casa onde se respirava política de manhã à noite. Mas nunca.

*Quer dizer, interveio activamente em episódios localizados como o referendo da regionalização ou mais recentemente no caso do terminal de Alcântara.*
Intervenção política, sim. Agora, estar inscrito num partido e isso, não. De maneira nenhuma. O que não quer dizer que não o ache uma actividade louvável.

*Isso terá tido alguma coisa a ver com o facto de ter acompanhado as dificuldades por que o seu pai passou na vida política, já depois do 25 de Abril?*
Não. Eu queria muito fazer jornalismo. Era a minha ambição. Aquilo absorvia-me por completo. Realmente, nunca me apeteceu passar para o outro lado. Eu até dizia: faço aquilo de que mais gosto e ainda me pagam.

*Magoou-o a forma como o seu pai teve de se demitir do governo do Bloco Central devido a um escândalo público?*
Sim. Foi uma coisa incrível, essa história da DOPA. Primeiro, porque três anos depois não teria acontecido nada, porque entrámos numa Europa sem fronteiras. Depois, porque numa altura em que tanta gente tirava dinheiro do país, que um tipo fosse perseguido por trazer dinheiro para o país, achei que era uma coisa completamente surreal.

*Isso deve tê-lo marcado.*
Aprendi aí uma lição que é estar do lado do acusado. Aquilo às tantas é um processo em que a pessoa perde o controlo. Desde a primeira hora que eu disse ao meu pai que dissesse simplesmente: eu estou a ser acusado de trazer dinheiro, não é de levar. Trazer dinheiro para o país! Não é o que o país quer, caramba? Ele – que

era uma pessoa inteligente, advogado, político – nunca foi capaz desta coisa tão simples. Enredava-se em explicações. Nos chamados crimes mediáticos, julgados na praça pública, os jornalistas têm sempre tendência a agarrar-se a detalhes e os detalhes lançam a confusão. A pessoa que se quer defender vai atrás dos detalhes e começa a explicar o que nem sequer tinha de explicar e acaba por se desviar do essencial. Depois aprendi também à minha custa que é muito mais fácil nós defendermo-nos de uma acusação verdadeira do que de uma acusação falsa. A acusação falsa, do tipo "você é que tem de provar que não fez nada de mal" é diabólica.

*O Kafka ensinou-nos isso.*
É. A pessoa, às tantas, entra numa ratoeira: se eu não explico nada é porque sou culpado, se eu explico é porque me estou a explicar demais e culpado sou.

*Ainda a respeito do seu pai: as imagens dele no dia 25 de Abril, no Largo do Carmo, de megafone em punho, tornaram-se um dos ícones da revolução. Estava lá, nessa tarde?*
Estava. Vivi esse momento com a consciência de que estava a viver a História.

*Aquele protagonismo do seu pai, naquele momento, é espontâneo?*
É espontâneo. Mas ele teve a sorte – como dizia o Picasso a propósito da inspiração – quando a revolução chegou, o ter encontrado acordado. Porque ele tinha estado a jogar *bridge* pela noite fora. Vinha para casa no carro e ouviu na rádio que havia um movimento militar. Foi a correr até encontrar a coluna do Salgueiro Maia, que não sabia onde era o Largo do Carmo, e foi ele, de carro,

à frente, a guiar o Salgueiro Maia e os seus tanques. Depois, o Salgueiro Maia nomeou-o como uma espécie de ajudante às ordens. Aquilo foi muito engraçado porque o meu cunhado fazia parte da coluna do Maia. Estava em Santarém e também veio. E eu estava lá. Depois, na televisão apareceram a minha mãe, o meu pai, eu e aquele grupo todo na libertação dos presos políticos. No fim-de-semana seguinte fui para Monsaraz, no Alentejo, para onde costumava ir muitas vezes, e quando fui à tasca onde ia sempre as pessoas vinham dizer-me: eh pá, isto é uma revolução feita pela sua família toda [gargalhada].

*O seu pai era advogado, o Miguel também viria a sê-lo: o que é que aprendeu de essencial na advocacia?*
Aprendi coisas que acho que me serviram no jornalismo. Por exemplo, acho que o interrogatório de testemunhas no tribunal tem muito a ver com uma entrevista. A técnica é muito semelhante. A forma de estudar um processo é muito comparável à forma de preparar um dossiê. As alegações finais, que se fazem em tribunal, são parecidas com um debate na televisão. De resto – e os mestres vão dar saltos lá na sua cátedra – achei o curso de Direito, na Universidade Clássica, uma coisa sem interesse nenhum. A faculdade não nos preparou minimamente. E noventa por cento da advocacia era uma chatice monumental. Os dez por cento que restavam eram sobretudo duas coisas que para mim foram importantes: ir a tribunal e redigir contratos. É uma técnica que puxa muito pela cabeça, pela escrita e pela imaginação.

*Interessava-lhe mais o direito comercial do que o direito criminal?*
Não. Eu gostava era de crime. O crime era a minha praia.

*Fez trabalho nessa área?*
Fiz crime, muito crime. De ir para a Judiciária tardes inteiras com os meus presos a ir visitá-los à prisão, a preparar os julgamentos e estar horas e horas na Boa-Hora.

*Já escrevia nessa altura?*
Não.

*Isso devia ser um manancial de histórias. Nunca sentiu que podia ter ali um filão a explorar?*
Não, na altura eu estava muito concentrado naquilo. Ao mesmo tempo que comecei a fazer o estágio de advocacia comecei a fazer o estágio de jornalismo n'*A Luta*. Era jornalista de manhã e advogado à tarde. Era uma vida violenta.

A Luta *era um jornal próximo do PS.*
*A Luta* não era próximo do PS. *A Luta* era o que o PS pisava antes de entrar em casa [riso]. Uma coisa surreal. N'*A Luta* só havia dois motivos de preocupação: o bitoque do Dr. Rego à uma da tarde em ponto, não se podia atrasar um minuto, e o telefonema para o Dr. Mário Soares a dizer o que era a primeira página para ver se ele concordava. Não obstante *A Luta* ter tido grandes jornalistas, com quem eu aprendi muito. Por exemplo, o Álvaro Guerra, que foi um dos meus primeiros mestres no jornalismo, e a Helena Marques.

*Curiosamente, ambos viriam a tornar-se também ficcionistas.*
Eu acho que isso resulta da tentativa, por um lado, de escrever coisas diferentes, de maior fôlego. Por outro lado, uma pessoa vive tanto tempo a contar histórias verdadeiras que, a certa altura, talvez

queira fugir um bocadinho do real. Também não é por acaso que a maioria dos jornalistas que chegam à ficção, quando começam a escrever, se sustenta em alguma base real, em algo de factual ou de histórico. Algo onde se sinta que se está a pisar terreno firme.

*O Miguel tornou-se jornalista para poder viajar ou tornou-se viajante por via do jornalismo?*
As duas coisas. Sempre que me imaginava, em miúdo, a fazer jornalismo, imaginava-me a viajar. Havia, para mim, uma expressão mágica: "enviado especial". Quando lia aquilo nos jornais ficava a sonhar. "Do nosso enviado especial". A primeira vez que eu me vi tratado por enviado especial foi pela RTP. Fui a Madrid cobrir as primeiras eleições espanholas depois do franquismo. Aquilo soava-me autenticamente como música nos ouvidos. Achei que tinha chegado ao topo do Evereste.

*O que é que procura hoje quando viaja?*
Nada. Tenho uma frase sobre isso que diz: não se encontra o que se procura mas o que se encontra. Não procuro nada, mesmo.

*Aceitaria que se dissesse que a sua obsessão mais presente é a ideia de viagem?*
Não. Acho que a minha grande obsessão é o regresso a casa. É a parte que dá mais prazer nas viagens.

*Nos seus três livros de ficção, inclusive neste último, os três protagonistas saem do país e o miolo da história é a partida, não é o regresso.*
É a partida e é o desencontro. Mas isso não quer dizer que seja do que eu gosto. No *Rio das Flores* há um protagonista que chega a casa mudando de país. Acho que o final do livro é mesmo isso:

a chegada dele a casa. A outra casa. Ele viajou para encontrar noutro lugar a casa que de facto procurava.

*A sua ideia de casa, como acontece com o Diogo, do* Rio das Flores, *pode vir também a estar noutro lugar?*
Sim. Pode perfeitamente.

*Aqui há tempos confessou que andava a fazer planos para ir viver para o estrangeiro.*
Eu não disse tanto. Perguntaram-me: você está de mal com o país; será que está a pensar emigrar? Eu disse: por acaso até tenho pensado nisso, em viver parte do ano fora.

*A ideia não é mudar-se.*
Não é mudar-me. Gostava de experimentar viver no Rio de Janeiro. É a minha cidade. O Rio de Janeiro é a minha cidade, ponto final. Gostava de experimentar viver lá pelo menos metade do ano para ver como me sinto e se tenho algum espírito de emigrante.

*De que é que gosta tanto no Rio de Janeiro?*
Gosto de tudo.

*A praia não vale.*
A praia não vale?! [riso] Mas a minha paixão pelo Rio de facto começou pela praia. Gosto. Não sei explicar. Entro no Rio e fico logo feliz. Fico logo outra pessoa. Sinto uma alegria incrível. Acho que eles são muito contagiantes nisso.

*Não sente a tensão social da pobreza do morro debruçada sobre a cidade?*
Sinto. Embora eu ache que eles têm escapes. Primeiro, têm bom clima. Têm a praia, têm a música, têm o futebol. Há muitos escapes a diluírem essa tensão. Senão aquilo já tinha explodido. Obviamente, como toda a gente, preocupo-me com a segurança. Um tipo fica um bocado assustado quando vê como eles próprios vivem assustados com aquilo. Sabe-se que é uma questão tempo até que – mais dia, menos dia – se seja assaltado. Depois é uma questão de ter sorte.

*A sua afirmação de que andava a pensar na hipótese de ir viver no Brasil surgiu quase em simultâneo com a notícia de que a Maria João Pires queria trocar a nacionalidade portuguesa pela brasileira. Vê algum paralelismo entre os vossos casos?*
Absolutamente nenhum. Para já, eu não quero trocar de nacionalidade. Em segundo lugar, aquilo que nos leva a ir embora são razões completamente diferentes. Eu tenho todo o respeito, todo, pela Maria João Pires. Basta dizer que só consigo escrever ouvindo a Maria João Pires ao piano. É a única música com que consigo escrever. Portanto, devo-lhe páginas e páginas. Este último livro inteiro, por exemplo.

*Que obras interpretadas por ela é que ouve quando escreve?*
Chopin e Schubert. Chopin, sobretudo. Os nocturnos de Chopin dela são fantásticos. Devo-lhe isso. Mas aquilo que me faz estar de mal com o país é o que eu dou ao país, não é aquilo que o país me deu a mim. Enquanto à Maria João Pires o país deu-lhe muito, em Belgais. Muito. Foi ali gasto, muito mal gasto, muito dinheiro dos contribuintes. Não se percebe como. Com a administração da

filha e tudo. Quando se gastaram uns milhões de contos ao país, a pessoa, depois, tem de pensar duas vezes antes de se queixar do país. Enquanto eu faço parte da categoria otário, que é o tipo que nunca mete um tostão ao bolso e que o entrega todo ao fisco. Nunca tive uma bolsa, um subsídio. Nunca pedi rigorosamente nada. Nada, nada, nada.

*Sente-se otário, por isso?*
Quer dizer...

*Não se sente apenas um cidadão cumpridor?*
Sinto. Agora, quando vejo o Saramago dizer "não me preocupa rigorosamente nada que o Miguel se vá embora para o Brasil"...

*A frase foi: "tanto me faz que ele vá para o Brasil ou para Marte!"*
Até pode ir para Marte! Eu, enquanto contribuinte, podia dizer o contrário: a mim não me preocupa nada que o Saramago fique lá a viver em Lanzarote porque não faz falta como contribuinte. Agora, eu faço falta ao país como contribuinte. Não tenho uma fundação que é um excelente meio de não pagar impostos e ainda ser ajudado. Eu não tenho nada disso.

*Acha que a viver no Brasil poderia eventualmente escrever de outra maneira?*
[riso] Já me estão a instalar no Brasil. Já me estão a meter à força no avião.

*Não é nada disso: o Miguel pôs essa hipótese publicamente.*
Qualquer dia, mesmo que não queira ir tenho de ir, caraças! Senão vão-me dizer: você prometeu e não cumpriu [gargalhada]. Você

ponha aí essa resposta, se faz favor: não me empurrem, deixem-me ir quando eu quiser.

*Mas como falou disso parece-me legítimo perguntar-lhe se acha que a viver no Brasil escreveria coisas diferentes.*
Não sei se seriam diferentes. Escreveria com certeza mais. Porque tinha de viver disso, exclusivamente. Se for para lá a minha ideia é mesmo essa: é ir para escrever. Não que não possa escrever cá, mas cá tenho outras coisas que me distraem e lá não teria.

*Não?!*
Não teria no sentido profissional. Não tinha a televisão, não teria as solicitações que tenho aqui.

*Sim, mas terá a praia.*
Mas ninguém vai todos os dias à praia. Não ia virar menino do Rio.

*Dá-se com escritores?*
Só por acaso. Dou-me com algumas pessoas que são minhas amigas e que por acaso são escritores. Mas não escolho: "dentro da categoria escritores, vamos lá fazer amigos". Como, de facto, não frequento meios literários – porque não frequento meios nenhuns, praticamente – dou-me com aqueles que já eram meus amigos.

*Lê o que se publica, hoje?*
Quando não estou a escrever, leio. Quando estou a escrever é muito mais difícil. Por um lado porque não tenho tempo e por outro lado porque também não quero sentir-me influenciado por nada. Nem comparar, nem nada.

*Admira alguém em particular, hoje, na literatura portuguesa?*
Sim. Vou só dizer um nome porque continua a ser a pessoa que eu admiro mais na prosa: a Agustina.

*Os novos autores que têm tido projecção internacional – Gonçalo M. Tavares, José Luís Peixoto – interessam-lhe?*
Interessam. Leio tudo. Leio-os todos. Quando gosto, quando não gosto. Leio tudo, tudo o que se escreve.

*A sua avaliação tem coincidido com a apreciação crítica que tem distinguido esses autores?*
Bem, eles têm muito melhor crítica do que eu. Tanto o Gonçalo, como o Zé Luís, como o Possidónio Cachapa, todos têm tido muito melhor crítica do que eu. O que eu acho que funciona a desfavor deles. A gente quando avança para um livro deles, depois de já ter lido a crítica, está à espera de uma obra de arte, porque aquilo é sempre anunciado como tal. E não é. Não é sempre. Desses que disse eu prefiro algumas coisas do José Luís Peixoto. Algumas, não todas. Não gostei muito do *Cemitério dos Pianos*, por exemplo. Ao contrário do que li na crítica. A história começa a emperrar a certa altura. Eu tenho esse problema: preciso de uma história que me puxe. Gosto muito de um escritor a que não sei se podemos chamar português – eu chamo: o Mia Couto. E do Agualusa de quem eu, aliás, tenho a presunção de ter sido quase o descobridor, quando li aquele que para mim, até hoje, ainda é o melhor livro dele, que é o primeiro, a *Estação das Chuvas*...

*Não é o primeiro, ele já tinha publicado outros três livros antes.*
A sério? Tem piada...

*O primeiro, por acaso, até é um romance histórico – passa-se na Luanda do final do século XIX.*
Eu estava convencido de que aquele era o primeiro. Aliás, depois apresentei o segundo livro dele, a *Nação Crioula*. Fiz um grande elogio à *Estação das Chuvas* no *Público*, depois fiz-lhe uma grande entrevista na *Grande Reportagem*. Estava convencido de que tinha sido, de certa forma, pioneiro a divulgá-lo.

*Vê alguma tendência, algum ponto comum na literatura portuguesa actual?*
Algo em comum acho muito difícil dizer. Não sei. Eu percebo muito pouco de teoria literária para estar a comparar escolas e estilos, etc. Pegando no Agualusa e no Peixoto, acho que o melhor deles, seguramente, ainda está para vir. Têm pela frente um percurso que vai ser sempre melhor. É quase fatal. Ao contrário de escritores como o Lobo Antunes. Em relação ao Lobo Antunes eu tenho um teste: digam-me um nome de um só personagem de um romance dele. Um nome. Depois caracterizem-me o personagem. Ninguém se lembra. Aliás, ele agora diz que não lhe interessa nada a história, só as palavras. Portanto, as pessoas assim também não podem fixar.

*Não admite que o romance possa ser outra coisa que não apenas uma história bem contada?*
Admito que o romance possa ser bom ou mau. E os dele, para mim, são maus. Mas admito que sim, com certeza, tudo é possível, pode-se escrever de todas as maneiras e feitios, etc. Agora, eu também sou leitor. Como leitor, um romance para mim é uma história bem contada, pronto. Porque é que *Os Pilares da Terra*, do Ken Follet, tem o sucesso que tem? Eu não acho que aquilo

seja grande literatura, de forma alguma, mas a gente começa a ler e aquilo é fascinante. Ensina como é que se faz uma catedral, na Idade Média, e as guerras e as epidemias, tudo metido ali no meio. Qualquer pessoa gosta de ler aquilo. Não é preciso ser um literato nem um analfabeto. É um livro que prende. Isso para mim é um bom romance. Perguntem-me se eu quero passar as férias a ler *Os Pilares da Terra* ou o *Ulisses* e eu respondo que prefiro passá-las a ler *Os Pilares da Terra*. Tenho imensa pena.

*Admite que o* Ulisses *é mais importante em termos literários por ser algo de novo?*
Isso não lhe posso dizer porque, como lhe disse, já fiz três tentativas para o ler e não consegui. De boa fé, não o posso dizer. Oiço contar que sim, que é um dos livros determinantes da história da literatura. Isto faz-me lembrar uma coisa que o meu pai dizia: quando encontrar um gajo que tenha lido *O Capital*, do Marx, dou-lhe um presente. Todos dizem que leram mas ninguém leu.

*Encontra parentesco literário entre si e alguém que esteja a escrever actualmente, em Portugal?*
Sinceramente, não. Mas já agora estou curioso. Você encontra?

*Não sei. A pergunta era genuína. Mas já agora, tenho aqui uma mais atrevida: vê-se a si próprio mais próximo, em termos literários, do Lobo Antunes ou do Rodrigues dos Santos?*
Nem de um, nem de outro. Rigorosamente equidistante.

*Mas o Rodrigues dos Santos conta uma história, portanto perfilha o seu ponto de vista sobre o romance.*

Nesse aspecto, sim. Mas no outro aspecto, o da escrita, estarei mais próximo do António. De quem, aliás, fui grande admirador, no início. Mas grande admirador mesmo. Acho que ele foi um inovador, sem dúvida.

*Tratou-o por António. Conhecem-se?*
Conhecemo-nos, sim. Conhecemo-nos bem. Conhecíamo-nos bem. Até ele começar a dizer muito mal de mim. Mas pronto.

*O conhecimento pessoal de um autor influencia o modo como lê um livro?*
Não. Pelo contrário. É terrível quando eu leio livros de amigos e não gosto.

*Diz-lhes?*
Eu não digo mas acho que eles percebem. É terrível. Nesse aspecto, felizmente, posso encaixar muito bem as críticas porque estou confortavelmente sentado em cima de um milhão de livros vendidos em Portugal. Se algum amigo não gostou de um livro meu, é claro que eu fico triste. Se ele quiser explicar as razões eu fico a pensar nelas. Se ele não quiser explicar e quiser que eu fique só com o facto, eu fico com o facto. Mas penso: ok, este não gostou mas houve muitos milhares que gostaram. É impossível fazer a unanimidade. Isso dá um grande conforto. Não sei se dá uma grande segurança mas dá um grande conforto, realmente.

*As vendas deram-lhe então auto-estima.*
É autoconfiança, mais do que auto-estima. Hoje em dia sinto-me muito mais confiante do que quando comecei a escrever ficção. Não tem comparação nenhuma. Acho que os meus leitores

atentos percebem isso na escrita: está muito mais segura e muito mais confiante do que era.

*O livro mais recente –* No Teu Deserto *– pensou-o como uma forma de descolar do rótulo de autor de romances históricos?*
Não. Não quero descolar de rótulo nenhum, nem quero ter rótulo nenhum.

*É por não querer ter rótulo nenhum que imaginei que poderia querer romper com essa designação.*
Não. Quando muito o que eu quis foi descolar do trabalho do romance histórico. É uma coisa que só quem esteve lá dentro pode imaginar o trabalho que aquilo dá. É uma coisa demolidora. Esta é uma escrita, melhor ou pior, muito mais fácil, muito mais leve, muito menos sofrida do que a outra. A última coisa que me apetecia agora era ter tido uma ideia para um romance histórico. Seria um azar do caraças.

No Teu Deserto *é um exercício de nostalgia?*
Pode ser visto assim. E de muitas outras maneiras.

*É dado a nostalgias?*
Já fui mais. Houve uma altura da minha vida em que achei que a nostalgia era o motor da história. Agora já não acho tanto. Sou menos dado a isso. Tenho menos tempo para viver, portanto tenho menos tempo a perder com nostalgias.

*O que é que significava isso de considerar a nostalgia ser o motor da História?*
Era o motor de qualquer história, acho. As boas histórias tinham sempre um elemento nostálgico.

*Pensei que estava a referir-se à História com agá grande.*
Se calhar também é. Hoje em dia já não acho tanto isso. Quer dizer, ainda acho. Tento é já não ser praticante.

*Continua a sentir o apelo do silêncio?*
Sim, isso é obrigatório. O ruído é a coisa mais insuportável do nosso tempo. O ruído não apenas sonoro, mas o ruído das coisas inúteis. O ruído das coisas que não interessam. O ruído das pessoas que não interessam.

*O ruído não será a arma mais eficaz contra a ditadura?*
Não. De todo. Aliás, eu se fosse poder tinha muito mais medo de uma manifestação silenciosa do que de uma manifestação com tudo aos gritos em frente à casa do primeiro-ministro.

*Perguntei-lhe isto por me lembrar de um texto seu em que descrevia o silêncio que encontrou na RDA e como ele era o símbolo eloquente da repressão política.*
Ah, sim. Isso é bem lembrado. Mas isso é outro tipo de silêncio. Também aqui em Portugal havia um manto de silêncio. Não tanto como na RDA, onde era quase proibido rir em público. Uma característica das ditaduras é o silêncio que elas impõem. Mas é diferente. Eu aqui estou a falar do silêncio bom, para a gente pensar. É diferente do silêncio que o poder impõe ou do ruído em que nos habituámos a viver.

*Por exemplo, para si os blogues são ruído...*
Eu não digo que sejam ruído. Para mim, são. Agora, eu não faço nenhum julgamento sobre os blogues.

*Não faz?!*
Não. Digo apenas que não os frequento.

*Olhe que eu acho que já o ouvi dizer mais do que isso.*
Não. A minha condenação é sobretudo do Facebook, que eu acho a maior ameaça à humanidade nos últimos tempos.

*Maior do que a guerra fria?*
Maior do que a guerra fria, maior do que o aquecimento global, maior do que qualquer gripe, A, B, C ou D. Acho que o Facebook é a grande ameaça à humanidade. A sério que acho. Palavra de honra. Tenho tido discussões épicas com amigos e amigas meus, que estão todos no Facebook. Acho que aquilo é a negação do que resta: a capacidade de nós, humanos, nos entendermos, nos olharmos, nos tocarmos, nos conhecermos, nos encontrarmos.

*Não há uma certa hipérbole nessa sua declaração apocalíptica?*
Não, não há. Eu acho mesmo o Facebook uma ameaça à humanidade. É uma coisa terrível. Qualquer dia vocês vão ser todos contaminados pelo Facebook. Levam com um vírus ou qualquer coisa. Fica o mundo sem amigos e eu sozinho [gargalhada].

*Sente-se um misantropo?*
Não, de todo.

*Às vezes é caracterizado assim.*

Mas isso é... Sei lá. Olhe, deve ser porque não estou no Facebook. Portanto, acham que eu não sou acessível. As pessoas presumem muito sobre quem não conhecem. E quanto mais presumem e mais dizem que sabem sobre mim, mais interessantes se acham.

Julho de 2009

# MIA
# COUTO

NÃO QUERO QUE A ESCRITA TOME CONTA DE MIM.
FICAVA LOUCO

*Em cima da mesa tem o computador portátil e no bolso traz o caderninho de apontamentos. Os instrumentos para guardar as ideias que vão surgindo estão sempre por perto. Mia Couto acredita nas virtudes do esquecimento, como adiante se verá, mas já há muito descobriu que há pequenos relâmpagos que têm de ser guardados para não se perderem. É a partir deles que escreve os seus livros. Agora, tentando cada vez mais fugir à facilidade que tem de brincar com as palavras. Tentando esquecer, na medida do possível, a imagem que criou de si próprio enquanto escritor.*

*Que virtudes encontra no esquecimento?*
O esquecimento é como se fosse a página onde nós escrevemos. O lugar em branco dessa página onde escrevemos o presente é criado pelo esquecimento. Mas é sempre um falso esquecimento, não existe um esquecimento verdadeiro. O esquecimento é tão construído como a própria lembrança. É o outro lado que fica inacessível.

*Perguntei-lhe isto porque a necessidade de esquecer tem sido uma ideia recorrente em vários livros seus.*
Sim, eu sou alimentado por aquilo que é um processo de amnésia colectiva que agora atravessa a sociedade moçambicana. É um

esquecimento que se adoptou como solução para escapar de um tempo, de uma memória.

*A memória da guerra?*
Sim. Se visitar agora Moçambique, ninguém se lembra de nada. Não aconteceu nada. Foram dezasseis anos de guerra, talvez das guerras mais cruéis que se podem imaginar, morreu um milhão de pessoas e não aconteceu nada. Não existe registo nenhum. Ninguém se quer lembrar. Há ali um enterro daquilo que foi.

*Isso corresponde às situações de amnésia por que passam as pessoas que viveram uma situação traumática?*
É uma mistura de economia de sofrimento com um processo de sabedoria. Porque se percebe que as raízes desse conflito ainda não estão completamente resolvidas. Há ali tensões que não vale a pena despertar. Portanto, vamos deixar os demónios dentro da caixa. A estratégia é essa.

*O seu último livro abre com uma epígrafe onde se fala do desejo de esquecer como o mais violento e mais cego dos desejos humanos. De onde é que vem essa frase do Herman Hesse?*
Não sei. Apanhei essa frase já em estado de citação. Pareceu-me que era uma boa maneira de abrir esta história.

*Acredita realmente que o desejo de esquecer é mais forte que a pulsão da memória?*
No fundo são a mesma coisa. O processo que leva a escolher, a seleccionar aquilo que sobrevive e aquilo que deve ser apagado é o mesmo. É um processo ficcional. Porque o que se escolhe nunca é exactamente verdade. As coisas nunca se passaram exactamente assim.

*É sempre uma elaboração sobre os factos?*
É uma elaboração. Tal e qual como o relato de um sonho é sempre uma elaboração. Ninguém se lembra exactamente do que sonhou porque isso implicava falar a língua dos sonhos e ninguém fala a língua dos sonhos. Quando fazemos esta tradução, temos de colocar aquilo numa outra ordem, numa outra lógica.

*Já no romance* O Outro Pé da Sereia, *o barbeiro dizia que "é preciso esquecer para ter passado". É o mesmo processo?*
Exactamente o mesmo processo. Quer seja em termos colectivos (a memória de uma nação), quer se trate da memória individual, ela é feita sempre deste processo de reelaboração ficcional, digamos assim. Nesse sentido, somos todos escritores, quando reescrevemos o nosso passado. A acção, com o tempo, transformou-se numa coisa cada vez mais difícil. Quanto menos nos podemos rever no presente, mais somos atirados para o passado. O passado surge com uma grande urgência, para termos algum tempo que seja nosso. Mas depois percebemos que esse passado é uma coisa que ou não está lá ou é uma mentira, uma invenção.

*O que me parece curioso e invulgar é o facto de o Mia pôr o acento tónico no esquecimento quando normalmente os criadores põem o acento tónico na memória.*
Eu vivi este processo de uma maneira intensa. Esta habilidade de esquecer foi notável. Foi uma das coisas que mais me tocaram em toda a minha vida. Este consenso silencioso de uma sociedade inteira, sem nunca trocar opinião sobre isso, como se fosse uma coisa decidida à partida. Parecia-me tão invulgar, tão fantástico, que só podia entender isso percebendo que era a reiteração de um processo antigo. Quando vou à procura, por exemplo,

de memórias da escravatura ou de guerras anteriores, percebo que ocorreu o mesmo processo. Portanto, há aqui uma coisa que está inscrita naquilo que é a cultura de lidar com o tempo.

*A amnésia.*
A amnésia como estratégia de suportar o próprio tempo.

*Isso pode ser visto como o Mia o vê, como algo de sábio, mas também se pode argumentar que guardar os demónios dentro de uma caixa é algo de muito perigoso.*
É sempre muito perigoso. E acho que estamos a pagar o preço disso. Quando esse tempo é votado a este esquecimento, isso não nos ajuda a construir aquilo que podemos querer que sejam os nossos mitos fundadores como nação, como gente, como povo. Com esta ausência, com este vazio, estamos sempre a começar. Mas também há aqui uma conta que se faz: estamos convivendo com um presente cheio de surpresas que não podemos dominar e temos de ter a habilidade de ser qualquer coisa, de ser outros. Quanto menos trouxermos do passado alguma coisa que nos obrigue a sermos quem já fomos, melhor, mais disponíveis estamos. Os moçambicanos estão disponíveis a serem qualquer coisa na modernidade e abraçam isso com uma facilidade enorme.

*É como um viajante com mais mobilidade por viajar menos carregado.*
Ele não traz a mochila do passado. Está na estrada à espera do que possa acontecer que o convide a ser qualquer outra coisa. É essa disponibilidade que está ali presente.

*Este processo de amnésia também aconteceu no seu caso pessoal?*
Aprendi a perceber que isso que nos é entregue como o nosso retrato, o retrato de quem já fomos, não pode ser levado a sério. Porque senão, eu não teria também essa mobilidade de que falamos no sentido colectivo e que me apetece ter. Tive de viajar numa coisa que era a minha herança portuguesa, europeia, para poder abraçar outras identidades e não fazer isto só como uma visita turística por outras identidades.

*Pôs de parte muita coisa do seu próprio passado?*
Não. Entendi que tinha de lidar com isso como com um livro: uma coisa que foi construída, elaborada. Os meus pais construíram para mim e para os meus irmãos uma família ficcionada. Não existiam avós que me poderiam marcar fazendo essa descrição emocional e afectiva. Não tínhamos a presença de primos, de tios, essa presença familiar que cria o vínculo com o passado. Até com um certo sentimento de eternidade. Os meus pais contavam histórias. A minha mãe é uma grande contadora de histórias, sempre de um modo diferente. O tio Abílio era sempre uma pessoa nova e aquilo tinha muita graça e nós percebíamos que a nossa família estava sendo construída. Os meus pais eram eles próprios os avós, eram os tios. O lugar onde eu nasci também era um bocado ficcionado.

*Nasceu na cidade da Beira.*
A Beira era uma cidade africana, digamos assim. Mas que sonhava ser Europa, ser Portugal, ser uma grande cidade. Vivia quase em estado de ficção. Foi construída num território proibido, num pântano. O mar entrava todos os dias por ali dentro e de repente não sabíamos sequer se tínhamos chão. Isso ajudou-me a ver na ficção uma coisa tão real como as grandes famílias, a pátria, o

território. No fundo, a única coisa que tenho como real é a casa. A casa, sim.

*A casa da sua infância?*
A casa da minha infância, essa sim. É como se fosse a minha pátria.

*Ainda existe essa sua pátria na Beira?*
Fui lá rever. É uma coisa muito curiosa porque fui lá com medo. Passaram-se vinte anos e eu sabia que tinha de fazer aquela excursão.

*A chamada "romagem de saudade".*
Sim. Da qual saímos sempre a perder. Nunca há hipótese de sair a ganhar. Mas fui lá e quando cheguei a casa era um destroço. Eram só ruínas.

*Isso afectou a sua memória dela?*
Tive que fazer ali um jogo. Realmente aquilo foi um choque. Fiquei quase arrependido: porque é que vim? Depois tentei saber quem era o dono da casa. Ele não estava. Dei a volta e fui para o pátio traseiro. Estavam lá uns meninos a brincar. Curiosamente brincavam a algumas das brincadeiras a que eu também brinquei naquele pátio. Os mesmos jogos com os mesmos nomes. Aquele momento salvou-me. Pensei: "A casa não é exactamente o que está ali. É esta relação com o tempo." Essa casa que está dentro de mim nunca ficará em ruínas. Salvei-me por causa desse jogo infantil.

*Lembra-se do momento em que tomou consciência de que era moçambicano e não exactamente um colono de segunda geração?*
Não sei se foi um momento. Houve momentos em que me confrontei com esta coisa de... "Quem sou eu?"

*Questões com que, em vários dos seus livros, inclusive no último, as suas personagens se confrontam também.*
Sim, sobre a identidade. Acho que nunca coloquei em causa que era parte de Moçambique. O facto de ser moçambicano branco colocava-me algumas questões de quanto por inteiro eu pertencia àquele lugar. Se podia casar com um lado mais íntimo, mais sagrado daquele território. Várias vezes me confrontei e pensei: "Há aqui portas em que não posso entrar."

*Ainda se mantém esse interdito nalgumas dessas portas?*
Nalgumas portas não posso entrar mesmo. Não é por decisão das outras pessoas, mas porque os meus mortos não estão ali. É uma sociedade que define o que é ou não é próprio. Um lugar é dos Vaz Marques, vamos chamar-lhe assim, porque os seus antepassados estão lá enterrados. Portanto, há ali uma relação com a terra, com o lado divino, a que eu não tenho acesso.

*Sente falta dessa relação ou integra isso como algo de natural e sem drama?*
Sinto falta e já senti como drama, com tristeza. Mas agora não. Sinto falta como de qualquer coisa que sei que é um mundo que não posso visitar completamente.

*Houve algum drama familiar na sua decisão de se envolver com a Frelimo?*
Não. Só houve quando decidi abandonar os estudos da universidade por causa dessa opção.

*Já estava em Medicina.*
Estava em Medicina. Quando entrei em Medicina, a Frelimo me contactou e pediu-me para... o termo usado era "infiltrar" os

órgãos de informação. Portanto, eu iria deixar de estudar. Ou pelo menos estudar só como disfarce. Aí, foi preciso falar com os meus pais. Mas apesar de tudo eles aceitaram. Foram contactados por alguém da Frelimo que negociou que a interrupção do curso era só de um ano e que depois eu retomava. Mas a minha educação na infância já foi para que, se eu não fosse da Frelimo, viesse a ser pelo menos simpatizante da causa da libertação.

*Os seus pais sentiam-se, eles próprios, moçambicanos?*
Os meus pais sentiam-se a favor da luta pela independência, mas não se sentiam moçambicanos. Sentiram-se sempre portugueses, com saudades de Portugal, mas com um amor profundo por aquele território. Eles têm agora oitenta e tal anos e penso que vão acabar a sua vida lá [*em Moçambique*]. São pessoas que estão repartidas entre dois mundos.

*Perguntei-lhe se houve drama porque, apesar de tudo, integrar a Frelimo implicava uma ruptura, nem que fosse simbólica, com o país dos seus pais. Isso não deve ser fácil de gerir, emocionalmente.*
Não, porque em minha casa ouvíamos, por exemplo, a rádio da Frelimo, por decisão do meu pai. Ele próprio nos dizia: "Se eu fosse mais novo, fugia, ia para o outro lado." O outro lado era a Tanzânia. Acho que há aqui uma generosidade a que eu nem sequer dou o devido valor. Eles sabiam que estavam a criar três filhos para serem de um outro território, de um outro mundo.

*Estavam a oferecer filhos.*
Estavam a oferecer filhos a um outro país que eles amavam. Era a consequência lógica da opção que tomaram.

*Foi a Frelimo que o desviou da Medicina?*
Foi a Frelimo. Depois veio o jornalismo. Mas o jornalismo por causa da Frelimo. Aprendi a gostar de ser jornalista e aprendi a gostar de ser outras coisas, a gostar de escrever, de trabalhar com teatro. Quando decidi regressar à universidade, era para Medicina que ia, mas tive que repensar aquilo tudo. Reinscrevi-me em Medicina e mandaram-me refazer as cadeiras de Anatomia, que eram um pesadelo. Disseram-me que era por causa da revolução e eu perguntei: "Mas com a revolução o corpo humano mudou?" [*Risos*] Disseram que não, mas que os métodos tinham mudado. Foi aí que decidi ir para Biologia, ajudado também pelo facto de estar casado com uma médica e por saber que, com a medicina, não tinha tanto espaço para fazer outras coisas.

*Fez o curso lá?*
Sim, em 85.

*Li que para passar de simpatizante a militante da Frelimo teve que passar numa prova.*
Havia uma prova, sim. A chamada "narração de sofrimento".

*Que sofrimento é que narrou nessa prova de admissão?*
Eu não tinha grande sofrimento. [*Risos*] Aquilo significava que havia uma selecção. Era um partido que não queria simplesmente recrutar e angariar só para efeitos de popularidade. Todo o militante tinha de passar por essa prova dupla: no seu emprego e no seu lugar de residência. Assisti a várias. Vi gente que tinha sofrido miséria, tinha sido presa. Eu tinha tido uma vida boa, nunca tinha sofrido por aí além. Então disse: "Eu sofro de outra maneira, sofro porque sonho com uma coisa a que não posso

pertencer, esta coisa da causa; sonho que podia andar lá a combater" (tinha a imagem idílica do Che Guevara, uma coisa muito adolescente); "sofro por ver os outros sofrer, por ver casos de racismo, que me explicaram". O retrato do que era a sociedade colonial estava ali sem máscaras.

*Sofreu quando não o autorizaram a integrar a luta armada?*
Sim. Este processo acontece já depois do 25 de Abril. Eu tinha ligação com a Frelimo na clandestinidade, antes. É isso que me faz entrar num órgão de informação. Entrei para o jornalismo antes do 25 de Abril.

*Militante, só depois?*
Formal mesmo, só depois.

*Depois da independência ou ainda antes?*
Ainda antes, logo a seguir ao 25 de Abril.

*Portanto, já esteve como militante no Estádio da Machava [*na cerimónia da declaração de independência*].*
Sim. Já tinha cartão e tudo. Antes tinha tido colegas meus que tinham fugido para integrar o exército de libertação e tinha notícia de que indivíduos brancos e mulatos não podiam pegar em armas.

*Por haver uma desconfiança da Frelimo em relação aos brancos e mulatos?*
Basicamente era isso. Havia uma linha mais racista dentro da Frelimo que dizia: "Eh pá, esses tipos não!" Havia a linha aberta do Samora Machel que dizia: "Não há raça, todos os moçambicanos merecem a mesma confiança." Mas a solução de equilíbrio era

assim: "Estes tipos merecem confiança mas, quando tiverem que disparar com uma arma sobre um primo ou um tio, o que é que vão fazer?"

*Essa questão algum dia lhe passou pela cabeça?*
Passou, porque eu recebia em minha casa primos que não conhecia e que vinham parar ao exército colonial português. Passavam dias em minha casa. Eu sonhava que ia passar a fronteira e pegar em armas e isso atravessou-me o espírito como um drama.

*E resolveu esse drama na sua cabeça?*
Não, porque felizmente nunca tive que pegar em arma nenhuma. Seria um desastre.

*Essa desconfiança em relação aos brancos correspondia, no fundo, a uma situação de racismo oficial dentro da Frelimo.*
Sim, exactamente. O MPLA, em Angola, nunca o teve tão abertamente. Também havia racistas no MPLA, mas nunca tiveram peso suficiente para obrigar a fazer uma concessão dessas.

*Como é que conviveu com isso?*
De uma maneira muito má. Foi um primeiro choque que eu tive. Nunca pensei que houvesse essa exclusão: nós podermos ser militantes mas não por inteiro.

*A sua narração do sofrimento poderia ter tido isso como matéria.*
Na altura não evoquei isso. Falei sobre o passado que era o que se falava...

*Ainda há marcas dessa matriz racista na sociedade moçambicana.*

Há, mas muito poucas. Estes trinta anos em que a Frelimo esteve no poder – e penso que ainda estará por um tempo – produziram um resultado notável: a ideia de que Moçambique é um país que está aberto e que é composto por um mosaico de gente, por culturas diferentes. A Frelimo deixou isso bem marcado. Era uma coisa que estava nas canções, estava nas mensagens, na maneira como eram nomeados os quadros.

*A ideia de uma nação multirracial.*
Sim. Agora, não se resolveu por completo. Também não conheço nenhum país do mundo que o tenha resolvido. No meu quotidiano, esqueço que tenho raça. Mas de vez em quando, muito raramente, tropeço nisso. Alguém me faz tropeçar nela.

*Alguém lho lembra?*
Sim. "Atenção, que tu tens raça e tens aquela raça que é a de um passado que não se quer."

*Isso acontece ao nível do poder ou a um nível popular?*
A nível popular, quase nunca. É lembrado quando há uma porta estreita e só pode passar um. Imagine: é preciso escolher um representante da cultura ou da literatura. Pensa-se duas vezes se não é melhor encontrar um outro.

*A instrumentalização dessas diferenças raciais para fins políticos – como tem acontecido no Zimbabué – seria possível que viesse a acontecer também em Moçambique? Há uma tensão latente?*
Não há. A nossa história é bem diferente. Há todos os motivos para pensar que isso é inviável. Mas é preciso estar atento. No Zimbabué, há dez anos também se pensaria que isso era completamente

improvável. Esta coisa de um dirigente estar a perder poder e recorrer a algo que era completamente impensável, por que razão poderia acontecer com Moçambique?

*De repente, soltarem-se os fantasmas.*
Pode ser a raça, a tribo, a região. As maiores tensões em Moçambique não são tanto da raça – porque os brancos moçambicanos representam 0,01 por cento e detêm muito pouco do que hoje é a economia. Os centros da economia não estão com eles. A terra não está com eles.

*A terra ainda está com o Estado.*
A terra é do Estado, mas de uma maneira encoberta, tem propriedade privada. Embora isso seja ilegal. Sabe-se que há donos da terra. A terra compra-se e vende-se a um nível oculto. Mas os grandes proprietários são outros. É gente, às vezes, ligada ao poder também.

*De que modo aquilo que o Mia escreve foi marcado pelo facto de ser proveniente de uma minoria étnica no seu país?*
Foi marcado não só por ser minoria. Li qualquer coisa sobre o facto de os escritores que têm uma certa dimensão serem resultado de migrações. Há ali uma espécie de ferida de orfandade, digamos assim. Há qualquer coisa que faz ir em busca da origem, da minha história, etc. Há uma porta que está ali e que é a escrita: a literatura.

*Sente que essa orfandade foi um motor para a sua escrita?*
Escrevemos para resolver qualquer coisa que é uma carência interior, sim. É muito comum ser o facto de estarmos órfãos da nossa própria infância. Não propriamente dessa deslocação de

território. Estamos à procura de um outro tempo, que vivemos como um paraíso, com uma espécie de plenitude. O que no meu caso também acontece. A minha pátria é a minha infância. Tive uma infância plena, feliz, absoluta. Mais do que ser filho de imigrantes, sou filho dessa infância.

*O facto de pertencer à tal minoria gerou equívocos, alguns até divertidos, como o facto de o confundirem mais do que uma vez com uma mulher negra.*
Sim, aconteceu-me.

*Hoje, sendo mais conhecido, imagino que já não haverá tantos episódios desses.*
Parece incrível mas ainda acontece. As edições francesas dos meus livros não têm fotografia. Um professor congolês de Literatura chegou a Maputo, telefonou-me e disse-me: "Ainda bem que o encontro, quero falar consigo, porque uso os seus livros como um exemplo de um escritor africano que vai buscar às suas raízes africanas a carga dos seus antepassados." Ele disse aquilo de tal maneira que não tive coragem de o contrariar.

*Ao telefone.*
Ao telefone. Mas ele disse: "Agora vamos encontrar-nos." E eu não lhe consegui dizer. Perguntei qual era o hotel, como é que o senhor estava vestido, demorei um bocadinho e ele voltou a telefonar e disse-me: "Entretanto fiz um telefonema e sei que o senhor não é exactamente das tribos mais representativas de África." Quando me encontrei com ele, ainda não estava convencido. Devia haver algum antepassado de que eu não me lembrava. Perguntava-me se eu sabia a história dos meus antepassados todos. Eu disse que não

mas que nunca tinha havido África na minha família. E ele: "Não, não, há alguém e é do Congo, porque há aqui coisas que têm a ver com o que o meu avô e o meu bisavô me contavam."

*Isso é engraçado porque remete para o facto de as pessoas quererem muitas vezes encaixar as coisas num clichê. Isso perturba-o?*
A mim diverte-me. Esses equívocos são uma prova do que é a minha própria vida. Lembrei-me agora de outro caso contado pela professora brasileira de Literatura Laura Padilha. Ela estava com o pai, negro, muito velho, acamado, e leu-lhe uns contos meus. E o senhor disse: "Esse homem é um velho negro da África, muito velho, porque o meu avô contava-me histórias que eram parecidas com estas." A filha disse-lhe: "Não, este é um branco e na altura era moço." Mas ele insistia: "Não, ele ouviu isso em algum lado." Estas coisas, para mim, são como prémios. No sentido em que é possível atravessar e contrariar esses estereótipos de quem é quem.

*A história mais divertida é aquela dos vestidos que lhe foram oferecidos pelas autoridades cubanas.*
Essa é assim: eu vou para Cuba, como jornalista, e recebemos, todos nós, caixas com prendas. Estávamos no tempo da guerra, não havia nada, e eu estava ansioso por abrir a caixa. Quando cheguei a Moçambique, abri e eram vestidos e brincos.

*Ainda guarda isso?*
Dei à minha mulher. Mas já foi há muito tempo.

*Como é que reagiu: com espanto, com sentido de humor, com irritação?*
Diverti-me logo. Rimo-nos todos, lá em casa. Uma vez, aqui no Porto, fui convidado para uma conferência e ficámos numa casa de

hóspedes. Uma coisa de luxo. Vi que o homem da recepção, quando me viu, ficou atrapalhado e que dava ordens para desfazer qualquer coisa. Tinham-me preparado o quarto cor-de-rosa. [*Risos*]

*Ainda existe o biólogo Mia Couto?*
Ah, sim. Com cartão-de-visita e tudo.

*O seu cartão-de-visita diz "biólogo"?*
Sim, não diz "escritor". Esse improdutivo está expulso.

*Mas o seu dia-a-dia é consumido pelo trabalho de biólogo?*
É. Em termos de número de horas, sim. Entro de manhã, às oito da manhã, e saio às seis da tarde, sendo só biólogo. À noite, então, sou escritor. Sou um escritor nocturno e de insónias.

*Nunca pôs a hipótese de ser escritor a tempo inteiro?*
Não. Não quero.

*Porque gosta tanto da biologia que não consegue largá-la ou porque não quer que a escrita se torne profissão?*
Há várias razões. A escrita é uma paixão enorme. É uma vertigem. Eu não quero que ela tome conta de mim. Não quero levá-la muito a sério. Ficava louco. Gosto muito de trabalhar em equipa, com pessoas. Gosto de produzir, de ver resultados das coisas feitas em equipa. Isso é uma coisa de que não quero abdicar.

*O que é que faz enquanto biólogo?*
Estudos de impacto ambiental. Fazemos alguma pesquisa para planos de gestão de reservas e parques, áreas de conservação em Moçambique.

*O que é que está a fazer neste momento?*
Estou a fazer o estudo sobre uma barragem, a barragem de Mphanda Nkuwa, no Zambeze, a 60 quilómetros da de Cahora Bassa. Está-se a pensar se é viável ou não. Isto implica falar com pessoas, pensar o reassentamento desta gente que vive naquilo que é a área de inundação. Implica ver as consequências na vegetação, na fauna, etc. É um trabalho de que gosto. Há ali também uma oportunidade, como escritor, para falar com gente e recolher histórias. Essa divisão não é muito clara: quando estou a ser biólogo, quando sou escritor. Há umas interferências que se alimentam reciprocamente.

*Esse trabalho permite-lhe ir à procura das "vozes anoitecidas".*
Das vozes anoitecidas, sim. Eu estou sempre lá, sempre recebendo histórias, sempre nas zonas rurais, com gente. Vou mostrar-lhe uma coisa que só encontro porque faço isto da biologia. Quando acabei este último livro, fui fazer um documentário, um programa de televisão que se está a fazer sobre parques e reservas. Eu serei o condutor desta história. [*Abre o computador portátil e começa a mostrar-me fotos tiradas durante as gravações.*] Há aqui um rio e eu encontro este homem que está aqui. Chama-se Nguezi. Veja: usa brincos, colares. Na reserva disseram-me: "Há um gajo aí que é um caçador tradicional e, sempre que é preciso matar um elefante ou uma coisa assim mais perigosa, vai-se chamar este senhor, porque ele sonha com o espírito dos animais. Primeiro faz uma triagem para saber se aquilo é um animal verdadeiro ou não. Depois, ele está blindado: nunca um animal lhe pode fazer mal." Eu disse logo que queria falar com este fulano. Vamos lá com as câmaras de televisão e ele diz-me: "Eu não falo português, não quero dar entrevista nenhuma, não sei quem vocês são." Estava sentado numa esteira com um facão, uma

catana, a fazer uma cesta de vime. É uma das coisas que eu ponho o Silvestre [*personagem de* Jesusalém] a fazer. Portanto, eu reencontrei a minha personagem. Este tipo vive absolutamente fora do mundo. Tem de se andar horas para se chegar ao sítio onde está a família dele. O tipo diz-me: "Não faço." E eu despeço-me: "Muito prazer." Falei em português, embora ele dissesse que não falava português. Disse-lhe: "Faz muito bem, eu também não dava entrevistas a um tipo que aparecesse assim em minha casa." Ele olhou para mim pela primeira vez e perguntou aos outros quem era eu. Disseram-lhe que eu contava histórias, que escrevia. Aí, qualquer coisa mudou nele. Disse para eu voltar no dia seguinte e que me ia mostrar um sítio que só ele conhecia chamado "A Gruta das Hienas", onde nascem as hienas. Fui lá buscá-lo de carro no dia seguinte e ele não queria entrar no carro. Porque estes fulanos que têm espíritos de animais não entram em carros. Tive de fazer toda uma história, abrir os vidros todos. Ele foi de olhos fechados, dentro do carro, com uma arma. De repente estremece e diz: "É aqui." Sai do carro e começa a conduzir-me pelo mato. Vai mostrando pegadas de animais. O mato estava muito fechado e ele disse: "Dê-me uma catana e eu amanhã já tenho isto pronto para vos levar ao sítio." O homem já tem uma certa idade e eu disse que ele não ia ficar ali de noite com a catana: "Venha jantar connosco." Ele perguntou: "Há vinho português?" E eu disse que sim. Este homem nunca foi à cidade. Chegou próximo e nunca quis entrar porque diz que viu que ali quem mandava era o dinheiro.

*É o Silvestre Vitalício [*no romance *Jesusalém*, Silvestre isola-se do mundo com os filhos*]*.

É o Silvestre Vitalício. Mas não é só. Quando, à noite, lhe perguntei se no dia seguinte íamos ver os animais, ele respondeu-me:

"Você não percebeu que eu sou cego, que quase não vejo?" Perguntei como era possível. Ele tinha-nos mostrado o mato e as pegadas. E ele: "Mas não era eu que estava a ver; quando estou assim, alguém vê pelos meus olhos." Ele confiou em mim, pediu-me para o levar à cidade mas tinha de ser eu: "Você é um amigo." Vou levá-lo ao hospital para que ele seja consultado porque há muito tempo atrás ele disparou e a pólvora veio-lhe para os olhos. No fim de *Jesusalém*, o Mwanito [*filho de Silvestre Vitalício*] diz: "Eu tenho cegueira." E o irmão diz: "Não, não pode ser, como é que você escreveu tudo isso sem ver?" Era a pergunta que eu estava a fazer a este homem. E no livro ele diz: "Deixo de ser cego apenas quando escrevo." Para este fulano, andar no mato e ver as pegadas era o seu modo de escrever. Isto marcou-me muito porque já estava tudo escrito e no fundo vim a descobrir que o tipo existe, não é?

*Quer dizer, o seu livro teve algo de premonitório. Não foi esta história que viveu que o levou à sua história.*
Não. O livro já estava acabado. Eu cheguei a Maputo e pensei: "Isto tudo está na minha história." Fui procurar exactamente como é que tinha escrito.

*Como é que o Mia, biólogo, cientista, convive com este lado mágico, da superstição africana?*
É porque eu sou muito mau cientista. Como cientista, devia ser chumbado e reprovado. Devia-me ser retirada a carteira. O critério para mim é saber se mexe comigo. Se tem beleza, se desarruma alguma coisa, há outra verdade que está ali. É uma das várias janelas que quero abrir para entrar luz, para ver o mundo. Mas não é uma crença total. Se eu quiser pegar no meu lado de cientista, digo que já estou sensibilizado. Isto aconteceu como acontece um

leque de coisas a toda a gente do mundo e eu escolhi estas. Fui marcado por estas porque as escolhi. Como se fosse uma memória às avessas. Mas não sei se isto me satisfaz. Prefiro deixar em aberto a explicação.

*Mas há conflito em si entre essas duas racionalidades?*
Há, de vez em quando. Mas eu sei resolver isso dentro de mim. Aqui, por exemplo, posso fazer apelo para uma ideia de um tempo circular em que se calhar eu já dei uma volta e este senhor também. Aqui, a negação da ideia de linearidade do tempo pode ajudar a resolver. Mas nem quero assim tanto resolver. Fico feliz com essas vozes múltiplas, que não têm de ser classificadas.

*A percepção que, na Europa, se tem de África e desses aspectos africanos parece-lhe uma percepção correcta ou distorcida?*
Quase sempre distorcida. Quase sempre folclórica e exótica. Quase sempre como prova de uma coisa mais ou menos primitiva, de um pensamento mágico que já houve há milénios na Europa mas que, entretanto, foi um assunto que já se resolveu aqui. Não como uma ideia de que esse tipo de racionalidade afinal está presente em todos e é só uma questão de graduação. Os europeus têm ainda dentro deles, residindo, o mesmo pensamento mágico que faz com que ir a Fátima de joelhos possa resolver. Esse tipo de coisas em relação às quais não quero reproduzir o mesmo tipo de preconceito que os europeus cometem quando falam sobre as coisas primitivas de África.

*O poder moçambicano lê os seus livros?*
Acho que uma parte sim. Tenho sinais de que sim.

*Sinais de incomodidade?*
Há gente do poder que tem uma atitude simpática e que me congratula. Mas há outros que preferem a distância: não aconteceu nada, ninguém fez nada. Há uma reacção que me parece inteligente do ponto de vista da estratégia do poder: isto circula pouco, se fosse teatro ou se o que eu dissesse tivesse mais circulação, provavelmente a reacção não seria tão amorfa. Assim: "Deixa passar." Também é preciso dizer que ali já existe uma democracia, uma modernidade, uma atitude civilizada em relação a estas coisas. Isso foi sendo construído nos últimos anos. É preciso dizer isso.

*Fiz-lhe esta pergunta porque, apesar de termos começado por falar de esquecimento, há no seu último romance uma passagem em que o Mia Couto faz questão de lembrar o caso do jornalista Carlos Cardoso, assassinado depois de ter feito denúncias de corrupção. Foi uma forma, neste caso, de tentar combater o esquecimento?*
Foi, sim. Sem dúvida. Não foi uma coisa que eu tivesse planeado: "Agora vou meter por aqui esse tipo de recordação amarga." Mas, nesse confronto que esta família da história faz com a cidade, houve coisas que eu quis que fossem impossíveis de esquecer, que não fossem sujeitas ao mesmo processo de ocultação.

*Foi por isso que lhe perguntei se é lido pela classe dirigente, porque imagino que isto pode eventualmente tocar um ou outro responsável político.*
Toca. Mas, se olhar para o conjunto, a atitude é moderna, civilizada. Perante o caso Carlos Cardoso, Moçambique fez algo que me parece surpreendente: uma parte dos culpados foi encontrada e foi julgada. Foi feito um julgamento público.

*Mas chegou-se ao topo da pirâmide?*
Não. Não sei se se vai chegar alguma vez, por… por coisas que não posso dizer aqui. [*Risos*] Porque há ali uma negociação de silêncios que posso até dizer que entendo como politicamente necessários.

*Outra vez a tal virtude do esquecimento?*
A virtude do esquecimento… Eu contra mim falo, contra toda a luta para que se encontrassem os verdadeiros culpados do assassinato do Carlos Cardoso. Hoje continuo a militar por isso, se é preciso, mas também entendo que o assunto não é tão simples assim, tão fácil assim.

*O Mia Couto sente-se um símbolo de Moçambique no exterior?*
Eu não quero. Eu recuso muito esta ideia de que possa representar outra coisa que não seja eu próprio. Mas…

*Mas já representa.*
O ponto é esse. Como é que me vêem a mim. Como me olham. Aí não posso fugir e até o faço com orgulho e com gosto.

*Sente-se confortável nesse papel?*
Não. Mas há aqui um conflito dentro de mim. Por um lado gosto, porque acho que há sítios onde eu chego e onde Moçambique não chegou de uma outra maneira. Sinto que esse papel pioneiro pela literatura é bonito. Não é uma coisa pessoal. É que, quando a literatura abre portas ao que não é esperado que chegue de África – um futebolista, um dançarino, um músico –, isso dá-me alguma vaidade e acho que é importante que, de África, cheguem sinais que estão para além desse estereótipo.

*Alguma vez pôs a hipótese de viver fora de Moçambique?*
Não.

*Mas eu lembro-me de uma entrevista sua, há quase dez anos, em que, justamente a propósito da questão da raça, dizia que havia uma sinalização tão presente do facto de ser branco que isso na altura o incomodava e em que referia a hipótese de ter de sair de Moçambique.*
A maneira como isso foi puxado para título foi um equívoco. Foi isolado do contexto em que a pergunta me estava a ser feita. O contexto era: se para a comunidade branca em Moçambique fosse impossível ficar, por causa do nível de agressão que fosse feito contra ela, se nessa hipótese eu admitiria sair do país. Eu disse que sim, evidentemente que sim.

*Portanto, só se se soltassem os tais fantasmas.*
Só se os demónios todos saírem cá para fora e for invivível estar em Moçambique.

*Nunca escreveu nada que não tivesse a ver com Moçambique. Porque não lhe interessa ou apenas porque não aconteceu?*
Não acontece. Este desejo de evasão, este confronto com o passado mal resolvido podem acontecer em qualquer lado, não é um assunto moçambicano. Mas o contexto é moçambicano. Acho que estou condenado. [*Risos*]

*Isso pode alterar-se se for por diante o projecto de escrever a peça de teatro sobre os últimos dias de Mugabe no poder, que tem planeada a meias como o José Eduardo Agualusa.*
Pode ser. Mas acho que nós nunca vamos fazer isso.

*Não começaram ainda a escrever?*
Não. Isso foi uma ideia e de repente já temos outras. Vivemos nesta coisa meio adolescente de que vamos fazer coisas que subvertam a ideia de que a escrita é individual e de que escrever a duas mãos é uma forma menor ou uma aventura pouco admitida.

*Mas a hipótese está posta de parte?*
Acho que começámos a pensar noutras coisas e esquecemos essa ideia. Eu já nem me lembrava disso, se o Carlos não me falasse agora.

*Faz muitos projectos que depois não leva por diante?*
Sim, faço muitos. Mas sei que há um momento em que uma coisa já não é um projecto, já é mais do que isso. Nesse momento, eu termino o que pensei.

*Já que falámos do Agualusa: aceita, para aquilo que escreve, a designação de "barroco tropical"?*
Aceito, sim. Ainda não li o livro dele, mas sei que não está a falar especificamente do romance.

*Não. Estou a falar do conceito, que até nem é do José Eduardo, é do poeta moçambicano Virgílio de Lemos.*
O Virgílio de Lemos enviou-me vários textos sobre isso. Não sei se é exactamente dele ou se ele o retomou de um outro. Mas aceito que no nosso lugar, nos trópicos, existe esta tentação do barroco, como qualquer coisa que é uma via também de mostrar ao outro que somos capazes de fazer uma coisa com a mesma elaboração, com o mesmo excesso. Embora eu recuse a ideia de que o tropical passe sempre por isso. Mas vejo como escrevem colegas meus, moçambicanos, e está sempre presente um certo nível barroco no

tratamento da linguagem. Na cabeça desses meus colegas ainda mora esse fantasma: eles, os europeus, têm de saber o que eu sou capaz de fazer.

*Neste seu último livro – e já no anterior – senti um esforço da sua parte para uma escrita mais directa.*
Sim. Talvez não mais directa, porque a elaboração poética que está aqui não é diferente dos outros...

*Refiro-me à escrita e não tanto à elaboração poética da história.*
Em termos daquilo que é o tratamento da linguagem, sim. Eu quero desamarrar-me dessa coisa que se criou de que sou um tipo que inventa umas palavras e faz umas brincadeiras linguísticas.

*Isso quer dizer que se quer afastar da tal matriz barroca?*
Quero afastar-me de qualquer categoria que me aprisione. Mesmo que reduza a expectativa de algumas pessoas que tinham essa relação com a minha escrita. Em primeiro lugar, tenho de ser verdadeiro comigo próprio e responder àquilo que é o meu grande desejo de me surpreender, de me questionar, de mudar, de fazer uma coisa sempre nova.

*É uma tentativa de renegar a sua herança literária de Luandino e Guimarães Rosa?*
Não, porque eu posso retomar quando quiser. Quero é ter primeiro uma relação comigo próprio e depois com os outros. Posso viajar por diferentes estilos, posso fazer a abordagem por via da poesia ou da não poesia, porque o que me interessa é ter esta ignorância profunda de que quando chego a um livro eu não sei o que vou escrever, como vou escrever. Esse não saber é que me apaixona.

*Quer ser uma espécie de Silvestre Vitalício inventando mundos novos em cada livro?*
Agora o Carlos apanhou-me na esquina. Quero sim, no sentido em que ele também queria esquecer-se de uma carga de passado, queria recomeçar. Mas quem não quer?

*Porque é que se cansou dessa referência frequente aos seus neologismos?*
Acho que havia ali uma tendência redutora. Havia uma ideia de que o fulano faz um artifício, é habilidoso, mas daí até ser escritor há um passo que não está presente.

*Sentia que o diminuíam ao apontarem-lhe essa particularidade?*
Não. Eu sentia isso também como um prémio. Eu era equiparado ao Luandino e ao Guimarães ou ao Manoel de Barros. Mas eles fazem sempre mais do que isso. Eles não são só gente que brinca com o idioma. São gente que diz coisas. Era isto que eu queria desarmadilhar. Mas também não lhe quero dar muita importância. Para mim, é uma questão comigo mesmo. Não quero autoplagiar-me, acomodar-me num estilo. Mesmo se eu agora me consolidar numa outra maneira de construção da linguagem, da narrativa, depois partirei para outra coisa e será sempre assim até deixar de escrever.

*Já não anda com o caderninho para tomar nota de novas palavras que lhe ocorram?*
Ando, ando, está aqui.

*Mas ainda tem a mesma função que tinha?*
Anoto as palavras, também. Depois, quero que elas surjam de uma maneira menos construída. Cheguei a um certo momento em que

pensei que, pior do que deixar de escrever, era escrever demasiadamente o mesmo livro. Que o livro fosse demasiado construído. É um confronto com a história sem a preocupação de a fazer bonita. Ela surge bonita, mas não a devo vestir demasiado.

*Tem aí alguma palavrinha que lhe tenha ocorrido recentemente e que tenha anotado?*
Uma palavra sozinha, acho que não. Tenho ideias [*folheia o caderno de capa vermelha e lê*]: "O moribundo pergunta quanto falta para morrer ou pergunta quanto tempo tenho para viver?"

*Depois, no momento da escrita, vai buscar ideias ao caderninho?*
Agora isto tem de se passar para o computador. Por exemplo, esta [*volta a ler do caderno que continuou a folhear*]: "O pai descobre que o filho está a escrever um livro e fica magoadíssimo. O filho sempre foi calado, porque é que agora está a escrever?, e pergunta: 'É isso que você faz?' E o filho diz: 'Eu sou um criador.' 'Não faz mais nada?' E o filho responde: 'Criar é tão absorvente que Deus não fez mais nada senão a criação.'" Eu sei que estou a preparar uma coisa, como se fosse uma ostra fazendo a pérola – não quer dizer que tenha o valor de pérola –, mas é como se fosse sendo construído em camadas. Uma cebola, digamos assim.

*Apesar de confessar que passou a ter uma má relação com a ideia de inventar palavras, não resistiu à ideia de inventar uma palavra nova para o título do seu último romance.*
Sim.

*É paradoxal.*
É verdade. [*Risos*] Eu tive dois títulos para este livro. O primeiro era *O Afinador de Silêncios* e depois usei um, que foi afinal o título que saiu no Brasil, e que é *Antes de Nascer o Mundo*.

*Porque é que o livro saiu no Brasil com outro título?*
Porque o editor brasileiro me avisou de que este título no Brasil podia ser apropriado para uma coisa que não era exactamente o que eu queria. As igrejas evangélicas no Brasil têm um peso enorme: Jesus salva e Jesus lava. Podia haver essa leitura. Pensei que ele podia ter razão e aceitei a autoridade que tem pelo facto de ser brasileiro.

*A minha questão era acerca do facto de, mais uma vez, não ter resistido ao neologismo.*
Não resisti mas não é exactamente por esse jogo subversivo. Foi porque me pareceu que quando, no final, quem está a escrever este livro entrega ao irmão este conjunto de textos e diz "Está aqui *Jesusalém*", pareceu-me que isso nomeava não apenas o território que, em delírio, o velho Silvestre já tinha nomeado, mas mostrava também que se esse território não era só da ordem da geografia. Era um território criado em ficção, em linguagem. Qualquer que fosse o nome dado ao lugar, eu tinha que voltar a esse nome.

*Já se deu conta de que em vários artigos da imprensa, em várias referências ao livro, o título tem aparecido trocado? Em vez de* Jesusalém, *aparece* Jerusalém.
Eu já contava com isso e, por isso, por via do Zeferino Coelho, falei com o Gonçalo M. Tavares, porque imaginei que, acontecesse o que acontecesse, haveria essa interferência. Ele divertiu-se com o assunto. Era sobretudo com ele que eu tinha que ter esse respeito.

*Foi um pedido de autorização para o título?*
Foi. Se o Gonçalo achasse mal, eu não publicava.

*Como é que reage agora ao ver o seu título assim trocado?*
Ao nível onde este título vai viver, nas pessoas que têm alguma relação com os meus livros, isso vai ao lugar. Aquele "s" vai entrar na calha.

*O ponto de partida para a história foi aquele mundo fora do mundo, inicial, ou foi a portuguesa que vai para África à procura do marido?*
A personagem que conduziu toda esta história foi Dordalma, que é uma personagem que não está presente a não ser de uma maneira fantasmagórica. Ela foi a primeira a existir. E existe porque eu li uma notícia de que, no reino da Suazilândia, uma mulher foi violada por todos os ocupantes de um autocarro. Claro que o livro não é sobre isto, mas ficou como uma violência com a qual eu não sabia conviver. Não era um facto isolado. É uma coisa que infelizmente é muito comum: esta violência contra a mulher, contra a criança.

*Isso foi o detonador?*
Foi. A Dordalma, para mim, era alguém exactamente como o nome. O nome também me ajuda a construir a personagem. Eu sabia que aquela mulher nunca teria corpo. Seria uma mulher que só existiria em alma e a alma dela só existiria enquanto dor. É ela que organiza toda esta história.

*O leitor entra no livro por aquela situação do grupo de homens que criam um território fora do mundo, à parte. Isso recordou-me a situação de* Terra Sonâmbula. *Ocorreu-lhe o paralelo?*
Não. Vejo agora que sim, que pode haver ali um paralelo, mas acho que a situação é diferente. Aquele menino e o velho que atravessam

a história da *Terra Sonâmbula* estão à procura de um mundo. Estão a fugir da guerra para procurarem um mundo de paz. É uma espécie de jogo de sobrevivência. A procura das memórias é essencial para os dois. Aqui é uma situação diferente: alguém que parte para lugar nenhum, quanto menos lugar for esse território, melhor para eles. E estão em ruptura com o passado.

*Nos dois casos, há uma situação de violência que faz com que um núcleo de pessoas se afaste do mundo. O narrador de* Jesusalém, *Mwanito, até foneticamente faz lembrar o Muidinga, de* Terra Sonâmbula. *Podem ser o mesmo menino?*
Não são. Este é muito mais eu do que o outro. Há coisas que têm paralelo, sim, porque são os dois que, por via da escrita, vão dar sentido à história, vão fechar a história.

*É engraçado que há pouco tenha dito que a sua pátria é a sua infância e é curioso que as crianças tenham um papel tão importante nalguns dos seus livros: isso corresponde obviamente a uma visão do mundo.*
Sim, uma visão em que aquela que nós achamos ser uma lógica menor, infantilizada – que é a lógica das crianças –, pode ter suficiente força e beleza. Também há aqui a vontade de contrariar essa coisa de que a sabedoria está com os velhos. Isso é muito forte em África. É um dos grandes estereótipos: quando morre um velho africano arde uma biblioteca, e etc.

*É um estereótipo que não corresponde a uma realidade?*
Todos os estereótipos traduzem alguma realidade. Escondem é que há outras verdades. Como, por exemplo, que neste momento as crianças que passaram pela escola transportam o universo da escrita e têm sabedorias que, ao perderem-se, são perdas tão graves como as

de quem mora na tradição. Esta ideia de que África só se reencontra na sabedoria tradicional é uma coisa gravemente perigosa. É perigosa porque parece ser um território, um continente, condenado a só se rever no passado. Sem direito à modernidade que são estes meninos que transportam a lógica da escrita, que são capazes de dar a volta e de se relembrarem e costurarem a tradição com o futuro.

*Sente-se especialmente próximo do mundo da infância?*
O Mwanito [*narrador do romance* Jesusalém], como um menino que viveu calado e a quem esse silêncio era elogiado na família – como qualquer coisa que não era simplesmente uma ameaça; havia ali não uma ausência mas um ninho de qualquer coisa que estava a ser fabricada –, lembra muito a minha infância. Eu era um miúdo calado e os meus pais até me chamavam "morcão", que é uma palavra aqui do norte de Portugal, da zona do Porto.

*Os seus pais são do norte?*
O meu pai é do Porto e a minha mãe é do Alto Douro. Chamavam-me "morcão" e eu pensei que esta palavra se dizia em todo o lado, mas acho que não. Acho que é uma coisa regional.

*Qual foi o livro mais importante para a sua carreira como escritor?*
Foi o *Grande Sertão: Veredas*, do Guimarães Rosa.

*Eu estava a perguntar-lhe por um livro seu.*
Foi *Terra Sonâmbula*, sem dúvida.

*Pelos prémios que obteve com ele?*
Não tanto. Por aquilo a que ele me obrigou. Foi um livro feito em delírio, contra uma guerra que naquele momento estava presente.

Eu pensei: hei-de escrever sobre esta guerra. Mas pensei que não era possível escrever sobre a guerra sem estar em paz. E foi muito curioso, porque comecei a escrever aquele livro e já estava a receber sinais de que a paz estava a acontecer algures, vinda até de fora de Moçambique.

Terra Sonâmbula *foi escolhido como um dos doze melhores romances africanos do século* XX. *Que importância tem uma distinção destas para si?*

Dessa gostei particularmente. Reconheço que estes critérios são sempre muito falíveis. Mas o facto de haver um júri africano, constituído por académicos africanos, que seleccionou esse livro foi uma coisa que me deu muito orgulho, muita vaidade.

*Foram mais importantes para a sua carreira de escritor os prémios que obteve com o* Terra Sonâmbula *ou o facto de ter conseguido editar o seu primeiro livro de ficção em Portugal?*

Foi a publicação em Portugal. Tinha de ser em Portugal, obviamente. Pela nossa história, esse foi o passo determinante. Nós continuamos a ter esta porta que é Portugal. O escritor de Angola, de Moçambique, da Guiné, de Cabo Verde, etc. percebe isso. Ninguém chega à língua inglesa ou francesa ou espanhola se não for por via desta placa giratória.

*Como é que as* Vozes Anoitecidas *foram publicadas em Portugal?*

Foi um acidente. Eu gosto muito desta história. O livrinho era tão feio, tão mal editado. A tipografia em Moçambique naquela altura era um desastre.

*Meados dos anos oitenta.*
Sim, saiu em 85, por aí. Viajou para Portugal e estava numa mesa com mais livros, onde a Maria Lúcia Lepecki – que fazia crítica literária, creio que no *Diário de Notícias* – focou o olhar dela naquele livro tão feio. Um livro tão pobre, tão desagradável, em termos de objecto, que ela disse: "Que horror, o que é esta coisa?" Pegou, começou a ler e depois publicou uma crítica no jornal. O Zeferino Coelho leu e assim começou tudo. É curioso como uma coisa começa assim pela negativa, não é?

*Foi o facto de o livro ser tão feio que lhe deu uma oportunidade.*
Acho que sim. [*Risos*]

*É a lei dos contrários a funcionar.*
Exactamente.

Outubro de 2009

# VALTER HUGO MÃE

ÀS VEZES PENSO PARA MIM PRÓPRIO:
SIM, EU ESTOU A TENTAR SALVAR O MUNDO

*Sente-se um homem do Norte e garante que deve mais de metade da sua calvície precoce às inúmeras situações em que lhe ligam com convites que são prontamente retirados quando explica que não vive na zona de Lisboa. Contudo, é no centro da capital que nos encontramos para uma tarde à conversa, em volta de dois chás, num hotel com vista para o Castelo de São Jorge. Valter – cujo próximo livro já não excluirá as maiúsculas mas que continua a assinar em letra pequena – tem andado num corrupio norte-sul, para a promoção do quarto romance que publicou,* A Máquina de Fazer Espanhóis *(Objectiva/Alfaguara), o primeiro numa editora multinacional. Embora lhe custe admiti-lo, já aceita a ideia de que é melhor romancista do que poeta. Ainda assim, é na poesia que está a génese de tudo o que escreve, até mesmo do título deste seu novo romance, retirado de um poema publicado num livro em que aparece nu na capa. Valter Hugo Mãe não tem medo de se expor.*

*A data de 16 de Março de 1996 diz-lhe alguma coisa?*
É a data em que eu devia ter morrido.

*Ainda se lembra, portanto, do poema em que a escreveu.*
Sim, porque é verdade. Esse poema, "Gordo e careca", alude à desgraça do amor. Está em sintonia com a ideia de que o amor

é para os heróis, como escrevo neste novo romance. Eu achava que, das duas uma, ou ia perecendo ingloriamente sem qualquer correspondência ou morreria no dia em que alguém me dissesse que me amava.

*A data corresponde a esse dia?*
Esse foi o dia.

*"devias morrer no dia dezoito de março de/mil novecentos e noventa e seis, como dizes que/vai acontecer, para que se acabe essa/imprecisa sentença que é a vida"*
Sim. Isso é também, em muito, a realidade de *A Máquina de Fazer Espanhóis*.

*Curiosamente, reparei que 1996 é também o ano da publicação do seu primeiro livro de poesia.*
Foi um ano de drásticas mudanças. Um ano em que muita coisa na minha vida se definiu ou se me explicou.

*Há um outro poema em que fala repetidamente de um "rapaz dotado de três mortes", um poema que não permite dúvidas sobre quem será esse rapaz porque tem por título "valter hugo mãe".*
É um auto-retrato. Ficcionei várias vezes a minha morte. A primeira, achei que aconteceria aos dezoito anos, porque eu achava que não transporia a barreira da idade adulta. A segunda, achava que aconteceria naquele particular, o que aconteceu aos meus vinte e quatro anos. E agora estou convencido de que não passo dos quarenta. Por isso ainda estou para esgotar a terceira morte.

*Esse convívio com a ideia de morte tornou-lhe mais fácil escrever sobre o lar de velhos que inventou para* A Máquina de Fazer Espanhóis*?*
Tornou, sim. Os meus livros factualmente nunca são autobiográficos mas, ao nível das energias, o que diz respeito à intensificação emotiva das personagens tem um pouco que ver com o facto de eu intensificar – se calhar demasiado ou mais do que seria esperado – os sentimentos. Intensifico as minhas emoções e vivo as coisas com uma componente espectacular que, para o bem ou para o mal, provoca em mim oscilações muito grandes.

*Isso não tem mudado com a experiência e com a idade?*
Não. Muito pelo contrário. Acho que as coisas me vão sensibilizando cada vez mais. Preciso de fundamentar a vida numa lógica de esperança. A vida, a existência, o facto de estarmos aqui só faz sentido numa premissa de optimismo, com a ideia de deixarmos o mundo melhor, de deixarmos alguém melhor. Tento que as minhas coisas, como cidadão e como alguém que inventa cidadãos, participem nessa melhoria. Às vezes penso para mim próprio: "Sim, eu estou a tentar salvar o mundo."

*Com os livros que escreve?*
Com os livros, com o respeito que tenho pelos outros, com o respeito que tenho pelo meio ambiente. Com a esperança que tenho nos outros, mais do que nessa abstracção que inventaram para pairar sobre as nossas cabeças chamada deus. Uma abstracção que, como diz a Adília Lopes, esperamos que um dia se transforme numa mulher-a-dias para vir cá limpar o lixo que vamos fazendo. Procuro essa utopia e, por ser uma utopia, sei que é algo que não vou encontrar.

*A espectacularidade para a qual diz ter uma certa propensão é causa ou consequência do facto de ser escritor?*
Acho que precisava de encontrar uma forma de expressão que me permitisse mostrar como percepciono o mundo. Como as mais pequenas coisas me podem criar no espírito as peripécias mais delirantes. Tendo uma vida substancialmente calada e, colocando-me quase sempre na posição de espectador ou de ouvinte, habituei-me a intensificar o volume das coisas. A ampliá-las. Como se pudesse ver as coisas através de uma lupa que transforma ínfimos pormenores em grandes batalhas e grandes vitórias. Os meus livros acusam isso, fazem-se disso: de gente que nunca seria óbvia num texto, numa aventura. A ideia é provocar no leitor uma compaixão tão grande pela personagem, que qualquer coisa que lhe possa acontecer, boa ou má, crie imediatamente no leitor uma alteração de espírito e uma reacção.

*O que procura é fazer o leitor participar das emoções das personagens?*
Procuro fazer com que o leitor se compadeça das personagens e que perceba que está a compadecer-se das pessoas. Que está, em última análise, a compadecer-se da pessoa que vai virar a esquina assim que ele levantar os olhos do livro.

*Acredita mesmo que há uma correspondência entre a arte e aquilo que faz parte da vida concreta, de todos os dias?*
Há uma correspondência estranha.

*Temos o exemplo já muito glosado dos torcionários nazis que se comoviam até às lágrimas a ouvir Chopin. Ainda assim, acredita...*
... que um livro pode servir para alguma coisa?

*Sim, podemos pôr as coisas nesses termos.*
Sim, ainda acredito nisso. E estou cada vez mais interessado nisso. Que um livro se possa colocar num patamar de utilidade. Que a arte participe, de facto, de uma espécie de enternecimento do indivíduo. De uma sensibilização do indivíduo.

*O exemplo paradoxal do nazi sensível não o faz vacilar nessa crença?*
Não.

*Não gera em si nenhum cepticismo?*
Sim, mas, enfim, eu não sou exactamente um céptico. Eu ainda acredito. Acho que não somos todos feitos da mesma maneira. Se alguém se compadecer, perante a leitura de um livro meu, ainda que numa percentagem ínfima, fiz a minha parte.

*A última palavra de* A Máquina de Fazer Espanhóis *é "angústia" e já explicou que foi a última palavra que o seu pai pronunciou.*
Foi a única palavra que ele disse – e apenas nesse momento – para definir o que sentia acerca do facto de estar doente. Desde que soube que tinha um cancro, durante três anos e meio, sempre fez tudo para estar excepcionalmente bem, para tomar conta de nós e nos suportar, até, na nossa dor. Essa última palavra foi o único modo de ele revelar algum desespero.

*Passando para o plano do romance, o que senti foi que nele não se atinge a tão desejada morte serena.*
Não. "Angústia" é uma palavra muito estranha. Alude a um certo sentimento de impasse. É um sentimento que fica num ponto intermédio, onde poderíamos esperar que estivesse o desespero, uma ruína total da consciência, de expectativa em relação às

coisas. Como se não soubéssemos ainda muito bem o que vem depois. Como se pudesse haver ali, ainda, alguma espera.

*Em todo o caso, é a antítese da serenidade.*
Sim, em todo o caso, impede a serenidade.

*As personagens do seu romance não podiam apropriar-se daquele seu poema que está no livro* três minutos antes de a maré encher *e que diz "a morte não me/assusta, hei-de voar-lhe/no céu da boca/assim que se prepare para/me engolir".*
Pois não. Isso tem mais que ver comigo.

*É a formulação de um desejo ou é uma convicção realmente íntima e profunda?*
Eu tenho andado a pensar nestas coisas e tenho-me convencido de que a minha coragem, a minha aproximação neste momento corajosa à questão da morte, da minha morte, tem sobretudo que ver com o facto de eu a perspectivar como uma tolice, nesta altura. Enfim, não morri aos dezoito, não morri aos vinte e quatro, vou morrer aos quarenta porquê? É apenas uma obsessão com esta ideia de saber que porta se fecha ou que porta se abre. Estou convencido de que as portas se fecham. Mas ultimamente, pensando sobre o assunto, começo a achar que, se a morte fosse uma probabilidade, entraria em pânico. Ou seja, a minha poesia vai acabar por ser toda falsa. Vai acabar por ficar defraudada com a minha atitude profundamente maricas no momento da morte.

*Vive verdadeiramente em volta do nó deste problema ou isto é uma reflexão para efeitos literários?*

Não é para efeitos literários. Isto são ciclos. Uma das ideias mais importantes deste último romance – e de que me convenço mais e mais, dia a dia – tem que ver com o facto de o tempo não ser linear. Nós não somos lineares. Nada em nós se comporta como um simples acumular de factos. Por isso, as coisas têm retrocessos. De vez em quando, eu regresso a convicções tolas. Tenho infelizmente uma tendência masoquista para não me conseguir retirar de um determinado espaço psicológico. É aquela ideia de que não é possível tirar a aldeia de dentro do rapaz. Pode-se tirar o rapaz da aldeia, mas tirar a aldeia do rapaz nunca vai ser possível. Há sempre um momento em que essa aldeia se manifesta.

*O que é, no seu caso, a aldeia?*
É uma timidez antiga, algum complexo, uma espera. Eu cresci a esperar.

*E que complexo é esse?*
Muitos complexos, enfim, de tudo. Não sei bem. Fui um rapaz que cresceu devagarinho em muitas coisas. Comecei por ser um poeta medíocre. Os meus primeiros livros são muito maus. Venho de um espaço absolutamente nada óbvio. O caminho foi-se colocando à minha frente pela natureza das coisas.

*Havia literatura em sua casa?*
O primeiro livro que tive, fui eu que o comprei. Tinha dez anos. Era um livro do Hitchcock. Os livros que existiam em minha casa eram aquelas coisas dos *Tesouros de Portugal*, que eu folheava para ver as imagens. Ou então eram livros de banda desenhada da Disney, das minhas irmãs ou do meu irmão.

*Como é que a ideia de literatura apareceu em si?*
Apareceu porque desde sempre coleccionei palavras. Tinha um fascínio estranho pelas palavras. Até foneticamente. Mesmo não sabendo o que elas queriam dizer. Lembro-me por exemplo de que o meu primeiro palavrão foi "puta". Disseram-me a palavra "puta", uma vez, e eu achei-a impressionante. Uma palavra tão simples e tão fechada. Diziam-me aquilo para gozarem não sei com quem. Fui perguntar a várias pessoas o que aquilo era, e o meu irmão, que me enganava muito, dizia-me: é uma mulher que vai para a cama com muitos homens. Eu já teria uns oito anos. As crianças hoje em dia com dois ou três anos já devem saber. Mas, quando o meu irmão me disse que era uma mulher que vai para a cama com muitos homens, aquilo para mim era uma coisa absolutamente impossível de existir. Lembro-me de passar semanas, talvez meses, obcecado, sozinho, a construir todo o tipo de justificações para que aquilo fosse uma coisa natural. Para que fosse boa a existência de uma realidade tão estranha para a minha cabeça. As palavras tinham esse poder em mim. Tinham essa capacidade de me impressionar e de me deixar longamente obcecado. Eu precisava de, por mim, encontrar uma espécie de conforto com a existência daquela palavra, com aquilo que a palavra poderia evocar. Quando ouvi pela primeira vez a palavra "Maputo" e me disseram que era uma cidade, tive uma crise de riso porque não queria acreditar que houvesse gente tão tola que desse a uma cidade um nome que era tão próximo de uma coisa tão impossível de existir e que eu ainda não conseguia entender.

*Porque é que o primeiro livro que comprou foi o tal livro do Hitchcock?*
Esse livro já foi comprado em Vila do Conde. Eu vinha de Paços de Ferreira, onde tinha vivido numa casa muito grande. Era uma

casa que falava sozinha, que rangia, tinha janelas que se abriam sozinhas, onde havia um quarto fechado no qual eu nunca entrei.

*A sua família acreditava em assombrações?*
Não, a família não acreditava. Acreditava eu. O meu irmão, com quem eu partilhava o quarto, dizia-me que as janelas a bater eram fantasmas. Um dia ouvimos dizer que entre o nosso soalho e o tecto da vizinha havia quase um metro. Ficámos a imaginar o que poderia haver ali. A casa era do século XIX e o meu irmão dizia que, sendo muito antiga, já tinha funcionado como capela, já tinha sido uma igreja e que ali estavam enterrados muitos padres mortos e sacristãos e santos e não sei que mais. Cresci absolutamente convencido de que andava por cima dos mortos, o que me deixou um incómodo ao ponto de hoje não conseguir, por exemplo, andar no escuro. A qualquer ruído no escuro, estou sempre à espera que seja o meu pai que veio dizer-me alguma coisa que eu não sei. E não acredito na transcendência. É uma reacção imediata.

*Isto era para me contar porque é que o primeiro livro que comprou foi o tal livro do Hitchcock.*
Esse livro chama-se "qualquer coisa da mansão assombrada". Então, era em tudo a minha casa. Obviamente, as explicações eram do tipo de haver alguém que não queria que se vendesse a casa ou algo assim e que atirava ao chão uns livros na biblioteca e abria umas janelas para entrar o vento. A verdade é que aquilo me confortou tremendamente.

*E qual foi o primeiro livro a que já deu valor literário?*
Talvez um do qual nunca mais me distanciei: *A Metamorfose*, do Kafka. É um livro muito breve e que chegou às minhas mãos

quando eu teria uns catorze anos. Depois de ter lido tanta Enid Blyton alguém me disse: é uma história engraçada sobre um senhor que se transforma numa barata. Pensei que aquilo fosse divertido e, quando comecei a ler o livro, lembro-me de que uma das primeiras coisas que pensei foi: "Mas isto não diz exactamente que é uma barata." Pensei aquilo um pouco em tom de queixa: "Fui enganado. Isto também não é exactamente engraçado."

*Sentiu pelo Gregor Samsa a compaixão que agora pretende provocar nos leitores dos seus livros?*
Na altura, não percebi a amplitude do livro. Mas lembro-me de ficar com aquela ideia da incapacidade da família de continuar a gostar dele. Isso causou muito efeito em mim: "Se me acontecer alguma coisa e se eu mudar por algum motivo e se de repente aos olhos dos outros eu for outro, será que caberei ainda dentro da família? Serei recebido, reconhecido, protegido?" Eventualmente, não terá sido o melhor livro para eu ler aos catorze anos.

*Quando é que chegou à literatura portuguesa?*
Cheguei à literatura portuguesa por intermédio da poesia. As primeiras coisas que eu começo a ler, na mesma idade, pelos catorze, quinze anos, passam pelo Al Berto...

*Por influência de alguém que tivesse conhecido?*
Não. Na verdade, eu estava no liceu e já escrevia muitos poemas. Acabei por perceber que escrever poesia era algo que poderia ser acompanhado de um prazer similar, que era simplesmente o de ler a poesia dos outros.

*Falou do Al Berto.*

O Al Berto e o Fernando Pessoa. O Fernando Pessoa porque falávamos dele na escola, por isso era um poeta muito óbvio.

*E começou por se interessar, em particular, por algum dos heterónimos?*

O que mais me dizia respeito acabavam por ser poemas dispersos do Pessoa ortónimo. Coisas como "O menino da sua mãe". Lembro-me por exemplo da paixão que tive pela Mafalda Veiga quando ela musicou "O menino da sua mãe", porque era um poema que me dizia tanto. Empatizei tremendamente com ela.

*Foi por isso que mais tarde ela foi editada nas edições Quasi, de que foi um dos fundadores?*

Ela chegou às Quasi porque o Jorge Reis-Sá adorava a música dela.

*Não teve nada a ver, então, com esse seu entusiasmo de adolescência?*

Não. Eu depois fui divergindo, fui entrando noutros mundos sonoros. Mas tive sempre essa simpatia pela Mafalda. Pressinto na Mafalda Veiga uma benignidade muito grande, por isso sempre gostei dela como pessoa.

*Agora, para o seu romance, importou a personagem do "Esteves sem metafísica" da "Tabacaria". Esse é também um dos primeiros poemas que o marcaram na obra de Pessoa?*

Aos dezassete anos, comprei uns volumes do Círculo de Leitores que reuniam aquela que na altura se pensava ser a obra poética completa do Pessoa. Essa personagem do Esteves foi ficando sempre. Tanto mais que, quando me ocorreu catapultar o Esteves para dentro do meu mundo, achei quase impossível que não existisse já uma quantidade tremenda de hipóteses de biografia para aquela figura. Há um livro de um poeta estrangeiro, já não sei se francês se italiano, chamado exactamente "Esteves". Mas é apenas uma alusão à questão da metafísica, num conjunto de poemas.

*Quer dizer que andou a investigar o que aconteceu ao Esteves fora do poema de Álvaro de Campos antes de o levar para o seu romance.*
Fiz uma pequena investigação, sobretudo para perceber como era possível, com uma das personagens mais mitificadas do nosso universo literário – um Esteves sem metafísica, que é uma ideia brilhante –, ninguém ter pegado nisto. Estou convencido de que algumas ideias decorrem tanto daquilo que é evidente que vinte pessoas podem ter a mesma ideia em tempos e lugares completamente diferentes. Eu pensei: alguém já teve esta ideia também, está na cara, é tão óbvio. Depois convenci-me de que talvez não. Acho que no livro se nota esse deslumbre por aquele homem, o que foi um processo meu de dizer que, se algum dia eu encontrasse uma pessoa na rua que me dissesse ser o Esteves da "Tabacaria" do Álvaro de Campos, eu... [*Hesita, com um sorriso.*]

*Diga.*
Beijava-o. [*Gargalhada*]

*Também já disse que até os ossinhos do Camões lhe serviam.*
É verdade. Eu sou claramente um indivíduo deslumbrado. Há determinadas coisas que me ultrapassam, perante as quais me arrasto e a cujos pés me deixo cair. Não tenho problema nenhum nisso. O Mário Cesariny, lá para a décima nona vez que eu o visitei, perguntou-me: "Ó rapaz, mas tu porque vens aqui tantas vezes aturar o velhinho?" E eu disse-lhe: "Eu não venho aqui aturá-lo, eu venho aqui adorá-lo." E ele: "É isso que estás a fazer agora?" Eu:

"É, não se nota?" Tenho muito isso. Perante aquilo que me marca, que acho que pode contribuir para um enriquecimento sensível, humano, fico absolutamente rendido.

*Nunca lhe aconteceu desiludir-se com o confronto entre a obra de alguém que admira excepcionalmente e a pessoa concreta que encontra ao conhecer o autor?*
Sim. Mas tenho tido sorte. Algumas das minhas grandes referências... Uma, por exemplo, é o Adolfo Luxúria Canibal, e ele sabe disso. Já lho disse.

*Também está num poema seu.*
Está.

*Alguma vez chegaram a ir para o monte, para serem picados por abelhas, como diz no poema que gostava que acontecesse?*
Não. Mas devíamos. Ele devia fazer-me essa justiça. Cresci um pouco a pensar: "Gostava de ser assim." Se não sou, é porque ainda vou crescer mais. [*Gargalhada*]

*No Luxúria Canibal aquilo que mais admira é o lado excessivo?*
É o lado excessivo mas sobretudo é essa componente humana. Ele é profundamente correcto, educado, humano. E depois é livre. E espectacular. Faz da vida um espaço extasiante.

*Aquela sua frase, espectacular, de que, se encontrasse o Camões, "ia para a cama com ele mesmo em ossinhos"...*
Não ia para a cama com o Adolfo. [*Gargalhada*]

*Não lhe ia perguntar isso, evidentemente. O que lhe queria perguntar é se faz frequentemente a transferência da obra para a pessoa concreta?*
Não acredito que uma boa obra corresponda a uma boa pessoa. Não é isso. Mas sou absolutamente incapaz de guardar um elogio. Nem que seja ao indivíduo mais nitidamente cretino. Eu, perante as pessoas que acho que estão para lá do que era exigido a um simples ser humano, não consigo ficar passivo. Tento retribuir a importância que as coisas que eles fizeram têm na minha vida.

*Comecei por lhe falar de alguns poemas seus para lhe perguntar de que modo é que na sua poesia já está inscrita...*
É terrível falar-me da minha poesia, porque eu já admiti que a minha poesia está cada vez mais confessional e por isso a minha poesia despe-me gravemente, deixa-me em xeque.

*De que modo é que nos seus romances está inscrita essa sua encarnação literária anterior?*
Os meus romances são poemas com mais erva daninha. Acho que eles conservam esse lirismo, essa beleza estética, as frases melódicas que ultrapassam largamente a frase de reportagem, a mera narrativa linear das coisas. Há uma necessidade de embelezar ou de intensificar a expressão que é muito natural na poesia. Transferi-o em grande medida da poesia, até porque a minha poesia já vivia muito de personagens.

*E estava progressivamente mais narrativa.*
Estava progressivamente mais escangalhada. Porque a dada altura deixei de saber o que era de facto a minha poesia.

*Ela foi contaminada pela prosa?*
Seguramente. A partir do momento em que escrevo *O Nosso Reino*, o meu primeiro romance, há uma contaminação clara. O livro de poemas seguinte é o *Livro de Maldições*, são poemas em prosa. Seriam microcontos, se fôssemos brasileiros. Isso mostra que alguma coisa se desarrumou naquilo que me era confortável fazer.

*Sente que são duas encarnações literárias distintas?*
Sinto que o tempo passa. Reconheço-me ali, reconheço-me nos textos mais antigos. Lembro-me cruelmente de os escrever. Sobretudo dos primeiros livros. Lembro-me do genuíno que aquilo me era.

*E no entanto disse há pouco que os considera péssimos.*
São tão maus! Por isso é terrível lembrar-me tão bem da intensificação de um sentimento de criação que afinal foi desperdiçado a fazer uma porcaria.

*Sente-se melhor romancista do que poeta?*
Essa é a pergunta mais cruel que já me fizeram. [*Risos*] Para mim, que venho da oficina da poesia, que amo os poetas, que ia para a cama com muitos mais ossinhos do que os ossinhos do Camões...

*Ossinhos de poetas?*
De poetas, de muitos poetas.

*A pergunta decorre de tudo o que disse anteriormente.*
Pois, eu sei que sou eu que coloco sempre a minha cabeça na guilhotina. Acho que sim. Tragicamente, sonhei ser poeta e sou melhor prosador. O que não é uma tragédia dilacerante senão

para mim. A prosa também me satisfaz tremendamente. E está perto. Se eu tivesse sonhado ser poeta e fosse marceneiro seria mais entristecedor.

*Então porque é que diz "tragicamente"?*
Porque fui um indivíduo extremamente fechado na poesia. Cresci muito pela poesia. Foi a poesia que me ensinou a dar os melhores passos. E tenho tendência para acreditar que as grandes figuras fundadoras das magias literárias são as que inteligentemente ficam na poesia.

*Admira mais os poetas?*
Um Herberto Helder devia estar no meio de uma praça a ser adorado. As pessoas deviam poder aceder àquele homem, olhá-lo. Ele não precisaria de dizer nada para não se cansar.

*Ele não quereria, certamente.*
Mas devia querer. Devia ser obrigado a querer.

*O que está a dizer, sendo uma forma de admiração, é paradoxalmente de uma enorme violência.*
Eu nunca o vi, e ele é uma pessoa transformadora, para mim. Mudou-me.

*Admira mais poetas do que romancistas?*
Se fizer um *top* vinte dos escritores, em termos genéricos, quinze devem ser poetas. Gente como o Herberto Helder, o Ruy Belo ou o Pessoa. O Luís Miguel Nava, o Al Berto. Tudo gente com belos ossinhos.

*O que é que mudou em si com a transição da poesia para a prosa?*
A minha poesia transformou-se cada vez mais num acto confessional e a minha prosa progride para uma mania estranha de a querer utilizar para alguma coisa. A poesia não servia para nada. Antes de eu entrar nela como personagem, era um objecto estético. Uma atitude profundamente livre. Agora, dá-me a sensação de que há uma inversão, um compromisso. Na poesia há um compromisso comigo e com aquilo que me acontece. Na prosa há um compromisso com aquilo que acho que é o nosso papel de cidadãos, de propendermos para melhorar.

*A poesia será paixão e a prosa será amor?*
Eu espero ainda publicar uns livros de poemas e a paixão acaba sempre.

*Não pode renovar-se?*
Pode haver outras paixões, sim.

*Digo paixão no sentido de ser mais combustível.*
É mais combustível, mais imediatista, mais espontânea. A prosa vem de um espaço muito mais laboral.

*É mais operário a escrever prosa do que a fazer poesia?*
Sou trabalhador. Eu trabalho. Não fico à espera das inspirações. Não há cá disso.

*E na poesia podia haver?*
Na poesia, eu tinha a veleidade de achar que sim. Que, no dia em que o sol brilhasse um pouco melhor, haveria um passarinho que

me inspiraria qualquer coisa. Era a perspectiva mais tola que se pode ter.

*O que é que tinha contra a prosa quando era só poeta?*
Achava que o grande interesse de se escrever era a procura clara, sem rodeios, de uma expressão inovadora, de uma possibilidade de dizer algo que não tinha sido dito antes. A prosa, com a sua tendência para contar uma história, era mais uma questão de coscuvilhice. Estávamos a coscuvilhar uma história. "As histórias", dizia eu – e ainda vou dizendo –, "estão todas na Bíblia": quem casa com quem, quem mata quem, quem quer o quê, quem rouba o quê. Todos os delírios e possibilidades de acção estão na Bíblia. Até certo ponto as histórias estão todas contadas. Por isso é que nos meus livros, mais do que estar interessado em contar histórias – embora agora eu ache importante essa componente lúdica –, estou interessado em que as personagens sobrevivam ao livro.

*Chegou a escrever aquela tese de mestrado que lhe fez descobrir a veia de romancista?*
Ainda não. Ando atazanado com a ideia. A minha tese era sobre Saul Dias. Era um estudo no sentido de ligar o Júlio, pintor, com o Saul Dias, poeta. Ia estudar uma coisa grega chamada *ekphrasis*, que tem que ver com a capacidade visual de um texto: de que modo é que, lendo, se vê. Isso acontece um pouco naquilo que eu faço. Essa tentativa de tornar tudo muito expressivo.

*Lá vamos ter de falar das minúsculas.*
As minúsculas e essas coisas todas, sim.

*Ainda resiste a essa pergunta sobre a razão por que só escreve em minúsculas?*
Vou confessar uma coisa pela primeira vez. Ainda não confessei isto a ninguém: estou a trabalhar, em casa, em experiências de reformatação do texto. Ou seja, em modos diferentes de grafar um texto. Diferentes em relação àquilo que eu tenho feito, não vou inventar sinais novos. Mas estou a tentar encontrar um modo que me seja confortável, no qual eu possa acreditar e que inclua as maiúsculas.

*Está a trabalhar sobre um texto que já existe?*
Não, estou a fazê-lo em textos novos. Imagine que o meu próximo romance – com o qual eu já estou a ferver, inclusive – vem com maiúsculas.

*Já tem título, esse próximo romance?*
Não tem título, mas é um regresso ao humor. Ou melhor, é pela primeira vez, assumidamente, um livro para que eu me ria. Porque no *apocalipse dos trabalhadores* há um certo riso mas eu não estava à espera dele e estive para apagar as partes mais engraçadas. Sobretudo aquele diálogo grande das duas senhoras, quando estão a velar o corpo. Estive com o dedo a dois centímetros da tecla *delete*, para apagar todo aquele diálogo e esquecer aquilo eternamente. Este próximo livro será conscientemente um livro que me permita rir e que permita que o leitor se ria.

*Mas neste romance* – A Máquina de Fazer Espanhóis – *já há maiúsculas.*
Eu convoco duas personagens do Francisco José Viegas, em dois capítulos, e utilizo a formatação que o Viegas utiliza. Por isso vou buscar o modo como ele escreveu o *Longe de Manaus*, nas

passagens em que entram o Isaltino de Jesus e o Jaime Ramos. Achei que era curioso fazê-lo em termos de exercício literário. As pessoas acham que eu tenho algum problema com as maiúsculas: não tenho. Pura e simplesmente, proponho uma outra forma de escrever e de ler um texto. E proponho-o porque acredito nisso.

*E essa nova formatação em que está a trabalhar é a formatação tradicional?*
Seria, mas eu precisaria de criar um conforto no texto, ao nível da pontuação, ao nível da sinalética usada.

*Vai haver pontos de interrogação, por exemplo?*
Tenho a sensação de que não, porque os pontos de interrogação, de facto, aborrecem-me. Acho que são redundâncias. As questões ficam colocadas pela natureza da construção da frase.

*Os espanhóis têm pontos de interrogação não só no fim da frase interrogativa mas também no princípio.*
Eu até acho que de Espanha vêm bons ventos. Mas bons pontos de interrogação não vêm de certeza absoluta. Há uma histeria, uma sobrepontuação, que me parece ser feita para levar o leitor pela mão: "Eu vou explicar-te como é que isto está escrito. Isto vai ser uma pergunta porque tem aqui um sinalzinho destes de pernas para o ar." O que é uma aberração, só por si: deitarem o ponto de interrogação ao contrário. O que me parece é que muitas vezes os sinais de pontuação acabam por atrapalhar. A mim atrapalham-me tremendamente. As aspas, os pontos e vírgulas, os travessões.

*Foi buscar isso ao Saramago?*
O Saramago tem uma influência clara nisso, mas acho que não foi exactamente o Saramago que mo evidenciou. Poderia até ser o

Lobo Antunes. Porque o Lobo Antunes tem uma permissividade enorme em relação ao modo como pontua: intercalando parágrafos, cortando as frases sem colocar ponto, nem vírgula. A frase suspende-se. Por exemplo, na minha poesia o último verso nunca tem ponto final e, isso, roubei-o claramente ao Lobo Antunes. Um dia li o Lobo Antunes com a frase suspensa. Dá a sensação de que a frase fica ali a pairar. Eu roubei-lhe aquilo. Pensei: "Isto é lindíssimo, o fim dos meus poemas vai ser assim."

*Rouba conscientemente?*
Sim, nestas coisas da técnica com que eu concordo, sim. Acho que escrever também é caminhar para uma expressão cada vez mais natural, que tenha mais que ver com o modo como pensamos, como falamos. A verdade é que há escritores que se aproximam muito mais e há escritores que ficam longíssimo de conseguir uma coisa dessas. O Saramago, por exemplo, chega muito mais perto do que é o ritmo de um pensamento. Na verdade nós não pensamos vírgulas, nem travessões, nem aspas – e muito menos pensamos maiúsculas.

*O facto de ter ganho o prémio José Saramago foi de algum modo importante para continuar na prosa?*
Não. Já estava mais do que conquistado, mais do que viciado. Tenho sempre ideias. Neste momento, estando a escrever um livro, tenho ideias já para três, quatro ou cinco. Com qualquer nico de ideia eu faria um romance. Há qualquer coisa que aprendi, um espaço que estava secreto em mim e que de repente descobri, onde estão guardados muitos livros. O prémio Saramago deixou-me simplesmente mais feliz e ajudou-me no lado da exposição.

*Cansou-se de ser um artista obscuro e* underground*?*
Não. É claro que há uma satisfação gratificante em ser mais lido, em receber este *feedback* das pessoas. Considero que há quase uma generosidade no acto de alguém ler um livro nosso, com tantos livros e tantas coisas para fazer.

*Perguntei se se cansou porque na nota final de* folclore íntimo *escreve: "canso-me terrivelmente das coisas". Pensei que talvez isso pudesse ser uma boa explicação para ter mudado de agulha.*
Canso-me sobretudo de mim. As pessoas normalmente adoram-se. O ego dos escritores normalmente tem esse efeito. Acham que escreveram finalmente uma obra genial. Eu acho sempre que fico aquém. Há qualquer coisa que me impede de chegar àquilo que quero.

*Ou que o impede de gozar aquilo a que chegou?*
Não sei. Eu edito um livro e descubro logo um pedaço que ficou por escrever. O livro amadurece quando já está editado. Penso: "Caramba, era agora que ia escrever o grande parágrafo do livro."

*Quase todos os escritores que falam honestamente da sua obra confessam que há um fosso enorme entre a cabeça e a mão.*
Há uma turbulência qualquer que não permite descodificar tudo. Estou sempre convencido de que quero outra coisa.

*Por isso é que lhe deu para cantar?*
É muito isso. É muito a ideia de que a aventura vale a pena. Eu sei que é com muita lata, com algum desafinanço, mas com um gozo. Como uma possibilidade momentânea de estar ali, feliz.

*De repente um livro seu está em todos os jornais, chega à televisão: isso para si é qualquer coisa de surpreendente ou parece-lhe uma evolução natural?*
Surpreende-me. Embora fosse, como as coisas funcionaram num crescendo, num contínuo, suspeitando de que podia acontecer. Tenho sempre a sensação de que corro o risco de ser inoportuno – ou de que o livro que escolhi publicar seja inoportuno – e este livro levantou-me essas dúvidas.

*Porquê?*
Duvidei se seria o momento certo para publicar algo que é, ao mesmo tempo, tão pessoal – porque parte da morte do meu pai – e que é tão sofrido. Algo que, no fundo, incute no leitor uma tristeza que ele pode não estar disposto a enfrentar.

*Isso são problemas da esfera do* marketing.
Pragmáticos, sim. Pensei, perante a expectativa de os jornais me prestarem atenção, se estaria a corresponder àquilo que as pessoas querem de mim.

*Normalmente, diz-se que um artista não deve pensar nisso.*
Exactamente. E o que aconteceu foi isso. Este é o livro que genuinamente me foi necessário escrever.

*Não será um perigo, em termos artísticos, pensar nesse tipo de coisas?*
Sim. Havendo embora essa expectativa de atenção, as coisas têm de ser expostas como um risco. Fiquei sobretudo curioso por perceber como é que as pessoas recebiam esta história. Até que ponto é que esta história podia seguir esse caminho de uma certa popularidade, de se tornar um livro conhecido ou não. Até que

ponto é que ela assustaria imediatamente o primeiro jornalista, o primeiro crítico que a lesse.

*O facto de ter passado de uma pequena editora para uma multinacional foi para si uma decisão tranquila?*
Não. A relação que eu tinha com a Maria do Rosário Pedreira e com a Ana Pereirinha – e que tenho – não me permitiria deixá-las de ânimo leve.

*O que é que pesou?*
Pesou a convicção de que estaria na altura. Sobretudo para uma pessoa como eu, que tem feito este esforço de viver com meia dúzia de trocos, por querer, tanto quanto possível, viver para escrever. Tenho vivido estes últimos anos com rigorosamente meia dúzia de trocos. Não podia ignorar, de ânimo leve, as oportunidades que me estavam a ser dadas.

*A oferta era boa demais para ser posta de lado?*
As ofertas. Houve toda uma movimentação durante um período praticamente de um ano, que começou pouco depois de o *apocalipse* ter saído. A dada altura foi-me difícil desprezar a possibilidade de passar para uma máquina com um suporte muito maior e sentir-me, se calhar, muito mais seguro financeiramente. A verdade, devo dizer, é que trabalhar com a Objectiva tem sido absolutamente incrível.

*O que é que pede a um editor?*
Companhia, sobretudo.

*Mas isso suponho que já tinha, na QuidNovi.*
Sim, tinha. Mas é fundamental. Foi isso que me convenceu em relação à Objectiva e não a outras. A hipótese de mudar para a Objectiva não era sequer a melhor, financeiramente. O que me convenceu foi ter percebido que a Clara Capitão e o Alexandre Vasconcelos e Sá eram profundamente meus admiradores. Gente convencida de que aquilo que eu escrevo é do melhor que se pode encontrar hoje.

*Perguntei-lhe o que é que pede a um editor pensando, naturalmente, que também já foi editor.*
Peço que os livros estejam nas livrarias. Das coisas mais violentas para um autor, mais frustrantes e às vezes até humilhantes é as pessoas perguntarem-nos constantemente se editamos nalguma coisa clandestina, porque não há livros aqui, não há livros ali.

*Mas, como já foi editor, sabe porque é que isso acontece.*
Eu tinha uma chico-esperteza. Fui sobretudo editor de poesia e dizia: "Nós fazemos um excelente trabalho mas sabe como é com a poesia." Mesmo assim alguns autores zangaram-se comigo para sempre. Houve gente que eu publiquei com muito amor e carinho, por quem eu perdi dinheiro – perde-se dinheiro a publicar poesia, muitas vezes – e que ainda assim se zangou comigo. Ser-se editor tem esses riscos.

*Quando soube que as Quasi tinham falido, com que sentimento recebeu a notícia?*
Não posso dizer que tenha ficado surpreso. Observando alguma excentricidade na administração das Quasi nos últimos anos, tendo em conta que a crise estava de facto instalada, pareceu-me

que a ingenuidade na administração da empresa era muito clara. Fico com pena de uma coisa: eu tinha as Quasi como exemplo de uma vitória conseguida longe de Lisboa e do Porto, fora dos dois grandes centros.

*Em Vila Nova de Famalicão.*
Que é uma espécie de cruzamento. Aquilo são umas estradas que se cruzam ali. As pessoas vão do Porto a Braga ou de Vila do Conde a Guimarães e de repente estava ali o Jorge Reis-Sá. Eu tinha muito orgulho em ter estado na génese desse projecto, dessa descentralização.

*Já se sentia completamente desligado da editora ou ainda conservava com ela algum laço afectivo?*
A cada livro que o Jorge editava, ou ficava contente por achar que ele estava a fazer justiça ao nome que eu lá tinha deixado, ou ficava lixado: "Esta besta publicou esta porcaria." Ou: "Esta besta, em vez de publicar o não sei quantos, está a publicar não sei quem." A verdade é que as pessoas me procuravam constantemente e alguns autores que ele publicou procuravam-me a ver se eu intercedia a favor disto ou daquilo. Como se eu ainda tivesse alguma influência lá dentro.

*Perguntei se ainda mantinha um laço porque chegou a fazer o funeral ao seu ex-sócio, num poema.*
Sim. Na altura escrevi uma carta que me saiu do coração, dizendo que foi um prazer trabalhar ali e que saía voluntariamente e muito alegre e que estaria no meio dos livros e que a vida era bela. Mas saí dali com a ideia de que aquilo foi uma das maiores injustiças que me aconteceram.

*Não saiu por vontade própria?*
Não. Nunca disse isto a ninguém: saí porque a dada altura o Jorge se convenceu de que não poderíamos ser sócios. Convenceu-se de que eu tinha toda uma perspectiva do que queria das Quasi diferente da dele. Eu achava que as Quasi teriam de ser um projecto radicado na qualidade, a propender para a poesia. Ele queria progredir para um sentido televisivo da coisa.

*Foi quando nasceu a chancela Magnólia.*
Havia toda uma ansiedade de poder ganhar dinheiro, ganhar muito dinheiro, e de ascender a uma espécie de cúpula social televisiva que era, por completo, o contrário de quem queria editar poesia. Começámos a desentender-nos gravemente e ele um dia colocou as coisas como definitivas.

*Pô-lo na rua, foi isso?*
Acabei por sair. A formulação dele foi neste sentido: "Ou sais tu ou saio eu." A minha posição, de que muito me orgulho – e o Jorge vai ter de embarretar isso para o resto da vida – foi a de, depois de dizer "então, se és tu que achas que não podemos ser sócios és tu que sais", repensar o assunto. Tive uma reunião com ele e com as pessoas que trabalhavam connosco, que serviram de testemunhas, para que soubessem porque é que as coisas estavam a acontecer. Disse-lhe que era de uma profunda injustiça eu sair ou ele sair, por isso encarei aquela quebra como uma violência inaceitável. Quer para mim, quer para ele. Como eu não teria coragem de lhe fazer aguentar essa violência, então punha-me eu a jeito de ser violentado.

*Mas havia meio-termo possível?*
Para mim havia.

*Qual era?*
Prosseguirmos. Entendermo-nos. No meu tempo cheguei a editar personalidades profundamente televisivas. Sobretudo por iniciativa dele, que catalisava esses livros. Eram os livros que ele procurava. Enquanto eu estava à procura do Lautréamont traduzido pelo Pedro Tamen e apresentado pelo Luxúria, ele estava a promover por exemplo o Mário Soares. Que é um livro que não me desgostou nada publicar.

*Houve algum que o tivesse desgostado?*
Sim, mas não quero dizer qual. Houve livros que eram manifestamente maus e que eram trocas. Deixas-me editar o Lautréamont e eu deixo-te editar o não sei quê. O que aconteceu foi que eu percebi que não teria coragem de lhe roubar as Quasi e senti que ele teve coragem de me roubar as Quasi a mim.

*O tal poema, "o funeral de Jorge Reis-Sá"...*
Matei-o no dia 14 de Dezembro de 2004, que foi o dia em que assinámos os papéis e fizemos essa espécie de divórcio empresarial.

*Esse poema foi um ajuste de contas?*
É sobretudo uma declaração de saudade. Se reparar, o poema não agride o Jorge em momento algum, muito pelo contrário.

*Há uns bichos tenebrosos que andam por ali, à volta da campa.*
Há uns bichos e um terror qualquer mas o poema acaba por dizer que, sem ele, não sabemos o que fazer.

*Mas escrever um poema como aquele não é de uma enorme crueldade?*
Sim. Mas escrever um poema assim é uma grande ideia. Os escritores operam assim. Espero que nunca ninguém me queira ofender porque eu na verdade não quis ofender. Quis aludir a esse sentimento de morte que existe quando alguém nos desilude tanto. Quando alguém é tão outra coisa diferente daquilo que estávamos à espera.

*Foi uma forma de provocação?*
Foi uma forma de arrumar o assunto.

*Gosta de provocar?*
Não gosto de provocar. Eu acho é que tenho uma cabeça que provoca. Tenho assim umas ideias provocadoras. Mas não quero provocar ninguém, pelo contrário. Quero muito que ele seja feliz. Sei que está bem. Está casado com uma miúda de quem eu gosto muito. Tem um filho lindíssimo.

*Já fizeram as pazes?*
Falamos. Mas ele sabe perfeitamente, e é notório, que me magoou. Eventualmente, foi a pessoa que mais me magoou na minha vida inteira.

*A agressão que esse poema representa é comparável a outras formas de transgressão que tenha praticado?*
Eu não sou um indivíduo agressivo. Pelo contrário. Tenho é muita garganta. Escrevo e digo coisas muito violentas mas não enfrento ninguém. Se me prometerem porrada, fujo. É uma questão discursiva. Essa força discursiva é algo que sempre me impressionou nos outros e que eu procuro também para mim. O Nietzsche era

maricas por todos os lados. A gente lê as cartas dele e vê isso. Eu até estou convencido de que ele queria copular com o Wagner, mas isso é também porque o Wagner era deslumbrante. Mas se ele inventou o Anticristo e se até o acusam de estar na génese de um certo pensamento belicista, nazi e não sei que mais, quem sou eu para não ser um bocadinho violento também? Eu, que não sou tão maricas quanto o Nietzsche. Acho eu. Pelo menos não tenho aquelas cartinhas queixosas.

*Mas estava a dizer que também lhe falta a coragem física.*
Não é falta de coragem. Não sou é fisicamente violento. Não propendo para a violência. É uma questão de força expressiva. O que faz com que os meus textos se tornem provocadores é esse gosto por textos que sejam ou carne ou peixe. O intermédio das coisas não me agrada nada. Uma obra de arte que me deixe impávido e sereno não me agrada nada. Tem que me levar para um extremo, seja ele qual for. Ou que me agrida muito ou que me deixe num deleite absoluto. Depois, pessoalmente, se calhar, sou todo o cinzento que falta na minha literatura.

*Não é nada cinzento andar nu pela avenida central de Braga.*
Sim, mas aí fui encorajado. Eu acho que ou estamos à altura das pessoas com quem nos metemos ou não estamos. Foi o fotógrafo com quem eu me meti, o Pedro Guimarães, que me desafiou a isso, quando eu me propus ser fotografado nu para a capa do meu livro. Eu queria aparecer nu na capa da *pornografia erudita*.

*E aparece, mas não nas ruas de Braga.*
Apareço. Acaba por ser com uma fotografia não do Pedro Guimarães mas do Nelson d'Aires. Mas a verdade é que eu fiz essa

proposta, que tem alguma coragem e alguma provocação, mas que me pareceu em consonância com o que o livro é. O livro diz coisas muito mais fortes do que o facto de as pessoas poderem vislumbrar a minha pila. O Pedro, assim que me encontro com ele, num domingo à tarde, diz-me: "Vamos fazer a fotografia na Avenida da Liberdade, no separador central, com os carros a passar." Disse-mo com uma naturalidade como se fosse de facto para ser assim.

*Não hesitou?*
Eu disse: "Não sei se tenho coragem." E ele disse: "Mas coragem de quê?" "Então está bem, se é assim tão banal."

*Foi nu para lá ou despiu-se lá?*
Eu estava num carro, inclusive com a namorada dele, com um roupão. Já nu, debaixo do roupão. Mas, enfim, debaixo das roupas estamos todos nus. Tirei o roupão, saí do carro, posicionei-me no centro da avenida, percebi as pessoas a dizerem coisas. Foram uns momentos muito especiais. Aconselho vivamente a que cada ser humano experimente isso ao menos uma vez na vida. Há um sentido de transgressão mas ao mesmo tempo libertador nisso de nos olharmos com as nossas barrigas. Algo que nos posiciona no mundo de uma maneira absolutamente humilde. Senti-me nu mas de uma nudez aludindo a uma certa sinceridade.

*Aqui há tempos dizia que tenta vencer o medo que todos temos de chegar ao mais estranho de nós.*
Sim. De chegar àqueles lugares que normalmente evitamos e que podem ser, eventualmente, os espaços onde os livros estão guardados. Acho que é através desse elástico – que vamos esticando

até onde for possível – que subitamente nos conhecemos melhor e nos apossamos mais daquilo que são as nossas capacidades.

*Sente algum parentesco artístico com alguém da sua geração?*
Da minha geração? Se calhar com poetas, mais do que com prosadores.

*Voltamos ao princípio.*
Sim. Não sei se é uma sintonia. É pelo menos um agrado grande por gente como o Rui Pires Cabral, por exemplo. Ou o Manuel de Freitas. Curiosamente, as pessoas da minha geração que mais imediatamente me impressionam são pessoas que eu não conheço pessoalmente, com quem nunca estive. Eu acho que a poesia está sempre uns quilómetros à frente. A poesia vai de lebre. Depois os prosadores espertos lêem poesia e vão de arrasto, também.

*Sente-se nessa posição?*
Eu, como também faço poesia, vou de lebre e vou atrás. Tento ir. Não sei se vou. Tento ir.

Março de 2010

# MÁRIO DE CARVALHO

GRANDE PARTE DA GRANDE LITERATURA
PASSA PELA IRONIA, PELA DISTÂNCIA E PELO HUMOR

*Faça-se antes de mais um aviso: esta entrevista, ao contrário do que sucede com frequência neste género jornalístico, não terá didascálias. O diálogo – travado no escritório despojado e escuro onde Mário de Carvalho continua a ir regularmente, mesmo depois de ter abandonado a profissão de advogado – terá os seus instantes sérios e os seus momentos de gargalhada, mas há-de ser o leitor a moldar este barro à medida dos seus humores. Nada de indicações cénicas, portanto. Tal como acontece nos livros de Mário de Carvalho, a graça e a desgraça misturam-se numa trama complexa que cada um terá de desentrançar a seu modo. Depois de* Fantasia para Dois Coronéis e Uma Piscina *e* A Sala Magenta, *o escritor acaba de publicar* A Arte de Morrer Longe *(Caminho), onde se fala, não necessariamente por esta ordem, de tudo isto: de quelónios, de crises conjugais, da Avenida de Roma, da natureza humana, da natureza* tout court, *de um género literário de cultor único, do quotidiano dos empregados de escritório, da Wikipédia, do Twitter e do Facebook.*

*O que é que o faz rir?*
Eu não sou uma pessoa muito risonha. Tenho até hábitos um bocado sisudos. Não sou propriamente um conversador festivo. Agora, penso que tenho um sentido de humor muito agudo.

Apanho muito facilmente o lado ridículo das situações. Muito facilmente também sou capaz de pôr em causa a solenidade das situações. Muitas vezes, quanto mais solenes elas são, mais ridículas se tornam.

*Essas situações costumam dar-lhe vontade de rir?*
Talvez não me dêem vontade de rir a mim, propriamente. Mas sou capaz de descobrir a potencialidade que têm de fazer rir os outros.

*Não lhe acontece rir-se a escrever uma determinada cena?*
Já me aconteceu mas há muitos anos. Em princípio, não me acho graça absolutamente nenhuma. Até fico espantado quando as coisas que faço são consideradas engraçadas. Mas aqui há muitos anos estava a escrever um livro chamado *Casos do Beco das Sardinheiras* e recordo-me de que de vez em quando sorria, enquanto aquelas situações me iam ocorrendo.

*Mais recentemente isso já não acontece?*
Mais recentemente não. Mesmo estas histórias que tenho escrito e que as pessoas consideram muito irónicas e muito capazes de as fazer rir ou sorrir, a mim deixam-me, francamente, um bocadinho indiferente.

*Mas não se surpreende por elas provocarem nos leitores esse efeito.*
Não. Não me surpreendo, desde que sejam os outros a rir-se. Eu não.

*Está consciente do efeito que elas provocam, evidentemente.*
Estou consciente de que certo tipo de situações são susceptíveis de provocar o riso. São ridículas. Tenho ideia de que tenho alguma facilidade em captar esse aspecto.

*O recurso ao humor faz de si um autor de certo modo* sui generis *na literatura portuguesa dos nossos dias; do seu ponto de vista, porque é que ela é tão séria e tão avessa ao riso?*
Creio que isso tem que ver com a ligação da dignidade literária a uma certa solenidade. Por outro lado, também a um certo desconhecimento de que grande parte da grande literatura passa pela ironia, pela distância e pelo humor.

*Corresponderá isso a uma natureza portuguesa com um pendor mais solene do que irónico?*
Está a referir-se à velha recorrência do Bernardim Ribeiro e do rouxinol, da *Menina e Moça* e da saudade e da velha melancolia portuguesa? Não sei. Eu penso que é mais uma limitação da imaginação. Porque é que os ingleses têm aquele tipo de *nonsense* e de *understatement*, essa finura? Francamente não sei. Talvez nos falte fazer algum esforço. Se pensarmos na personagem mais solene do nosso tempo – não vou dizer qual – a dar um trambolhão, talvez isso estimule alguma coisa.

*Encara o riso sobretudo como uma forma de exprimir o desencanto ou de o combater?*
Acho que o riso é uma forma de resistência. Não há nenhuma tirania que suporte que se riam dela e das suas imposições. Não há nenhum fanatismo, nenhuma igreja, que ande à volta do riso. O riso tem sempre qualquer coisa de desafiante e de subversivo. O Eça de Queirós dizia – não tinha inteiramente razão, talvez – que bastava fazer passar uma gargalhada quatro vezes em volta de uma instituição para a derrubar. De facto, o poder habitualmente aposta na solenidade. O riso é um desafio a isso.

*Falei-lhe de desencanto por ter encontrado uma frase sua numa entrevista antiga à LER em que dizia: "O humorismo é com certeza a forma mais próxima de exprimir o desencanto."*
Não sei. Eu sou capaz de desconfiar de todas essas afirmações de carácter generalizante, mesmo quando são produzidas por mim. Passados estes anos todos, eu não diria isso. Agora, que nas coisas que escrevo há um trilho em que a ironia e o humor são recorrentes, parece-me indiscutível.

*E o desencanto também.*
O desencanto também. Mas ele pode assumir essa forma da ironia e do riso e do humor tal como pode assumir outras, perfeitamente sinistras e sombrias. É o que acontece com outros textos que tenho escrito noutro trilho.

*Aceitaria como lema para si aquela célebre máxima latina que diz* "ridendo castigat mores" *(a rir se castigam os costumes)?*
Eu acho que os *mores* se calhar se estão um bocado nas tintas para isso. Nestas coisas do efeito das palavras e do efeito da literatura, recordo-me sempre de uma frase do Camilo, num prefácio a um livro qualquer, em que ele diz: "Deste engenho muito se ri quem tenha um de açúcar." Portanto, destas coisas e destas nossas ironias e das gargalhadas, quem está solidamente instalado não se deixa afectar muito. Embora a natureza do riso seja precisamente essa, a de pôr isso em causa. Agora, se põe efectivamente, não sei. Sei que as ditaduras não gostam de quem brinque com elas. Que as instituições mais solenes e mais poderosas – a Igreja Católica, por exemplo – não gostam do riso. O Aristóteles, na *Poética*, considera a comédia como tratando de seres inferiores a nós.

*O livro sobre a comédia foi justamente aquele que desapareceu.*
O tal que desapareceu, sim. A intriga de *O Nome da Rosa* tem a ver com isso. Nós sabemos muito pouco acerca do pensamento de Aristóteles sobre a comédia. Mas tem-se instalado um pouco esta ideia de desvalorizar e diminuir o riso e o humor. Sendo certo que grande parte da tradição literária mais importante se baseia no riso. Não nos esqueçamos disso. Se começarmos a enumerar os grandes escritores cómicos ou que usaram o humor ou a ironia...

*Do Cervantes em diante.*
Para começar por aí. Também podemos começar pelo Rabelais, pelo Swift, passamos pelo Diderot, pelo Sterne, pelo Gogol ou pelo Machado de Assis. E temos o nosso Eça de Queirós, com aquela ironia única. Há uma linhagem de grandes escritores e de grandes obras de humor.

*Sente-se descendente dessa linhagem?*
Sinto-me contíguo. Tenho muitas vezes presente, quando estou a escrever, o humor do Tchékhov ou o humor do Eça ou do Gogol, de que gosto muito.

*É essa a sua família literária?*
Penso que sim. Num dos trilhos.

*Na forma como encara o humor, a graça é de algum modo parente da desgraça?*
Quem é que dizia que "uma comédia é uma tragédia que correu mal"? Era o Peter Ustinov, uma vez, numa entrevista. Não sei se a frase é dele. "O homem é o único animal que ri", dizia o Eça de

Queirós. Também é o único animal que tem consciência das suas desditas e que se lamenta. Estes são dois dos pilares da condição humana.

*O que é que o fez regressar, em* A Arte de Morrer Longe, *ao pilar do humor?*
Isso começou a impor-se enquanto eu escrevia outras coisas porventura mais sombrias. Nos interstícios disso, começa a brotar e a ramificar-se a história deste jovem casal, este Arnaldo e esta Bárbara, que têm muito a ver com o estatuto das novas gerações, hoje.

*Já partiu para essa ideia com a veia humorística a pulsar?*
Esta história impôs-se, logo à partida, como uma história alegre, veleira, risonha, humorística e distanciada. Distanciada na medida em que o autor sabe perfeitamente o que está a fazer e não se deixa levar pelos seus próprios estados de alma.

*A escolha de epígrafes de Sterne e Jerome, dois grandes humoristas, foi prévia ou posterior?*
Foi mais ou menos a meio do livro. Na do Jerome K. Jerome decidi usar o original e não a tradução da Luísa Costa Gomes, que é excelente, por me parecer que era mais conciso: "Precisamos é de mudança."

*Ao Sterne, foi buscar uma frase do* Tristram Shandy.
É uma espécie de *vade-mécum* da literatura humorística. A epígrafe do Sterne tem a ver com isto: "Cabemos todos cá." Cabe a comédia, cabe a tragédia. Há lugar para todos.

*Este livro, por vias diferentes, parece-me um livro próximo dos últimos dois que publicou: a* Fantasia para Dois Coronéis e Uma Piscina *e* A Sala Magenta. *Isso foi deliberado?*
Há um ponto de contacto deste livro com *A Sala Magenta*. E um certo acontecimento que se passa em *A Sala Magenta* é visto aqui numa outra perspectiva. Mas *A Sala Magenta* era um livro carregado, um livro sofrido, com exigências de estilo, de ritmo e de composição de frase diferentes das deste.

*É nesse sentido que me parece haver, em termos estilísticos, uma aproximação deste novo livro à* Fantasia para Dois Coronéis e Uma Piscina.
Eu chamei a este livro um "cronovelema". Chamei-lhe um "cronovelema" exactamente por vir nessa pista de *Era Bom Que Trocássemos Umas Ideias sobre o Assunto, Fantasia para Dois Coronéis e Uma Piscina* e outros livros anteriores. Porque este é um livro em que já não estamos no século XX. Isto já tudo mudou. Estamos no século XXI. Todas as experiências literárias que têm que ver com a crónica – quer a crónica jornalística, de captação do dia-a-dia, quer a velha crónica do Renascimento, a dar conta dos acontecimentos da História –, a novela, o romance e todas as formas proteicas que o romance assumiu durante o século XIX e o século XX, tudo isso já é visto pelo forno. Já podemos reelaborar e reconstruir a partir destes materiais todos. A partir até dos destroços. Muitos dos materiais das literaturas das vanguardas já secaram, estão reduzidos a despojos. Mas há também o cinema, que alterou completamente a nossa maneira de ver as coisas. Estou convencido de que nós até já sonhamos com uma escala de planos. Que já enquadramos os nossos sonhos com os formatos do cinema e do audiovisual. Portanto, resolvi chamar a este conjunto todo "cronovelema".

*Provavelmente, o primeiro sobressalto que um leitor mais desatento da sua obra vai ter ao deparar-se com o seu novo livro vai ser justamente o de ver que esse neologismo – "cronovelema" – aparece logo na capa.*
Se não pensar que isso é a editora.

*Isso teria graça: Editora Cronovelema; o seu editor não ficou preocupado quando soube que queria essa palavra por baixo do título?*
Não.

*Já leu mais algum "cronovelema", que não os escritos por si próprio?*
Eu acho que inventei o "cronovelema". Isso não significa que esteja a convidar outras pessoas a fazê-lo.

*Inventou a palavra, o conceito ou o próprio género?*
Vou fazer um desvio. Quando lemos um livro como *Guerra e Paz* encontramos ensaios, crónicas, apreciações políticas, diálogos, descrições, um larguíssimo fresco histórico, poemas e até desenhos, por exemplo sobre a Batalha de Borodin. Pode-se dizer: então, o *Guerra e Paz* também é um "cronovelema". Tenho ideia de que o factor de distinção é o cinema.

*Feito esse desvio, tendo todos os escritores seus contemporâneos a mesma experiência do cinema, já lhe aconteceu pensar que uma obra de um outro autor poderia ser classificada com o seu neologismo?*
Não. Mas tenho que pensar nisso.

*Para o conceito ser operativo, há-de aplicar-se a outras obras, que não apenas as suas.*
E porquê? Não me desagrada a ideia de ser o iniciador e encerrador deste género; que ele seja um género de autor único. Quando

estava na tropa, achava sempre muita graça à classificação das várias patentes. Havia uma que só tinha um grau: capitão. Se calhar este género, o "cronovelema", só tem um cultor.

*Quer dizer que a sua intenção é irónica e que não pretende realmente inscrever na teoria literária um novo género narrativo?*
Não, não pretendo dar origem a um ror de "cronovelemas". Pretendo dizer o que é que eu estou a fazer. A expressão "cronovelema" já tinha aparecido na *Fantasia para Dois Coronéis e Uma Piscina*. Aquilo que eu tenho feito nessa zona em que trabalho é o "cronovelema", que joga e brinca e ironiza com todos estes aspectos e até consigo próprio.

*Normalmente, os autores, o que dizem é: não me importo com o que chamem ao que eu estou a fazer, não gosto de etiquetas, o que interessa é o que isto é. No seu caso, ao contrário, inventou de propósito uma palavra para nomear aquilo que faz.*
Mas eu reflicto muito sobre os meus próprios processos. Eu não sou completamente alheado da narratologia e da reflexão sobre a narrativa. Tenho perfeita consciência daquilo que estou a fazer. Nesse aspecto, sou um autor muito frio. Não me deixo muito levar ou emocionar pela matéria que estou a trabalhar. Sou muito oficinal. Quando há uma grande tirada – estou a pensar, neste livro, no trecho sobre a Avenida de Roma...

*Uma espécie de ode à Avenida de Roma.*
... tenho perfeita consciência de que estou ali a fazer o chamado *morceau de bravure*, aquele grande festival de palavras e de frases. A tirar um certo efeito.

*A minha questão em relação ao "cronovelema" é o porquê de ter sentido a necessidade de criar uma nova categoria da narrativa: a designação de romance já não lhe chega?*
Não. Parece-me um bocado curta. Romance ou novelas são designações curtas, neste caso, porque isto já tem outras variantes e outras componentes, deliberadamente. E, por outro lado, recupera-se um certo número de processos da velha tradição literária que estiveram obnubilados ou esquecidos durante muito tempo: o ressurgimento do autor, a interpelação do leitor, a interpretação do texto, a omnisciência do autor – quando quer ser omnisciente, porque ele também tem a capacidade de deixar de ser omnisciente: "Agora não sou omnisciente, agora passo a ser."

*A certa altura, mais ou menos a meio do livro, diz-nos que uma das últimas frases de Bárbara vai ser: "Enfim, somos todos humanos."*
E acertei, está a ver?!

*Mas isso também já o Camilo fazia.*
Precisamente. E não só o Camilo. Fazia o Garrett e faziam-no grande parte dos autores românticos.

*Então, em que sentido é que isso é do século XXI?*
No sentido em que no século XXI temos a possibilidade, já, de jogar com estas coisas todas.

*Mas se também já o Camilo jogava...*
Pois, o Camilo também jogava, mas no romance realista já não se fazia isso. E durante todo o século XX não se fez isso. Até há pouco tempo era muito raro fazer-se isso. A não ser em autores perdidos

e sem relevância, digamos assim. Porque é que não se hão-de recuperar esses processos?

*A minha pergunta é outra: porque é que se há-de atribuir uma designação nova a isso, se o Sterne já o fazia no século XVIII?*
Porque isso é apenas um dos processos que se recuperam. É apenas a consciência de que a literatura também passou por isso e de que se podem tirar efeitos expressivos muito interessantes recuperando formas de escrita que estiveram obnubiladas. Não sei se se recorda de uma obra que teve uma grande importância – também aqui em Portugal – da Nathalie Sarraute e que se chamava *L'âge du soupçon* (*A Idade da Suspeita*). Era um conjunto de artigos em que praticamente se estabelece uma série de proibições. Declara-se a morte do romance do século XIX e anuncia-se o que vai ser o novo romance. Note que eu comecei a escrever ainda sob a influência – influência no sentido astral, ainda havia uma brisa disso – do *nouveau roman*, do estruturalismo e tal.

*Quando escreveu* O Livro Grande de Tebas, Navio e Mariana.
Sim. Esse foi um livro escrito numa altura em que imperavam no meio literário português as proibições. De certo modo, esse livro é uma resposta a essas proibições. É ainda o acatamento de pressupostos doutrinários que implicavam que não houvesse personagens, que não houvesse situações, que não houvesse conflitos, etc. Em que a escrita praticamente corria por si e em que se hiperextasiava e se sobrevalorizava a própria matéria, a própria escrita. Praticamente todas as categorias da narrativa tinham sido subvertidas e eram altamente desvalorizadas. *O Livro Grande de Tebas, Navio e Mariana* veio um pouco nessa onda, como eu disse, mas libertou-me, porque eu paguei praticamente todas as dívidas

em relação ao *nouveau roman*, ao estruturalismo e a todas essas concepções que pesavam sobre a narrativa. De maneira que a partir daí fiquei livre para fazer aquilo que me apetecia. E fiquei livre, também, para jogar com todos os aspectos que me interessassem e de que eu procurava tirar efeitos, fossem quais fossem as imposições doutrinárias que reinassem. Consegui ver-me livre disso.

*Estamos a falar de uma corrente literária dominante nos anos setenta. Hoje a corrente cultural dominante não será exactamente a oposta, a da história bem contada?*
Espero que não. Bom, se calhar é, mas devo dizer que há coisas por que eu tenho alguma repulsa. Uma delas é a "bem-escrevência".

*O que é a "bem-escrevência"?*
É aquele português bonito e cheio de boleios de que um exemplo é o Antero de Figueiredo. É um escritor que deu nome a ruas e que era muito conhecido nos anos trinta. Teve nove edições de um *D. Sebastião* e escreveu uma *Leonor Teles* e era considerado uma espécie de expoente.

*Dê-me um exemplo mais actual para se perceber melhor do que está a falar.*
Um exemplo de "bem-escrevência"?

*Como dizem os espanhóis, "molhe-se".*
Espere aí... Eu penso que não tem havido muito disso. Esse estilo amaneirado e bem feitinho, da palavra cara, assim como o *roman bien fait* do início do século XX, são muito próprios dessa época. Acontece que a maior parte dessa literatura que por aí aparece agora não consegue ser o romance bem feitinho, embora o tente,

porque não tem vocabulário para isso. Tenho folheado por aí romances chamados históricos e vejo que personagens supostamente do século XIV ou do século XV falam como nós. Só lhes falta dizer "bué".

*É o chamado vocabulário básico elementar.*
Exactamente. Sempre com as mesmas duas mil e duzentas palavras. Mas isso representa também outra coisa: a falta de consciência da índole da língua. E mais: das suas capacidades de expressão. Se dizemos "Che Guevara foi assassinado", não é a mesma coisa que dizer "Che Guevara foi executado", como já ouvi dizer a um colega seu numa televisão. Não é de forma nenhuma indiferente nós usarmos a palavra *a*, a palavra *b* ou a palavra *c*. Escolher as palavras para tirar delas o máximo de efeito é a base da tarefa do escritor. Mas não para fazer decorativismo. Ou não para mostrar, como dizia o Eça gozando com o Camilo, que "sabe muitas palavras do dicionário". Essa exibição tem muito pouco a ver com a literatura.

*Vê portanto a falta de expressividade como uma pecha hoje mais comum do que a tal "bem-escrevência"?*
Sim. Penso que não há Anteros de Figueiredo, não porque haja agora maior talento, mas porque as pessoas são menos conscientes da língua portuguesa e têm um vocabulário quase ao nível do Tarzan e da Jane.

*No seu entender, porque é que, depois do tal período do* nouveau roman, *houve um retomar da narrativa?*
Uma razão deve-se à maior influência do mundo anglo-saxónico. Toda aquela convulsão que houve no romance francês acabou por lhe cortar capacidade de contacto, de comunicação e de expansão

e não se pegou inteiramente ao mundo anglo-saxónico. Com o desprestígio da literatura francesa e das propostas que vinham de França, é natural que as pessoas se tivessem voltado mais para a narração. Há depois uma questão que tem que ver com o domínio dos materiais, que tem que ver com a língua e em muitos casos que tem que ver também com o talento das pessoas. Aí, tínhamos muito que dizer se pensarmos naqueles livros que vamos folheando nas livrarias e que nos deixam impressionados pela sua pobreza. Talvez isso possa ter que ver até com a ablação do contacto com algumas grandes obras literárias no nosso ensino. Tenho ideia de que muita gente pensa que gosta muito de escrever.

*Antes de gostar muito de ler?*
É muito interessante. Nos *workshops* a que eu chamei de "escrita narrativa" e nunca de "escrita criativa" – porque acho que há coisas que se podem aprender mas que não se podem ensinar –, havia muita gente que me dizia "eu gosto tanto de escrever". Para mim, para quem escrever é penoso, parece-me que há coisas mais interessantes na vida do que escrever. Uma pessoa pode ir ao cinema, pode ir ao teatro, pode entreter-se na *net*. E pode ler. Pode ler.

*Gosta mais de ler do que de escrever?*
Sim. Quer dizer, eu não posso dizer que não gosto de escrever. Às vezes há situações que estão a aparecer e há o prazer de vê-las comporem-se. É qualquer coisa de informe que começa a tomar forma. Isso é interessante e é de certo modo gratificante para quem está a escrever. Mas depois há também o duríssimo confronto com as palavras. Não exagero se lhe disser que praticamente todas as palavras de um livro – mesmo de um livro que

aparece nos interstícios de outra coisa, como é o caso de *A Arte de Morrer Longe* – são verificadas.

*Este também foi um livro puxado a ferros?*
Também. Embora se calhar até tenha sido uma forma de me desviar de fazer outras coisas que me estavam a ser muito complicadas e em que sentia dificuldades em encontrar soluções.

*Coisas literárias?*
Sim.

*Tem algum livro bloqueado?*
Tenho. Há muitos anos. Há todo um conjunto de personagens, de conflitos e de situações em volta da Lagoa Moura nas quais estou a trabalhar há muitos anos. Por arranques e com parêntesis, avanços e recuos.

*Quer dizer que a Lagoa Moura não surgiu só com* A Sala Magenta*?*
Não. A Lagoa Moura surge em 1997, quando pedi uma bolsa de criação literária. Passo de que me arrependo fortemente e que nunca mais darei na vida.

*Porque é que se arrependeu?*
Porque me senti vinculado. Senti-me obrigado a apresentar trabalho. Passei a ver-me acuado, com o prazo a correr e com a necessidade de cumpri-lo. Cheguei a levantar-me cedo, de manhã – eu que me levanto sempre tarde e que sou noctívago –, só para fazer mais umas páginas. Lá acabei por apresentar ao Instituto Português do Livro o material que tinha.

*Que nunca chegou a publicar.*
Não cheguei a publicá-lo, porque ainda precisava de muitas voltas e ainda estamos nele.

*Não foi também aí que surgiram os dois coronéis de* Fantasia para Dois Coronéis e Uma Piscina*?*
É verdade. E veio também a Lagoa Moura. Está a ver, essa bolsa foi muito produtiva, afinal.

*Esse é, então, outro ponto de contacto entre* A Arte de Morrer Longe *e os dois últimos romances que tinha publicado.*
Sim. Há qualquer coisa aí que ainda vem de 1997. Algumas ideias e talvez uma ou outra personagem.

*O casal de protagonistas em processo de separação também?*
Não. Esse casal é muito recente. Impôs-se de repente, como num conto que eu tenho nos *Contos Vagabundos* em que de repente aparecem assim umas figuras em cima do teclado. Foi mais ou menos como essas apareceram. Depois impuseram-se e começámos a tratar delas.

*Um dos aspectos do livro é a ideia dos filhos que ficam aquém dos pais.*
Sim, neste livro isso está muito presente.

*Há uma espécie de degradação social de uma geração mais nova.*
Social e cultural. Até aquela mãe – de que não se gosta muito, eu pelo menos não gosto – tem algum desdém pela nora e pelo filho, que não conseguiram chegar a certos objectivos.

*Um desdém pela nora, a quem ela corrige o português.*
Também erradamente, pelos vistos.

*O nome desta personagem feminina, Bárbara, pode também ser lido como um adjectivo?*
Porque é que diz isso?

*Porque me lembrei de frases suas aqui há uns tempos em que dizia: "A barbárie está aí."*
Sim, eu estou plenamente convencido disso, mas coitada da pobre Bárbara, que não tem nada a ver com isso. Se considerar que uma boa técnica de escrita é designar as personagens por A, B, C e D... Quando eu andava na Faculdade de Direito, as personagens daquelas tremendas questões jurídicas que se nos colocavam eram Abel, Bento, César, Duarte.

*Como uma espécie de mnemónica?*
Exactamente. Estes ficaram Arnaldo e Bárbara. E depois há-de haver personagens C e D e por aí fora.

*Como não usei essa grelha de leitura, a mnemónica para mim não funcionou.*
Também não recomendo a ninguém que use esta grelha de leitura. Estou a desvendar-lhe o processo técnico que usei. Começou por ser isto mas depois achei os nomes giros e adequados.

*Com as suas frequentes declarações dizendo que os bárbaros estão entre nós, pensei que o nome da sua personagem de português deficiente poderia não ser inocente.*

Mas nós podemos falar da barbárie à mesma, deixando a minha pobre personagem descansada com o seu Arnaldo. Ela não é particularmente agressiva. Eu associo a barbárie ao fascismo. Já pensou no debate que tem havido nos Estados Unidos sobre o serviço de saúde? Está a ver os *tea parties*? O Ku Klux Klan, que cresceu 250 por cento? O fascismo está latente. Quando falo em fascismo não me reporto necessariamente ao que se passou em Itália ou na Alemanha em determinada altura. É um totalitarismo que se baseia na exploração e na humilhação do outro. E na mentira.

*O que me está a dizer, dando esses exemplos, é algo que não é então uma particularidade do nosso lugar aqui mas antes uma particularidade do nosso tempo?*
E aqui em Portugal não haverá qualquer coisa a rosnar, lá no fundo? Já pensou – e este é mais um tema – que o fascismo e o totalitarismo são capazes de ser naturais? E que a evolução humana se tem feito precisamente reagindo contra aquilo que é natural? Que o natural de dois homens que se encontram, como dois índios nas planícies americanas, é matarem-se um ao outro? Que o natural, se calhar, é o canibalismo? Que o natural, se calhar, é a escravização do outro?

*O natural é as tartarugas serem atacadas e mortas, como acontece tanto no princípio como no fim do seu livro, pelos falcões ou pelas corujas-das-torres.*
Exactamente.

*Isso é curioso porque, por um lado, existe um sentimento de refúgio bucólico tanto nos seus dois livros anteriores quanto neste...*
É uma espécie de "corte na aldeia", no caso de *A Sala Magenta*.

*... mas ao mesmo tempo está muito presente essa dimensão feroz da natureza.*
Exacto. N'*A Sala Magenta*, eu faço menção ao facto de à noite quase se ouvir o ruído das mandíbulas. A natureza é profundamente cruel. Os animais devoram-se uns aos outros. Nós ultrapassámos isso. Deixámos há algum tempo de nos comer uns aos outros. Deixámos há muito tempo de fazer sacrifícios humanos. A escravatura está quase abandonada. Tudo isto em luta contra aquilo que é natural. Em luta contra o predomínio da lei do mais forte. Da lei da selva, no fundo. A paisagem que nós consideramos aprazível e agradável, no fundo, é um cenário de guerra e de morte. A pouco e pouco, temos escapado disso, sempre com este lastro.

*Isso foi um tema que quis sublinhar neste livro?*
Sim. Um pouco com a ideia de que tudo isto, no fundo, está sob ameaça. Há todo um mundo feroz que se calhar está à nossa espera. Temos de lhe escapar, sempre, a cada momento.

*O Arnaldo e a Bárbara serão num contexto social uma espécie de equivalente àquela tartaruga que têm em casa, às cabeçadas nas paredes de acrílico?*
Sim, são personagens presas num mundo que não compreendem. Um mundo de que não conseguem ver os limites, de que não conseguem interpretar os sinais e de que não conseguem sair.

*Tal como a tartaruga, que não vê com nitidez aquilo que se passa à sua volta.*
Exactamente. E que está contida na sua caixa de acrílico. Sente sinais de fora – há sombras, ruídos – mas não os entende. Tem muito que ver com a nossa condição, isso de estarmos fechados,

enclausurados e de recebermos sinais de outro lado que não conseguimos interpretar.

*Aquele dado referido no livro de que as tartarugas vêem mal ao perto é uma informação factual?*
Se lá está, é porque foi verificado. Eu tenho o cuidado de ver essas coisas todas. É claro que me posso enganar. Até posso optar por uma situação inverosímil quando acho que é mais interessante, mas quando o faço gosto que seja por escolha minha e não por ignorância. Neste caso é verdadeiro, tanto quanto apurei na *net*.

*Recorre muito à internet?*
Sim, sim. Recorro muito à internet, embora desconfie sempre. Mas, mais ainda, já leio com *net*, também. Durante as férias li o *Guerra e Paz* todo. No livro há imensos generais, imensas figuras históricas e eu fui conferi-las, uma a uma. A rota de Napoleão passa por Smolensk, depois há a Batalha de Borodin e eu fui ver essas localizações todas. Descobri, por exemplo, uma coisa engraçada: que o governador de Moscovo naquela altura – aquele senhor muito optimista que dizia "Moscovo não cairá" – era o pai da condessa de Ségur.

*Acrescentou então um nível suplementar de leitura ao romance.*
Absolutamente. E isso é fundamental. Eu já tinha lido o *Guerra e Paz*, em miúdo. Agora foi uma outra leitura. *Guerra e Paz* é o romance dos romances. Uma coisa perfeitamente assombrosa, esmagadora. Quase ficamos sem vontade de escrever mais uma linha.

*Acontece-lhe isso com frequência, perante livros que lhe pareçam extraordinários?*
"Para que é que eu estou para aqui a escrever as minhas coisinhas quando há coisas tão grandes que já se escreveram"? Sim. Metade das vezes acontece. Pode ser um bocadinho desmobilizador.

*Portanto, ler grandes obras é um perigo.*
Não. É bom nós termos a consciência da grandeza. Não nos esquecermos disso. Eu oiço às vezes jovens escritores com uma grande arrogância, principalmente aqueles que vendem muito em dado momento. Nunca venderam tanto, se calhar, como *A Rosa do Adro*, do Manuel Maria Rodrigues. Estão convencidos de que são grandes escritores por causa disso. É bom que haja este memento de referência à linhagem dos grandes autores. Porque a literatura, mesmo em Portugal, já chegou a certos píncaros. À medida que o tempo passa, vou-me convencendo de que o Eça é tão grande como o Flaubert. E de que o Machado de Assis é tão grande como eles os dois. O Aquilino é um grande escritor, talvez o maior do século XX. É bom que tenhamos consciência de que já atingimos esses píncaros. Com certeza não chegaremos àquela elevação, mas há que fazer um esforço para estar no mesmo trilho.

*Não é necessária, precisamente, uma certa dose de arrogância – descontando o que a palavra tem de pejorativo – para conceber a ideia de escrever uma obra com nervo e força e que se possa tentar bater com tudo o que já foi escrito ao longo de séculos?*
Não. Estou convencido de que a arrogância nunca tem resultados positivos. Normalmente é uma falsidade: "Eu arrogo-me isto." A arrogância habitualmente está cheia de vento. É vaidade. *Vanitas*, que significa isso: "como o vento". Note que eu não estou a defender

que haja uma humildade reverencial e agachadinha, atenção. Agora, ignorar os outros ou estar convencido de que se inventou a literatura portuguesa! Há pessoas que estão convencidas disso. Por uma razão muito simples: é que não conhecem mais nada. Não têm meios de comparação. Aliás, um dos problemas dos dias de hoje é o da obnubilação dos sistemas de referência. Tenho impressão de que alguém está interessado em que nós não sejamos capazes de comparar nem com o que está para trás nem com o que está ao lado.

*Alguém?! Isso está a parecer-se com uma teoria da conspiração.*
Não sejamos ingénuos nem angelicais. Muitas vezes estes desígnios existem não de uma forma deliberada e consciente a cada momento, mas como uma espécie de grande tendência geral que domina e impõe que os cidadãos sejam condicionados por uma certa doxa. Funcionando muitas vezes os agentes culturais e a comunicação social como reprodutores dessa doxa e como condicionadores de opiniões.

*Hoje, por comparação com há cinquenta anos, não há um acesso muito mais facilitado e generalizado a todo o tipo de bens culturais?*
Sim. Vamos lá ver, há muito mais gente escolarizada neste momento. Por mais deficiente que seja a escolarização, é melhor que haja do que não. Não temos dúvida nenhuma. Simplesmente, o que eu receio é que esteja a diminuir, e cada vez com menos capacidade de reprodução, a linhagem, a comunidade que transmite as coisas de geração em geração.

*Parece-lhe que é isso que está a acontecer?*
Pode estar a acontecer isso. A literatura nunca foi um fenómeno de massas, nem um fenómeno democrático, mas houve uma

comunidade de leitores, mais ou menos larga, que foi transmitindo a tradição. Provavelmente essa comunidade não está a ser alimentada porque quem vem agora do ensino vai antes alimentar o lixo do grande consumo.

*Deixe-me fazer-lhe uma pequena provocação: é engraçado ouvi-lo defender uma ideia que só se pode classificar como aristocrática.*
E se for? Eu sei qual é a provocação. É notório que eu sou um homem de esquerda. Sempre fui e não encaro a possibilidade de ser outra coisa. Mas a verdade é que também não alinho com superstições e folclores.

*O que me está a dizer é que a literatura não é espaço para democracias.*
É evidente que não são os consumidores, nem se vai decidir por referendo quem são os bons escritores portugueses. Não é *A Rosa do Adro* – vamos tomar *A Rosa do Adro* como o grande *best-seller* de sempre...

*Não quer usar um exemplo mais recente?*
Não, não quero. *A Rosa do Adro* não é o nosso melhor livro. Assim como o senhor Quim Barreiros não é o melhor músico português.

*Ah, na música já recorre a um exemplo actual.*
Porque ele não vai ler esta revista.

*Nunca se sabe. Em suma, a ideia de uma aristocracia da cultura para si faz sentido.*
Faz sentido se lhe retirar essa carga bolorenta e cheia de verdete da aristocracia. Mas a ideia de que há uma comunidade – como a que se encontra no Ray Bradbury, lembra-se?

*No* Fahrenheit 451, *com aquelas pessoas que no fim encarnam, cada uma, um livro diferente.*
Que não são necessariamente gente muito letrada. Tenho conhecimento de marinheiros, por exemplo, que são grandes leitores. Conheço um empregado de hotel, que não é dos tais licenciados, que vejo muitas vezes perto desse hotel, e que de vez em quando me vem dizer: "Ó senhor fulano, estive a ler o Steinbeck e aquilo é uma coisa espantosa. O *A Leste do Paraíso*... que grande livro." Vai comigo um bocadinho conversando sobre os livros que vai descobrindo e que vai lendo. É um grande leitor. Faz parte da tal comunidade. É uma pessoa simples. Se quiser chamar-lhe aristocracia, chame. São pessoas que são capazes de apreciar a complexidade dos sentimentos, das emoções, da escrita. É esta comunidade de pessoas que vai levando a literatura de geração em geração.

*A leitura exige tempo e concentração; hoje tudo é rápido e imediato, à velocidade de um clique na internet. Isso constitui uma ameaça à leitura?*
Não creio que constitua uma ameaça. Acho que é um enriquecimento. Quando lhe falei da minha leitura do *Guerra e Paz*, ela ficou enriquecida com o conhecimento até das imagens de época. Só que eu tenho a possibilidade de fazer estas escolhas porque essas referências foram-me transmitidas. É preciso não esquecer que estamos numa revolução tão intensa como foi a revolução do Gutenberg, que também foi vista como um problema. A própria escrita e a redução da *Ilíada* e da *Odisseia* a escrito suscitaram dúvidas e reservas. Acabava-se com a memória. Isso está no Platão. Há uma grande desconfiança em relação à mudança. É certo que se perde sempre alguma coisa. É inevitável. Mas o livro, como nós o conhecemos, vai acabar.

*Lamenta isso?*
Não. Não lamento. Assim como não lamento que tenhamos deixado de desenrolar os livros como se fazia antigamente nos rolos. Como não lamento a falta do cheiro a barro fresco da escrita cuneiforme. Nem lamento a falta do estaladiço do papiro. Pelo contrário: é muito vantajoso termos um livro e termos a crítica e termos as imagens e várias versões e várias traduções e toda a informação que há a respeito desse livro. É muito mais enriquecedor. Isso já se pode conseguir numa daquelas maquinetas que têm aparecido agora. Penso que esse vai ser o futuro do livro. Porque é que havemos de ter paredes e paredes cheias de coisas se podemos tê-las todas numa placazinha?

*É frequentador do Twitter e do Facebook?*
Não sou, deliberadamente. Como vê, não tenho nenhuma espécie de preconceitos nem reservas em relação às tecnologias novas. Pelo contrário, acho que são enriquecedoras e que é assim que o mundo progride. Uma das coisas boas que me aconteceram na vida foi ter assistido a estas transformações todas e viver agora num mundo de ficção científica. Não é por acaso que a ficção científica perdeu a importância que tinha. Nós estamos a vivê-la.

*Perguntei-lhe se frequenta as redes sociais porque as suas personagens frequentam-nas e percebe-se que é um conhecedor da matéria.*
Eu não tenho nada de princípio contra, agora, na parte que me toca, como já reparou, eu não sou muito convivial. Por outro lado, não gosto muito de me expor pessoalmente.

*Mas não acha, como Miguel Sousa Tavares, que o Facebook é "a grande ameaça do nosso tempo à humanidade"?*
E ele está no Facebook?

*Não.*
Pronto, eu também não.

*Isso quer dizer que concorda com ele?*
Eu penso que pode haver algum excesso de devassa da vida pessoal. Mas só lá vai quem quer. Eu não vou.

Maio de 2010

# GONÇALO M. TAVARES

## O LIVRO É O OBJECTO DE CULTO DA LENTIDÃO

*Aquilo que diz é por vezes tão desarmante como aquilo que escreve. Sentamo-nos à mesa de um café e é como se subitamente as leis da Física sofressem uma ligeiríssima transformação: saímos do mundo convencional ao ouvi-lo. Enquanto fala vai fazendo riscos num papel: quando a conversa termina, duas horas e meia mais tarde, há nele círculos e segmentos de recta e mesmo equações. É um escritor que gosta da imponderável exactidão do que parece ser uma evidência, mas que deixa de sê-lo logo que a posição do olhar roda ligeiramente. É esta a poética de Gonçalo M. Tavares, aquele de quem Saramago disse que há-de suceder-lhe um dia na lista do Nobel da Literatura. De repente, tem três novos livros nos escaparates:* Uma Viagem à Índia *(Caminho),* Matteo Perdeu o Emprego *(Porto Editora) e* O Senhor Eliot e as Conferências *(Caminho). Tão diferentes entre si como a multiplicidade de vozes literárias que o autor de* Jerusalém *soube inventar nas quase três dezenas de livros – a exactidão exige que se diga serem vinte e sete – que já publicou desde 2001. Tem quarenta anos.*

*Qual é o maior obstáculo que se sente obrigado a vencer enquanto escritor?*
Eu gosto muito da ideia de que cada forma diferente de escrita – seja fragmento, conto ou romance – marca logo o conteúdo do que escrevemos. Isso parece-me muito claro.

*Cada livro oferece um tipo de resistência diferente?*
O romance consegue chegar a coisas a que o conto não chega, o fragmento chega a outras. A epopeia chega a coisas que os outros géneros literários não atingem. Ou seja, o que me interessa muito é tentar alcançar cantinhos do mundo que só se conseguem perceber com formas de escrever diferentes. Nesse aspecto, o que me atrai não é tanto o obstáculo, é mais a ideia do cantinho escuro. O cantinho a que ainda não fui. O obstáculo é conseguir passar ao lado daquilo que já conheço para ir em direcção ao que é novo para mim. Por isso uso muito a palavra "investigação".

*Usa-a num sentido que tem alguma coisa a ver com o significado que ela tem na ciência?*
Acho que sim. Gosto da ideia de a literatura poder ser milhares de coisas. Quando se diz que a literatura é isto *ou* aquilo, eu sinto que sou muito mais do *e*.

*Isto* e *aquilo?*
Sim. Quando classificam os livros ou quando usam aquelas definições muito pragmáticas, eu penso sempre que gosto disto *e* daquilo, que eu sou isto *e* aquilo. É engraçado: parece-me que as pessoas ou são muito do *e* ou são muito do *ou*. Como gosto muito da ideia de ligação, gosto da ideia de uma coisa poder ser uma coisa *e* outra coisa *e* outra *e* mais outra.

*O que tem a ver com a ideia de que, no fundo, cada um de nós é uma multidão.*
Sim. Felizmente os seres humanos não são plantas taxinomizáveis. Temos vários interesses completamente diferentes e muitas vezes quase contraditórios.

*Conhece-se melhor à medida que tem vindo a escrever mais?*
Quer dizer, eu não colocaria a questão do autoconhecimento. Eu não distingo o conhecermos melhor o mundo do conhecermo-nos melhor a nós próprios. Acho que não há distinção.

*Reformulando a pergunta, então: sente que conhece melhor o mundo em geral à medida que tem escrito mais?*
Claro. Nesse sentido é que escrever é mesmo uma forma de investigação. À medida que vou escrevendo, vou descobrindo coisas sobre o mundo – onde me incluo e de que sou uma pecinha pequenina – e realmente é isso que me interessa. De certa maneira, o que quero é ir iluminando partes do mundo que não conhecia.

*Há uma outra ideia da literatura que nos faz pensar nela como algo que, ao expandir o mundo, o obscurece em vez de o clarificar. Não lhe parece ser também uma forma produtiva de encarar certos objectos literários?*
Essa questão de clarificar e obscurecer é realmente importante e interessante. Estas coisas não se esclarecem só com uma frase. Eu na verdade não quero clarificar. O que me agrada muito é que de uma forma simples as pessoas percebam melhor. Perceber melhor, ser mais lúcido... É aquela ideia de que eu também gosto muito: de que um livro tem gramas de lucidez. De certa maneira, um bom leitor é alguém que vai acumulando lucidez de cem em cem gramas e que acaba por ficar com os seus setenta quilos de lucidez.

*Setenta quilos é só para alguns; conheço alguns casos que requerem mais uns quilinhos.*
[*Risos*] Não vamos dizer nomes. Mas fiquemo-nos pelos setenta quilos, como exemplo. Esta lucidez não é necessariamente uma

clarificação do mundo. Uma pessoa lúcida não é alguém que vê claramente o mundo. Pode até ser o contrário. Muitas vezes investigar é um processo em que aquilo que nos parecia claro e evidente se torna mais obscuro, mais complexo.

*É o princípio do "só sei que nada sei".*
É um percurso em que nós vamos sabendo mais coisas e em que percebemos que um problema que parece simples tem uma grande complexidade. Nesse aspecto, gosto muito das frases que são aparentemente muito simples. Se as lermos a correr, a cem quilómetros hora, parecem uma coisa. Mas, se pararmos e olharmos atentamente, vemos que há ali uma complexidade muito grande. Agrada-me muito tentar ser exacto mas que ao mesmo tempo essa exactidão esteja ligada a uma espécie de dificuldade. Ser exacto e simultaneamente paradoxal. Uma exactidão que implique interpretação. Normalmente, associamos a exactidão a uma coisa que não requer interpretação.

*Associamo-la à tal ideia de clareza, de que ainda agora falámos.*
Sim, à clareza. Associamos a exactidão ao 2 + 2 = 4. Eu gosto muito de frases exactas, em que aquilo está mesmo a dizer o que diz sem qualquer dúvida, mas em que ao mesmo tempo, estranhamente, paradoxalmente, há uma quantidade de interpretações daquela exactidão. Os meus livros estão muito atravessados por isso. É algo que tem a ver com a velocidade. Se nós lemos rápido, parece que ficamos com a exactidão, se lemos com a velocidade que eu acho que a frase exige, ficamos com a perplexidade e com as possíveis interpretações daquela frase. É engraçado: agora que penso nisto, está a ocorrer-me que a lentidão dá esta estranheza e esta perplexidade. Aquilo que parece exacto torna-se motivo de outras investigações.

*Isso também é válido, além da literatura, para as suas habituais deambulações pela cidade, a pé?*
Sim, a velocidade é determinante. Há uma passagem do *Austerlitz*, do Sebald, em que ele põe um vídeo nazi onde parece que tudo é bonito, numa aldeia de judeus.

*É o campo de concentração de Terezín.*
É. Depois, em câmara lenta, percebe-se que a banda que parecia tocar uma música alegre está afinal a tocar uma música fúnebre. É como se a lentidão ali – acho que este é um bom exemplo – nos desse a verdade das coisas. É preciso desacelerar para se ver exactamente o que está a acontecer. Eu gosto muito de andar e ando por vezes a um ritmo muito forte. Isso faz uma pessoa pensar de uma forma muito diferente do modo como se pensa sentado. Aliás, o Wittgenstein tem uma frase, que eu considero muito bonita, em que diz que quando quer mudar de teoria muda o corpo de posição. Isto faz muito sentido. Quase podemos pensar em filosofias sentadas, filosofias deitadas, filosofias em andamento. O Bachelard divide os filósofos em filósofos caminhantes e filósofos sentados.

*"O Reino" e "O Bairro", as duas séries em que se tem dividido uma boa parte da sua obra, são escritos em posições diferentes?*
São. "O Bairro" é claramente um mundo de encantamento. É um mundo muito lúdico, em que o humor e a ironia são centrais. É uma das minhas partes essenciais. E escrevo uma coisa e outra em momentos diferentes.

*Mas do que estávamos a falar era da posição do corpo – há algum aspecto físico em que a escrita seja diferente numa e noutra série?*

O aspecto físico que varia tem provavelmente a ver com os momentos – com o tipo de fadiga e o tipo de estimulação. Quando terminei de escrever *Aprender a Rezar na Era da Técnica*, estava de tal forma cansado que naturalmente fui escrever os Senhores [*da série "O Bairro"*], que são coisas que me são naturais. Eu tenho naturalmente uma certa ironia, portanto tudo aquilo me é natural.

*Sente-se mais d'"O Bairro" do que d'"O Reino"?*
É estranho. Eu tenho, por vezes, a imagem de pessoa cerebral e pessimista e tal, mas "O Bairro" é um outro mundo. E acho que todos os meus livros têm esse outro mundo, que me é natural: o mundo do humor e da ironia. Como se as palavras fossem coisas materiais e nós pudéssemos ver as costas das palavras, a parte de baixo das palavras; como se pudéssemos levantar a saia das palavras. Eu, instintivamente, quando recebo uma frase, quando ouço uma frase, é como se me movimentasse em redor dessa frase. A ironia é não recebermos uma frase exactamente como ela nos surge e tentarmos ler o outro lado do que se está a dizer. Isso é-me muito natural.

*É uma forma de resistência ao significado literal?*
Sim. Quando ouço alguma coisa, estou sempre a pensar nas outras coisas que estão à volta dessa frase que está a ser dita. Ainda a propósito do que é obscuro: se há coisa que me agrada, como leitor, é encontrar aquilo que eu de imediato não percebo. É das coisas que mais me entusiasmam. É isso que muitas vezes me faz ter vontade de escrever, de responder. É muito importante esta ideia de que a complexidade e a dificuldade, o não-perceber, é a primeira parte do acto de fazer alguma coisa.

*Depois desse primeiro momento tem de chegar a algum tipo de compreensão para valorizar esse texto que começou por lhe oferecer resistência?*
Não. Não é necessário. Há coisas que não são para compreender até ao grama. O que é que é compreender, se pensarmos na palavra? Etimologicamente, "compreender" tem a ver com a preensão, com agarrar, ter na mão. Mas será que eu posso compreender uma frase como compreendo o 2 + 2 = 4? Não. Há diferentes graus. Numa determinada frase se calhar uma pessoa vê uma data de referências implícitas mas há outra em que não as vê. Portanto, o que é compreender? A lógica da linguagem não tem nada a ver com a lógica da matemática. Ou se tem alguma relação, tem a ver com o número π, que é interminável. A linguagem é sempre uma coisa que não dá resto zero. As frases não dão resto zero. Isto está a ocorrer-me agora. É uma ideia que se calhar depois vou desenvolver. O que é compreender o número π? É saber que é 3,14 ou é saber mais vinte casas decimais ou mais cem casas decimais? Não há limite para isto de compreender. A linguagem é muito isso. A ideia de não dar resto zero é importante. Há sempre mais qualquer coisa que se pode dizer.

*O facto de deixar os seus livros num longo período de pousio – entre o período da escrita e o período da publicação – tem alguma coisa a ver com um processo de autovigilância?*
Sim. Claramente. É como se vivesse em diferido. E isso é uma sensação muito agradável. É quase uma metodologia que já nem é intencional. É a minha metodologia. É quase uma coisa prática. Tenho livros já terminados e há o que sai. O que sai é uma outra vida. É como estar noutra vida a olhar para os livros que estão a sair neste momento.

*O que é que lhe é mais frequente rejeitar na matéria bruta daquilo que escreve e que fica em pousio?*
A grande característica e a grande força, para mim, desta metodologia tem a ver com a possibilidade de eu olhar para os livros que escrevi como leitor. Já ganhei tanta distância temporal em relação a eles, que a parte do corte já é feita como leitor. E, quando o livro sai, é como se visse um outro livro.

*Durante quanto tempo esteve em pousio* Uma Viagem à Índia*?*
Aqueles sete, oito anos.

*Isso corresponde ao subtítulo que indica, "(2003/2010)". A leitura que fiz foi a de que essas datas correspondiam ao período da viagem de Bloom, o protagonista.*
Sim, pode ser isso. Mas também corresponde ao tempo de viagem do livro. A matéria bruta foi escrita em 2003 e depois foi sendo revista e revista até agora.

*Quantos livros tem neste momento em processo de pousio?*
Não sei. Acho que isso não é importante.

*Quer manter o segredo à volta disso?*
Não. Quando tenho algum livro terminado, publico-o. Quando está mesmo terminado, com aquela data, com a minha cabeça do momento.

*A ideia que se instalou é a de que tem lá em casa uma espécie de arca com livros que só falta serem revistos para poderem chegar às livrarias. Isso corresponde à verdade?*

Quer dizer, há várias coisas. Como disse há pouco, eu trabalho em diferido. Portanto, há várias coisas que estão na fase da matéria bruta ou que já passaram essa fase e que estão numa fase intermédia. Depende muito. A certa altura é uma coisa instintiva. A decisão do livro em que eu pego e que quero rever e cortar vem muito do instinto e do entusiasmo. A ordem final de saída muitas vezes não corresponde à ordem com que as coisas foram feitas.

*Há um problema que se põe aos escritores a partir de uma certa idade – não é ainda o seu caso, evidentemente –, que é o do destino que vai ser dado aos papéis que são encontrados* post mortem *sem terem sido revistos pelo autor. Alguma vez pensou nisto?*
Isso é uma coisa complicada. Há quase um mundo fora da parte pública. Se eu morrer, a coisa logo se resolve. [*Riso*]

*Deu instruções a alguém nesse sentido?*
Como todos nós temos a morte próxima, se calhar qualquer dia devia dar instruções a alguém. Sobre a morte, queria dizer uma coisa que para mim é importante. A morte é, para mim, central. Acho que nunca faria nada se não tivesse percebido desde muito cedo uma coisa que é básica: está muito claro para mim que a morte está para breve.

*Pensa isso com frequência em relação a si próprio?*
Sim. Tenho isso muito claro. Eu não faria um vigésimo do que fiz se isso não estivesse tão claro para mim.

*Isso não é contraditório com o facto de ter imensas coisas em pousio e imensos projectos para o futuro? Essa é a atitude de alguém que tem a perspectiva de ter muito tempo pela frente.*
Não. As coisas não aparecem de repente.

*O que eu queria sublinhar é que, em quem tem material em pousio, parece não haver nenhuma urgência.*
E não há. Em termos de publicação, não há qualquer urgência. Acho que isto até é importante para as pessoas que estão a começar a escrever e que têm dificuldades em publicar um primeiro livro: ser escritor nada tem a ver com publicar. São dois mundos distintos. Sobre a morte, o que eu acho que é relevante é a pessoa ter a consciência – não é só uma ideia abstracta – de que vai morrer. Depois, a ideia seguinte é: "Por enquanto, estou vivo." Isso muda tudo. "Por enquanto, estou vivo. Então, o que é que eu tenho que fazer?"

*Não há também o perigo do raciocínio oposto e paralisante – "em breve estarei morto, logo nada faz muito sentido e nada vale a pena"?*
Não. Pelo contrário. Dá um optimismo, uma alegria e um entusiasmo que nos coloca na questão de que por enquanto estamos vivos. "Então, o que é que eu vou fazer enquanto estou vivo? O que é que é importante para mim?" Tudo passa a ser diferente. Eu não perco tempo com coisas de que não gosto. Tenho um grau de selecção muito apurado que tem a ver com o facto de perceber: "Vou morrer, não tenho dúvidas nenhumas sobre isso, a coisa está para breve, a vida é breve para todos." Isto recoloca logo a questão de como é que eu vou aproveitar o meu tempo. Acho que a morte é central no meu trabalho.

*Quando é que percebeu isso?*
Não sei. Há um livro que é determinante no meu percurso: as *Cartas a Lucílio*, de Séneca. Li-o com uns dezoito, dezanove anos. É um livro que me acompanha muito. Logo a primeira carta é uma carta sobre o tempo. Lucílio é um discípulo a quem Séneca diz: "Caro Lucílio, já que te queixas de falta de tempo, relata-me o teu dia anterior, diz-me o que fizeste e quanto tempo gastaste com cada coisa; depois de teres feito essa lista, vê de entre as coisas que fizeste quais são as que consideras essenciais e quais são as acessórias, aquelas que poderias dispensar; depois de definires o essencial e o acessório, elimina amanhã o que é acessório e faz apenas as coisas essenciais." O que eu acho muito bonito nisto é ele aconselhar a fazer uma contabilidade do tempo. Isto é marcante para mim.

*Sabe sempre distinguir entre o que é essencial e o que é acessório?*
É claro que nunca se sabe. Agora, uma coisa para mim é muito clara: eu dirijo-me às coisas de que gosto. Dirijo-me para aquilo que intelectualmente me motiva. Eu nunca leio um livro de que não gosto.

*Mas, quando se vai ler um livro, não se sabe à partida se se vai gostar ou não.*
Não, mas eu coloco-me sempre na posição... Os leitores têm de mudar de posição. *Uma Viagem à Índia* é muito claramente um livro em que o leitor tem de mudar de posição. Não pode lê-lo da mesma maneira que lê um outro livro. Eu, pessoalmente, enquanto leitor, tento sempre encontrar a posição que faz com que aquele livro me dê alguma coisa. Como felizmente não leio por obrigação, leio sempre por prazer, tento sempre encontrar o que me dá prazer nos livros.

*O que é isso da posição em que se lê?*
A posição é nós percebermos o que é que o livro nos quer dar. Eu, como leitor, não quero impor-me ao livro. Não digo ao livro: olha, eu quero que me dês isto. Não. Eu tento colocar-me sempre na posição de receber aquilo que ele me quer dar. Se me colocar nessa posição, vou sempre receber coisas.

*Também se pergunta, enquanto escritor, o que é que o livro que está a escrever tem para dar?*
Não. Aí não penso. Escrevo de uma forma totalmente instintiva. Não penso enquanto estou a fazer.

*Isto era para lhe perguntar se escreve aquilo que quer ou se escreve aquilo que pode.*
No meu caso, aquilo que associo à ideia de escrever é aquela fase da matéria bruta. Apesar de, paradoxalmente, cortar – ou seja, transformar dez páginas em apenas duas, que é o que eu faço muitas vezes – também ser escrever.

Uma Viagem à Índia *é um livro com uma forma tão específica, que isso não pode ter resultado da espontaneidade e do instinto que me estava a descrever como seu método de trabalho. Houve um momento em que teve de decidir que aquele livro seria em verso e teria dez cantos, por exemplo. Foi esse o ponto de partida?*
Isso foi logo o ponto de partida.

*Então sempre há uma determinação prévia que não é apenas instintiva.*
Acho que *Uma Viagem à Índia* é um livro muito livre. Simultaneamente com essa liberdade tem a parte da estrutura. Há aqui

um modelo de estrutura que equilibra as duas coisas. O começo do Bloom foi a construção de uma personagem: eu não sabia o que ele iria fazer e o que lhe iria acontecer. É um individualista do século XXI. Esta coisa do século XXI está muito marcada no livro.

*No fundo, sendo o livro uma forma de diálogo literário com* Os Lusíadas, *é também a afirmação da impossibilidade da epopeia ou do heroísmo neste início de século XXI.*
Sim. Ao mesmo tempo, interessava-me muito também a questão da epopeia. Para já, pensando como se pode recuperar hoje a epopeia.

*O livro não nos fala, justamente, da impossibilidade de a recuperar?*
Mas a impossibilidade de a recuperar é uma impossibilidade que ao mesmo tempo mostra a sua possibilidade.

*Isso não é só um jogo.*
Não. Eu acho que a epopeia tem uma riqueza que outros géneros literários não têm. É evidente que uma epopeia no século XXI não pode ser igual à epopeia dos séculos clássicos. Agora, o género epopeia tem uma riqueza que eu acho absolutamente extraordinária. É algo que me interessa muito.

*O que é que é epopeico na viagem de Bloom à Índia?*
Se calhar com isso voltamos às questões de estrutura. Há aqui um modelo que é o modelo da epopeia.

*Mas é só o modelo, já é só a carcaça.*
Mas o modelo é estruturante. Para quem conhecer bem *Os Lusíadas*, há um acompanhamento próximo – com muitos desvios, que têm a ver com o Bloom, que é do mundo da ficção,

nada tem a ver com as Descobertas. O Bloom é uma personagem que sabe muito claramente que é personagem. Ali não há qualquer tentativa de parecer real. Percebe-se que tudo o que acontece é ficção. Mesmo na violência. Este livro nada tem a ver com o mundo d'"O Reino". Isto é muito diferente. A questão da estrutura é fundamental. Isto segue a estrutura da epopeia, logo desde a tempestade, no início. Por exemplo, quando há uma batalha n'*Os Lusíadas*, há um conflito que tem a ver com os conflitos mesquinhos deste século XXI. O livro acompanha a estrutura da epopeia.

*O Gonçalo é tão drasticamente pessimista como transparece nos seus livros da série "O Reino" e agora também em* Uma Viagem à Índia*?*
Não. O Eduardo Lourenço fala por diversas vezes, no prefácio, da questão do humor.

*Certo. Mas pode ser-se pessimista com humor.*
Claro. E acho que é a melhor maneira de se ser pessimista.

*O Kafka ria-se às gargalhadas com as histórias que escrevia.*
Sim. E eu acho *Uma Viagem à Índia* um dos livros mais divertidos que escrevi. Eu também me rio à gargalhada com certas passagens de *Uma Viagem à Índia*.

*Mas não é propriamente um livro optimista.*
Não sei. O que eu acho importante é que os livros, no século XXI, não sejam livros do século XIX. Um livro do século XIX podia ser ingenuamente optimista. Podia ser um tonto optimista: "O mundo é maravilhoso, as flores são lindas, os meus amigos são maravilhosos." Se alguém no século XXI escrever livros com este

optimismo ingénuo não é apenas um mau escritor. Está no limite do criminoso. No sentido de ser alguém que não percebeu nada. É alguém que passou directamente do século XIX para o século XXI sem passar pelo século XX. O século XX é um século que nos está a dizer que temos de estar atentos.

*Há redenção?*
Há, claro. Fascina-me tanto a investigação da potencial maldade como a da potencial bondade. Fascinam-me as pessoas que têm actos de bondade completamente incompreensíveis: alguém que abandona os seus confortos e vai para um sítio qualquer dedicar-se completamente aos outros. Para mim, isso é tão estranho e surpreendente como a maldade da tortura.

*Mas tem escrito mais sobre a maldade do que sobre a bondade.*
Não. "O Bairro" é muito do optimismo, de um mundo utópico, lúdico, alegre. Se calhar "O Reino" tem mais a ver com o desencantar e "O Bairro" tem mais a ver com o encantar. Nós precisamos das duas coisas. De alguém que diga "não te esqueças, cuidado, há aqui um perigo", mas ao mesmo tempo também acho que o encantamento é fundamental.

*Mas a marca central dos seus livros é a outra.*
As pessoas olham para onde querem. O humor e a ironia são marcas que eu nunca largo. Em relação a *Uma Viagem à Índia*, se olharmos para umas coisas temos claramente um mundo lúdico, se quisermos olhar para outras temos um mundo mais pessimista. Eu acho que tem algumas das passagens mais divertidas que já escrevi. Podemos dizer que é humor mas é pessimista ou podemos pensar "é pessimista mas tem humor". Uma frase que

pode ter muito a ver com a personagem Bloom é uma frase que a certa altura me apareceu numa crónica para a *Visão*: "Não te leves demasiado a sério, mas leva a sério o mundo."

*Enfrentar* Os Lusíadas *de uma forma tão directa como o faz em* Uma Viagem à Índia *supõe uma grande autoconfiança literária. Onde é que vai buscá-la?*
Este diálogo com a tradição é algo que é natural em mim. "O Bairro" é, em parte, quase uma história da literatura em ficção. *Os Lusíadas* é uma obra tão central na língua portuguesa que é quase natural passar por lá. Seria acaso ou má sorte um escritor hoje não se cruzar com *Os Lusíadas*. Há inúmeros autores que de uma forma ou de outra se cruzam com Camões. É como se fosse uma praça central de uma cidade. E é tão central que temos obrigatoriamente de passar por aí. Quando estamos fascinados por qualquer coisa é natural querermos fazer algo em redor disso.

*Também pode ser natural temer afrontar algo que consideramos de uma importância desmesurada.*
Mas porque é que vamos temer uma coisa tão extraordinária? O que é que vamos temer de uma coisa tão boa que recebemos? Temos é que estar contentes e orgulhosos por podermos ter aquela obra à nossa frente.

*Onde eu estava a pôr o acento tónico é no que isso supõe de autoconfiança literária, que no seu caso me parece muito evidente.*
O que eu acho relevante é cada pessoa fazer o seu percurso sem constrangimentos. Um percurso livre. Qualquer coisa que se publique é sempre uma ousadia.

*Não considera* Uma Viagem à Índia *uma ousadia suplementar no seu percurso literário?*
Eu não vejo as coisas assim. É um livro que aparece naturalmente. É um privilégio poder dialogar com uma obra fabulosa que foi escrita em português. Não consigo ver isso como algo de especialmente complexo. É isto, simplesmente: um privilégio.

*Há um elemento – provavelmente o mais importante – em* Os Lusíadas, *a questão da nacionalidade, que está ausente do seu livro.*
Sim, nós estamos num mundo que já não tem nada a ver com isso. Bloom é uma personagem que quase não tem pátria. Mais do que partir de Lisboa é um europeu.

*É também um eco do* Ulisses, *de Joyce.*
O próprio nome – Bloom – tira-o logo da ideia do português. É outro mundo. Esta questão do século XXI tem também muito a ver com isso: Bloom é um europeu que parte de Lisboa. Parte sozinho. Não há nada de grandes aventuras colectivas. É uma aventura individual.

*A ideia de chamar Bloom à personagem, como o protagonista do* Ulisses, *de Joyce, foi imediata?*
Foi.

*Pelo jogo meta-literário?*
Não. Acho que é uma coisa – mais uma vez – instintiva. Os nomes das personagens, em certo sentido, são das coisas menos racionais.

*Os seus livros estão quase sempre em diálogo com outros livros.*
Alguns. Outros são muito diferentes. Por exemplo, "O Reino" nada tem a ver com isso.

*"O Reino" talvez não explicite nomes de autores mas alimenta-se claramente da literatura da Europa central.*
Claro. Mas toda a literatura aparece depois da literatura que já foi feita. Este é um aspecto essencial. E aparece não apenas depois da outra literatura; aparece depois da arte que já foi feita, do teatro que já foi feito, do cinema que já foi feito. Ou seja, não se pode escrever no século XXI como se não houvesse escritores e artistas nos séculos anteriores. E depois as artes plásticas ou o cinema ou o teatro são fundamentais para mim. É evidente que toda a tradição cultural está presente.

*Isso pode é ser mais ou menos explícito e nos seus textos está presente de uma forma muito explícita.*
Há uma coisa que eu acho importante e que tem a ver com uma certa responsabilidade de quem escreve. É uma responsabilidade humana: a questão da conservação da memória. A única hipótese de conservarmos o antigo é tornarmos o antigo presente. Acho que isso é uma responsabilidade do escritor: dar a sua atenção ao clássico.

*Sente a obrigação de entrar em diálogo com aquilo que foi feito antes de si?*
Toda a gente está em diálogo. Só não o está quem não deu uma atenção mínima ao passado. Há quem escreva como se não existisse memória. Mas a conservação da memória é aquilo que distingue o homem do animal. Ou seja, os animais não conservam as coisas que as gerações anteriores fizeram. Nesse aspecto, a memória é uma marca humana extraordinária – a ideia de fazer o novo

mas ao mesmo tempo conservar o que vem de trás e dizer "eu sou herdeiro destes extraordinários escritores que nos antecederam". É quase uma questão de responsabilidade literária e ética.

*Se esse jogo intertextual e metaliterário for muito explícito e estiver muito presente (não estou a falar da sua obra, estou a pôr a questão em tese), não se corre o risco de uma certa endogamia literária?*
Não. Há sempre uma fusão entre aquilo que vai acontecendo na realidade, a biografia, o que se lê, o que se viu, etc. Os meus livros são completamente diferentes uns dos outros. A maior parte deles são livros muito orgânicos. Quando uma pessoa de um outro mundo entra no livro isso mostra que ele não é um circuito fechado. Por exemplo, o *Senhor Valéry*: uma criança entra naquele livro. Se fosse um mundo fechado, só lá entrariam os especialistas em Paul Valéry. Pessoalmente, não gosto dos livros super-meta-literários em que só entra quem tiver uma bagagem enorme. Não gosto disso. As pessoas podem entrar em todos os meus livros sem conhecerem... Uma pessoa pode ler *Uma Viagem à Índia* sem conhecer *Os Lusíadas*. Acho isso fundamental. E isso é logo uma porta aberta.

*Em que altura é que decidiu que seria escritor?*
Não há uma data. No meu caso não houve uma decisão num determinado dia.

*Mas terá havido uma decisão num determinado período da vida.*
Eu acho que não foi uma decisão. Estas coisas não se decidem como quem decide ir hoje ao cinema ver um filme e não ver outro. Não é isso. É mais de outra maneira: a pessoa vai avançando, avançando, e a certa altura está num sítio diferente. Está naquilo.

*Identifica algum livro como o seu primeiro grande entusiasmo literário?*
Nas leituras gosto de coisas completamente opostas.

*Não houve nenhuma epifania especialmente poderosa num período decisivo da vida?*
Não há um livro ou um autor que seja central para mim. Lembro-me que quando era mais novo o autor que eu li de rajada – esse foi uma das excepções em que li tudo – foi o Albert Camus. Foi algo que li muito novo e que não voltei a ler. Uma das minhas curiosidades é perceber se o impacto que aquilo criou em mim se manteria se o relesse agora.

*Acontece-lhe com frequência sentir uma* décalage *grande entre a ideia com que ficou de uma leitura antiga e a sensação que tem mais tarde, com a releitura?*
Eu não faço assim tantas releituras. O que me acontece muito, desde há muito tempo, é que eu leio sublinhando e escrevendo pequenas notas. Lembro-me, por exemplo nas *Cartas a Lucílio*, que houve certas coisas que achei muito significativas e que agora há outras coisas a que não dei atenção nenhuma e que me parecem afinal determinantes.

*Uma vez que o livro se mantém, com as mesmas palavras pela mesma ordem, o que mudou foi o leitor.*
Sim, mas a mudança por vezes é até circunstancial. Há mudanças fortes mas muitas das mudanças têm a ver com o dia. Às vezes é quase uma coisa de hora: depende da hora a que se abre o livro. Por exemplo, se a pessoa está apaixonada, quando abre o livro, o que o atrai tem de alguma forma a ver com o seu estado de espírito. Se uma pessoa está desesperada, se uma pessoa está entediada

– quando abre o livro naquele momento... Aquilo para que olhamos tem muito a ver, claro, com a nossa estrutura-base, mas também com coisas que às vezes são de determinados momentos. Se calhar, se abríssemos o livro umas horas depois daríamos atenção a outras coisas.

*Como é que se descreveria enquanto leitor: é um leitor caótico ou um leitor metódico?*
Não sei. Essas são duas alternativas, há montes delas.

*Dê-me outras.*
Se calhar sou metódico umas vezes, caótico noutras.

*E, e, e em vez de ou, ou, ou?*
Sim. Eu leio vários livros ao mesmo tempo, passo de um livro para outro. Se isto é ser caótico, então sou caótico.

*Faz leituras cujo intuito é apenas a diversão?*
Essa coisa da diversão é complicada. Não sei bem o que é isso de diversão. Há livros óptimos e divertidíssimos.

*Estou a associar isto à ideia corrente de leituras em que o que está presente, mais do que a reflexão, é a narrativa pura e simples.*
Eu adoro a narrativa. Não é o género que eu leia mais mas... por exemplo, o *Matteo Perdeu o Emprego* é muito narrativo.

*É narrativo até certo ponto, porque depois há uma implosão da narrativa.*
Sim, mas o *Senhor Brecht* está a contar histórias, o *Senhor Valéry* são histórias. É tudo histórias. Eu adoro histórias. Qualquer dia talvez

escreva um texto sobre esta questão da narração e das ideias. Esta divisão entre histórias e ideias é uma divisão incorrecta.

*Será como a divisão muito estrita entre o corpo e a mente?*
Por exemplo, a tradição filosófica oriental ensina muito os conceitos por meio de histórias. A nossa tradição ocidental é muito mais a de explicar o conceito, uma coisa mais teórica, e depois a de utilizar o exemplo. É interessante que seja depois no exemplo que entra a história ou a micronarrativa. Há um autor extraordinário nisso: o Wittgenstein. Ele pensa muito mas pensa através de micro-histórias. A ideia de que a narrativa não pensa ou de que o pensamento não é narrativo é uma ideia em que não me revejo. Gostava de fazer um ensaio a este respeito porque isto é um tema que me parece importante. A boa narrativa pensa, é evidente, e o bom pensamento conta histórias. Pensar não é mais do que contar uma história que é a história de uma ideia. Uma das coisas que eu gostava de desenvolver é esta: porque é que a ideia de narrativa se associa à ideia de personagem? O pensamento é a história de uma ideia. Alguém que pensa está a ter uma ideia que desenvolve ao longo do tempo. Portanto, essa ideia é como se fosse uma personagem que se vai transformando. Tem até opositores. A personagem-ideia tem sempre um inimigo que é o contra-argumento. Pensar é uma narrativa.

*Vê o mundo como uma grande narrativa com um determinado sentido que supõe a existência de um grande narrador, ou seja, de um demiurgo?*
É engraçado, porque há uma data de metáforas: o grande arquitecto, por exemplo, o que faz pensar numa grande cidade.

*Em contrapartida, também se pode pensar no mundo como um lugar caótico, cheio de micronarrativas mas sem que elas tenham uma correlação que faça um sentido último.*
Tenho dificuldade em responder a isso. É o nosso olhar que determina um pouco as coisas.

*Por isso lhe estou a perguntar qual é o seu.*
Eu sou o oposto do fundamentalista a todos os níveis. Sou do *e*. O fundamentalista é do *ou*: é isto *ou* aquilo. Ou se é deste lado ou daquele lado, não há alternativas. Sou claramente do mundo das ligações. Se a nossa percepção estiver virada para isso, tudo vai estando ligado. Mas a ligação varia. Não tenho uma lógica única que una as várias coisas. Nesse aspecto não sou...

*... não é religioso.*
No aspecto etimológico de re-ligar, de voltar a ligar, a minha cabeça pensa por associações. E as associações são ligações. Agora, num sentido referente a igrejas, não. O que me parece relevante quando estamos a olhar e a tentar perceber o mundo, também é isso: mudarmos o ponto central. Isso permite que não nos tornemos fundamentalistas. Por exemplo, se eu olhar só para o que as pessoas levam nas mãos posso fazer um estudo só sobre isso. Há um trabalho de um artista contemporâneo que fotografou muito centrado nas mãos. Se nós olharmos só para isso, o mundo fica ligado pelo que as pessoas levam nas mãos: uns levam uma mala de executivo, outros um telemóvel, outros um livro, outros a mão da namorada. Quase podemos organizar o mundo a partir do que as pessoas levam nas mãos.

*Essa é uma forma um tanto ou quanto aleatória de organização do mundo.*
Parte de uma escolha aleatória mas, a partir do momento em que se fixa essa escolha, passa a ser uma coisa central no mundo.

*Tal como o facto de as histórias de* Matteo Perdeu o Emprego *estarem organizadas pela ordem alfabética do nome dos respectivos protagonistas?*
Exactamente. O alfabeto é uma coisa espantosa. É das coisas que mais me continua a criar estupefacção: a força do alfabeto. Porque pode estar tudo numa confusão total, podemos estar mergulhados em elementos distintos, uns que atiram para um lado e outros para outro. Quando começamos a organizar isso por ordem alfabética, a coisa ganha logo uma ordem, de uma forma mágica.

*E o seu mundo é tendencialmente mais ordenado ou mais desordenado?*
O meu mundo, acho que é um mundo desordenado que tem várias ordens possíveis. É esta a boa resposta. Eu sou muito desordenado porque tenho ordens completamente diferentes, projectos completamente diferentes, que vão sempre mudando.

*Em* Matteo Perdeu o Emprego *tem esta frase: "Ficamos loucos com o tédio mas também com o excesso de perguntas." O que é que lhe é mais frequente: ficar louco com o tédio ou com o excesso de perguntas?*
Eu gosto das perguntas que me fazem pensar. Por isso me agradou há pouco aquela questão da narrativa e a do □. Agrada-me quando posso aproveitar as perguntas e não me limitar a responder algo que já está pensado. Mas há uma coisa a dizer sobre o tédio. O tédio é uma sensação muito importante. Se eu tivesse de aconselhar alguma coisa para a escola, em geral, seria que se ensinasse a lidar com o tédio.

*O tédio está muito associado à lentidão.*
Sim. Eu tenho muito medo das pessoas que não sabem lidar com o tédio. As pessoas mais desesperadas são aquelas que estão sempre a fugir do tédio. O tédio é uma coisa central, base. O que é o tédio? É um momento de espera em que aparentemente nada está a acontecer. É uma sensação de inutilidade. Mas a vida tem uma percentagem enorme de momentos em que nós estamos à espera. Se não soubermos lidar com isso, estamos a desperdiçar uma matéria fundamental.

*Como é que identifica o sucesso literário?*
Não gosto nada dessa palavra.

*Sucesso?*
Sim. O que eu acho que um escritor sério deve fazer sempre é livros sérios. Não interessa o escritor, interessam os livros. Um livro sério é um livro que quer interferir com as pessoas. É um livro que não é para aquela semana. Há aqui um combate muito forte com o mundo em que nós estamos – que já não é semanal nem diário, que com a internet é ao segundo, uma coisa quase brutal. Um dos grandes combates actuais é o combate entre a actualidade e o importante. É terrível ver que no *site* de um jornal às oito da manhã há notícia de um terramoto e, se às oito e quarenta aparecer uma notícia insignificante sobre qualquer coisa completamente neutra, essa notícia ultrapassa a do terramoto. Estamos num mundo em que a questão do actual e do importante se joga minuto a minuto. O que quer dizer que, se o actual é ao minuto, o não-actual é logo passado um minuto. O problema é que esta lógica da velocidade é uma lógica opressora. A grande velocidade é muito violenta.

*Considera isso uma perversão da tecnologia?*
Acho que sim. Nesse aspecto, o livro é uma coisa absolutamente extraordinária. É de outro mundo e de outro tempo. O livro é outro ritmo: não é para aquele minuto, não é para aquele dia, não é para aquela semana. Nesse aspecto, tem de se lutar para se mostrar que o livro é de outro tempo.

*Sente-se mal no mundo da rapidez em que vivemos?*
Não. É o que existe. Mas acho fundamental os livros estarem presentes nele. Os livros sérios dizem-nos: "Calma, mais devagar, há outros ritmos possíveis." O livro é o objecto de culto da lentidão.

*Considera-se de alguma forma, neste aspecto específico, um reaccionário, alguém que estás às avessas com o seu próprio tempo?*
Não. O meu tempo é um tempo em que eu escolho quando quero ser actualizado minuto a minuto ou quando quero isolar-me por completo, não saber o que está a acontecer no resto do mundo, senão amanhã ou depois de amanhã, concentrar-me e ler um livro. Este é o meu tempo. Não acho que seja aceitável que se seja obrigado à velocidade. Sem terem noção disso, as pessoas estão a viver com uma espécie de batida electrónica que é a batida da informação minuto a minuto. Mesmo as pessoas ligadas ao livro, o que é perigoso.

*Alguém que edita três livros de rajada está no mundo da velocidade, não está no mundo da lentidão.*
De um certo ponto de vista, isso pode ser do mundo da velocidade mas também pode ser do mundo da lentidão. *Uma Viagem à Índia* foi começado em 2003. O processo destes livros é de uma extrema lentidão, de respeitar o tempo.

*É o contrário da lentidão no estímulo que oferece aos leitores.*
O facto de saírem três livros o que é que está a dizer sobre o momento da leitura? Não se está a dizer às pessoas que vão ler os três livros nesta semana. As pessoas podem ler agora, podem não ler...

*Até já me disse uma vez que gostava de vir a lançar cinquenta livros num mesmo dia.*
Esta questão de se dar demasiada importância ao facto de saírem três livros ao mesmo tempo, acho que tem muito a ver com o facto de nós estarmos centrados na questão do consumo imediato. Aparece uma coisa, nós consumimos. Estamos a transformar o livro numa coisa que se consome na semana em que sai. Como um bolo... [*Riso*]

*Como quando antigamente nas pastelarias nos perguntavam: "É para embrulhar ou para comer já?" Os seus não são para comer já.*
Quem quiser consumir já, tudo bem. Ou é para embrulhar ou para pôr no frigorífico. Há várias hipóteses.

*O que é que requer aos leitores dos seus livros?*
Os leitores quando entram numa livraria escolhem um livro. Mas também acho que o livro escolhe os leitores. É muito importante o livro escolher os leitores. Não ser uma espécie de livro fácil, no sentido de que vai com todos.

Dezembro de 2010

# DULCE MARIA CARDOSO

FUI A MINHA PRIMEIRA PERSONAGEM

*Dulce Maria Cardoso ainda não é um nome familiar para muitos leitores. No entanto, há quem a considere uma autora "genial" (disse-o Urbano Tavares Rodrigues na revista* LER*) e os seus livros têm tido mais fortuna fora de Portugal do que nas livrarias portuguesas, tanto em edições estrangeiras como na atribuição de um prémio europeu de literatura. O quarto romance de Dulce Maria Cardoso é aquele que provavelmente a poderá aproximar de um público mais vasto. Desde logo pelo tema.* O Retorno *(edição Tinta-da-china) narra a saga dos 600 mil portugueses retornados que regressaram de África em situações dramáticas, depois do 25 de Abril. Dulce Maria Cardoso estava entre eles. Sofreu na pele as convulsões da História. Tornou-se escritora nessa aventura. Agora reflecte sobre o que foi esse drama na voz de Rui, um adolescente que como ela viu ruir um império e que de um dia para o outro deixou de saber de que terra era.*

*Já sabe de que terra é?*
Acho que sim, mas não estou bem certa. Talvez só no ano passado tenha feito as pazes com a metrópole, com Portugal, depois de ter estado um ano na Alemanha. Até aí, não tinha terra. Também não era uma coisa dramática, de andar todos os dias angustiada. Mas não sentia uma pertença.

*Essa descoberta teve alguma coisa a ver com a escrita d'* O Retorno*?*
Não. Acho que teve mais a ver com uma necessidade de criar distância para depois regressar.

*Teve de ver o país de fora?*
Sim. Também já tinha tido um pouco essa sensação durante o tempo que passei nos Estados Unidos. Dantes, quando saía – e nem era preciso ser para o estrangeiro –, ao voltar nunca sentia bem que estava a voltar para casa. A minha casa ainda não era a minha casa. Quando voltei dos Estados Unidos senti um bocadinho isso. E agora definitivamente, ao voltar da Alemanha, tive a ideia de que estava a voltar para casa. Foi uma sensação muito boa.

*Em que medida é que o romance contribuiu para cicatrizar alguma coisa?*
Serviu acima de tudo para ordenar. Na minha cabeça era um assunto confuso. Quando eu vim, era muito criança e lembro-me de pensar que tinha de decorar. Lembro-me disto: "Eu tenho de decorar." Lembro-me, por exemplo, de ter de decorar o último dia em que lá estive. E depois, quando cá cheguei, disse outra vez: "Eu tenho de decorar."

*Precisava de guardar na memória coisas que sabia que ia perder.*
Sim. Como eu não conhecia a palavra "memória", que era assim uma abstracção, tinha era de decorar. Lembro-me desta frase exacta, como na escola, como decorava os rios ou os mapas. Era: "Eu tenho de decorar." Porque de alguma forma a perda foi muito anunciada.

*Rui, o narrador do seu romance, diz "eu estive aqui", não diz "eu sou daqui". Também usa mais facilmente o verbo "estar" do que o verbo "ser"?*

Sim. O "ser" só nos define em coisas que permanecem. Se bem que depois, muitas vezes, também somos o sítio onde estamos. Mas isso é sempre mais transitório e portanto conjuntural. Só o futuro dirá a importância que um lugar teve. O Rui ainda não o pode saber. Ele não pode dizer "eu sou daqui".

*A Dulce já sabe se é?*
Eu tenho quase a certeza de que não seria escritora se não tivesse vindo para cá nas condições em que vim.

*Foi essa experiência que desencadeou em si a necessidade de contar histórias?*
Eu fui a minha primeira personagem. Eu inventei-me. A minha maneira de lidar com a minha experiência foi essa. Eu não sou a protagonista deste romance. Não o escrevi na voz de um rapazinho só para disfarçar. Não sou de todo eu. A minha experiência factual é completamente diferente: eu fui para Trás-os-Montes e fiquei com uns avós que não conhecia. Bom, mas isso agora não interessa muito.

*Estava a dizer que foi a sua primeira personagem.*
A minha maneira de lidar com o que estava a viver – que era algo de brutal – foi tornar-me uma personagem. Ou seja, não era eu que estava a viver aquilo, era alguém por mim. Na altura, gostava muito dos livros dos *Cinco* e das *Gémeas*. Então, passei a ser essas personagens. Tornei tudo uma aventura.

*Foi a sua forma de criar uma espécie de biombo entre si e a realidade?*
Sim. Para não ficar o tempo todo a chorar, triste e com saudades. Eu tinha vindo à metrópole, como nas aventuras dos *Cinco*, depois

tinha-me acontecido aquilo tudo, e fui percebendo que aquilo era maravilhoso. Podia ter sempre isso na minha cabeça e levá-lo para todo o lado. Além do mais, era gratuito. Na altura havia muito pouco dinheiro disponível na minha família, e comprar fosse o que fosse era um problema. Aquilo era fantástico porque estava tudo na minha cabeça. Imaginava tudo e era tudo gratuito. E então percebi: deve ser assim que eles fazem, deve ser assim que eles inventam histórias, agora só preciso de escrever. Por isso me deu muito prazer, embora o contexto seja outro, escrever no romance uma frase que diz: "Eu sei as palavras, não sei se as sei dizer mas eu sei as palavras."

*Isso é o Rui que diz.*
É quando a mãe tem um ataque e há uma espécie de exorcismo. Na verdade tratava-se também de exorcizar todo aquele passado. O passado tem a grande vantagem de não existir.

*Como é que exorcizou o seu?*
Enfrentando-o. Tirando-lhe o romantismo, aquela ideia de que era tudo tão bom. Dando a perspectiva que se deve dar sempre ao passado e aprendendo, retirando a parte boa, a parte produtiva e deixando o resto quietinho.

*O narrador do romance, a certa altura, diz: "Insistimos em pormenores insignificantes porque já começámos a esquecer-nos." Confiou sempre na sua memória?*
Na altura eu era tão pequena, que não se pode dizer se confiei ou não.

*E hoje confia na sua memória?*
Hoje confio, sim. Evidentemente a memória é sempre outra coisa, não é? Mas confio que guardei o mais importante.

*Eu perguntei-lhe se sabia de que terra é, partindo do princípio de que viveu a mesma experiência de crise de identidade do Rui, o narrador do romance. É assim?*
Quer dizer, eu vivi porque escrevi. Tudo o que não vivi escrevi. Quando se escreve é-se sempre testemunha.

*Escrever é também uma forma de viver, de experimentar?*
De experimentar, sim. Mas é mais do que isso. É-se testemunha. Passa-se por aquilo até com deveres. Ou seja, podemos brincar um pouco a Deus. No sentido de querer passar por isto, não querer passar por aquilo. A vida é caótica, eu não posso escolher os acontecimentos que vivo. Mas neste caso, e enquanto escritora/testemunha, posso escolher exactamente sobre o que falo. Evidentemente que tive uma crise de identidade porque nunca tinha vindo cá.

*Não é exactamente uma retornada.*
Tecnicamente sou, porque fui para lá criança, com meses. Saí daqui com cinco meses. Não tinha memória alguma. Só conhecia a metrópole de ouvir falar.

*Com cerejas.*
Exactamente. Isso das cerejas é verdade. É a primeira frase do livro e não foi por acaso que ela foi escolhida como primeira frase do livro. Também porque eu gosto de cerejas. Da palavra e da fruta. Nos casamentos, por exemplo, havia marisco, marisco, marisco e a coisa mais fantástica que podia acontecer era haver cerejas. Porque era tudo o que nós não tínhamos lá: as cerejas, os pêssegos, os peros. Na verdade, o importante é sempre o que não há. Porque depois cheguei cá e era a mesma conversa com as mangas e as

papaias. Aprendi muito cedo que se está nesta busca permanente do que não se tem.

*Só damos valor ao que não temos?*
Ou isso ou uma coisa mais grave que é procurar fontes de infelicidade. Talvez tenhamos alguma vocação para isso. Se estivermos muito bem com o presente, não há mais nada a acrescentar. Na verdade, o bem-estar – e depois podemos falar de felicidade e de outros conceitos – é quase o antipensamento, e também quase a antivida. Eu tinha uma ideia mitificada da metrópole porque havia de tudo e era tudo melhor na metrópole. Coisas absurdas. Nós tínhamos as férias da escola de acordo com as da metrópole. Portanto, lá no tempo do cacimbo – com o tempo mais fresco – estávamos em casa, e no tempo quente estávamos nas aulas. Era tudo muito absurdo. Havia pessoas com alcatifa em casa, com lareira. Continuavam a fazer feijoadas, as pessoas ficavam todas encarnadas. Imitávamos a metrópole mas também tínhamos a sensação de que éramos portugueses de segunda.

*Ganharam essa sensação ao virem para cá?*
Não. Lá já a tínhamos. Porque o dinheiro não servia cá, valia metade. E na metrópole é que era tudo bom, as decisões vinham daqui. Quem estava bem, cá, ia para lá em comissão, ia enriquecer e subia na carreira. Houve uns retornados mais retornados do que outros.

*Dedica o romance "aos desterrados". Sente-se parte desse grupo humano?*
Agora talvez já não sinta, porque já passaram mais de trinta anos, mas sei o que isso é. Mas a ideia não é dedicar o romance a mim, não faria isso. É uma coisa que quer dizer mais. É para quem

não encontrou o seu lugar e uma pessoa que nasceu cá e nunca saiu de cá pode não ter encontrado nunca o seu lugar. A ideia é de pertença, não tem que ver com geografia. Evidentemente, no meu caso.

*No seu caso a geografia foi determinante.*
Falhou tudo, não é? Se calhar não foi tanto o país, foi um modo de vida. Eram as pessoas. Isso é que me fez mais falta.

*Foi doloroso convocar o passado para escrever* O Retorno*?*
Foi muito doloroso. Talvez por isso eu o tenha adiado tanto. Por isso e por não ter uma proposta de reflexão para o romance e não querer aproveitar só o sofrimento como aquela coisa de provocar emoções. Senão, fica-se muito parecido com aquelas pessoas que param o carro para ver os acidentes. Só se expõe o sofrimento, não há mais nada. Eu andei à procura de uma proposta de reflexão que me servisse. A ideia é de perda, é de estar à deriva. É a perspectiva de o futuro ser negro. Esta altura da crise é terrível. Eu não vou começar para aqui a dizer que há benefícios.

*A crise não é uma oportunidade?*
Não é uma oportunidade.

*É uma frase que se tem ouvido muito.*
Pode ser – haja sabedoria para isso – mais produtiva que a estagnação. Na verdade é aquela coisa do mudar e esperar que seja sempre para melhor.

*O sociólogo António Barreto dizia, aqui há tempos, que – com todos os aspectos conturbados desse período – a integração de 600 mil pessoas em*

*tão curto espaço de tempo é um exemplo de algo que correu muito bem na sociedade portuguesa. Vê as coisas deste ponto de vista?*
Só diz isso quem não passou por aquilo, quem não esteve lá. É o problema da estatística. A questão do frango: se eu comer um e formos dois, dá sempre meio frango a cada um. Houve gente sem frango. Eu não diria que correu bem. Evidentemente não houve mortos, não houve feridos, não houve essas coisas todas mais dramáticas.

*Os retornados eram pessoas com mais espírito de iniciativa?*
Eu direi que não era tanto a iniciativa, pelos casos que depois fui conhecendo. Acho que era mais o desespero. Era mesmo a fome. A fome desinquieta muito e desassossega muito.

*A fome é uma força motriz.*
Exactamente. Mais do que qualquer outra ideia. Depois, temos a mania de romantizar: "Ah, a aventura." Não é nada disso. São mesmo filhos para alimentar. Depois, quando viemos para cá, é claro que a vida correu bem às pessoas que lá já pertenciam aos serviços do Estado. Mas essa realidade, eu não a conheço bem porque foram pessoas que não ficaram nos hotéis. Para os retornados que eu conheço, de que eu posso falar e que penso que foram os mais injustiçados, não foi assim. Os que foram bem-sucedidos seriam bem-sucedidos em qualquer parte do mundo porque eram pessoas muito fortes e muito capazes. A maior parte não foi muito bem-sucedida, só que dos fracos não reza a História.

*Há pouco falou na necessidade de exorcizar o passado, mas também já me disse que não escreve com nenhum intuito terapêutico. Não há aqui uma certa contradição?*

Eu não escrevo – espero eu, até por respeito aos leitores – para tratar de mim. Sei que há maneiras muito mais eficazes. A ficção em que estou interessada não serve para isso. Tanto não serve, que eu não contei os factos da minha história pessoal. Pensei numa proposta de reflexão sobre a perda, sobre o que terá sido o colonialismo, nas suas raízes mais subterrâneas.

*Os seus romances têm sempre temas muito claramente identificáveis:* Os Meus Sentimentos *lida com a memória e a morte,* O Chão dos Pardais *com a questão do poder. Neste pode-se dizer que trata a perda e a identidade?*
Sim. É a perda e a identidade. E acima de tudo o começar. A palavra não é a melhor. "Continuar" também não é uma boa solução. A linguagem é muitas vezes insuficiente. E nestes assuntos vê-se como ela é insuficiente. É interessante perceber também isso no romance. Há nele uma questão de linguagem: a linguagem de lá, a linguagem de cá, as diferentes palavras, o facto de mesmo os negros lá não se entenderem. É muito engraçado como a linguagem nos define tanto e nos incapacita tanto. Ao mesmo tempo que também nos torna poderosos.

*Como é que fez esse exercício de memória para reencontrar palavras que usava lá e não se usam cá?*
Há palavras que eu nem sei como escrever. Não estão em dicionário nenhum.

*Ainda as tinha presentes na memória ou teve de andar à procura delas?*
É muito curioso: algumas, eu nem sabia que as tinha tão presentes. Ao começar a escrever e ao situar-me lá, elas começaram a

aparecer. Por exemplo, eu já não me lembrava de que nós dizíamos "borlas" em vez de "furos".

*Para os tempos livres na escola.*
Sim. O "machimbombo" e coisas assim toda a gente sabe, mas há outras...

*"Ginga-ginga", por exemplo, eu nunca tinha ouvido.*
É tão giro. E é uma palavra que tem que ver com o acto, não é?

*Não vamos dizer o que é, para alimentar a curiosidade.*
Não é giro?

*É giro, é.*
Talvez pusesse os portugueses mais alegres, nesta altura.

*Está a faltar um pouco de ginga-ginga?*
Um pouco, não; muito.

*Alguma vez perdoou à metrópole o sentimento de rejeição vivido nesses primeiros tempos que passou cá?*
Só o consegui perdoar quando o tornei útil. Ou seja, quando percebi que normalmente as vidas são curtas e tudo nos atrasa. Não é à toa que o protagonista do romance é um adolescente. Não é só para não ter posição, por ser confortável. É porque é na adolescência que nos podemos redefinir. E nas convulsões, nos tempos conturbados estamos outra vez numa espécie de adolescência do país. Os retornados mudaram as coisas. As retornadas – com as minissaias e o fumo e isso tudo. Isto aqui era mesmo assustador. Não é brincadeira. Era mesmo assustador para uma pessoa que

vinha de lá. Eu lembro-me de pensar que só havia quatro cores: cinzento, bege, castanho e preto. Nós, os de lá, tínhamos um arco-íris. Parecíamos uns palhaços.

*Estávamos a falar do perdão...*
Só perdoei neste sentido: como fui desde muito cedo exposta à maldade – porque a rejeição não é mais do que uma forma de maldade e uma discriminação –, estou muito à vontade para falar dos racismos, porque sei qual é a sensação de entrar num comboio e de ficar tudo a olhar para nós, à distância. Expor-me tão cedo à maldade e ao sofrimento, de alguma forma, deu-me outra vida. Por um lado, perdi muita coisa e isso é imperdoável. Mas também ganhei. Formei a minha personalidade, não contra os outros, mas contra isso. O que também foi bom. Quero acreditar que sim.

*A questão da maldade, do bem e do mal, está também muito presente nos seus outros romances. Pode falar-se de uma obsessão moral naquilo que escreve?*
Não. Vamos lá ver, eu tenho que distinguir o que sou enquanto cidadã e aquilo que sou enquanto escritora.

*Não são a mesma?*
Não.

*Isso é surpreendente.*
São a mesma evidentemente, as preocupações é que são outras.

*As suas preocupações de pessoa civil não são as mesmas que tem quando escreve?*

Há uma separação entre o meu eu a escrever, e a comunicar com terceiros de uma maneira protegida ou não pela ficção, e o meu eu enquanto pessoa, evidentemente. Por isso é que temos autores fantásticos com vidas públicas terríveis.

*Tipo Céline?*
Sim, Céline ou outros. As minhas preocupações enquanto cidadão não são as minhas preocupações enquanto artista. Podem coincidir ou não.

*No seu caso coincidem.*
Nem tanto. A única coisa com que estou muito preocupada, e daí poder talvez parecer, às vezes, um pouco moralista – o que me irrita muito, porque não o sou de todo –, é o facto de eu achar que na criação a ética é mais importante do que a estética. Quando escrevi o conto "Não Esquecerás", sobre a queda da ponte de Entre-os-Rios, estava a tratar de uma coisa que causou grande sofrimento.

*O problema é usar o sofrimento alheio?*
Sim. Usá-lo sem ter uma proposta de reflexão. Claro que pode ir completamente ao lado. Mas eu não consigo ser uma espécie de abutre da realidade. A realidade é sempre muito mais surpreendente do que a ficção, sabemos isso. Porque a realidade não está obrigada a lógica alguma. Portanto, é muito tentadora. O escritor pode muito facilmente ser espectador, testemunha ou cúmplice. Para não se ser cúmplice, tem de se ter muito cuidado. É nesse sentido que eu tenho uma preocupação muito grande. Eu não quero ser cúmplice. Eu não quero ser mais uma peça do sistema, a servir-me do sistema, a andar ali às voltas e a não dar uma proposta de reflexão.

*Vê-se mais como testemunha ou como interveniente, enquanto escritora?*
Como testemunha. Não gosto muito de ser protagonista.

*Quando usei a expressão interveniente era no sentido de ser alguém que com essa proposta de reflexão pretende mexer de alguma forma no que a rodeia.*
Não no sentido de o mudar. Quer dizer, vai-se mudando sempre. Cada acto nosso muda qualquer coisa. Eu acho, basicamente, que a história da civilização é a história da luta entre o bem e o mal. É uma coisa que os outros animais não têm e que nós temos. É a coisa maior que nos distingue. E depois temos este problema grave: é que o bem é o antipensamento. Ou seja, não é dramático, não se consegue fazer o raio de uma ficção só com o bem, porque é altamente monótono. Portanto, o mal aparece-nos com a sedução toda e aquilo é fantástico. Toda a nossa organização social são milénios a tentar proteger-nos do mal. O "não matarás", "não roubarás" e essas coisas todas são apenas uma maneira de vivermos em conjunto, protegidos do mal que sabemos que há em nós. É aquela velha frase de São Paulo: "Perdoa-me por não fazer o bem que quero mas o mal que não quero." Por isso, é interessante pensar que, se retirássemos o mal do mundo, não tínhamos nada. Não tínhamos arte, não tínhamos romances, não tínhamos civilização sequer, como a concebemos.

*Isso justifica um elogio do mal, quanto mais não seja pela necessidade cultural que temos dele.*
Sim, não podemos prescindir dele. Eu, uma optimista, acho que haverá um dia em que poderemos prescindir dele, das suas formas mais puras, pelo menos.

*Essas são as questões que estão nas águas profundas do seu romance. Mas depois há as mais imediatas e mais sensoriais, como por exemplo a experiência do frio, que está muito presente.*
Ah, sim. Eu nunca mais deixei de ter frio.

*Está com frio, agora?* [Estamos nos jardins da Gulbenkian numa bela manhã de sol e Dulce Maria Cardoso põe-me uma mão no braço.] *Tem as mãos frias, de facto.*
Em Las Vegas, naquele deserto de 45 graus, eu conseguia ter frio. Nunca mais deixei de ter frio, desde que vim de Angola. Foi horrível. Julgava que morria. Depois, não tínhamos roupa adequada. Foi-me muito complicado lidar com o frio. Ele esteve à cabeça das minhas preocupações de crescimento. Ainda está.

*O facto de ter escolhido um narrador masculino para o seu romance foi uma forma de atenuar o perigo de ele poder vir a ser lido como uma obra de carácter autobiográfico?*
Não. Escolhi um narrador masculino porque também queria falar de uma forma de organização familiar que então existia. Também para vermos como estamos tão diferentes. Em trinta anos mudámos imenso.

*É muito sensível um aspecto machista que a criança reflecte.*
Exactamente. Nisso também é bom perceber como mudámos. Mas também há um aspecto pessoal nessa escolha. Tinha de ser um rapaz porque a história mais dramática que eu conheci lá foi a de um rapaz de quem eu gostava muito, que nunca mais vi e cujos dois irmãos foram assassinados. Apareceram na lista de desaparecidos depois do *Simplesmente Maria*. Esse rapaz chamava-se Rui. Nunca mais o vi, nunca mais soube dele. Durante muito tempo,

depois de vir, procurei-o nos hotéis, porque gostava muito dele e porque a história dele me impressionou muito. É uma história de perda terrível. Eu nem consigo imaginar o que ele sentiu quando os dois irmãos foram assassinados de uma maneira brutal. Depois, dei-me conta de que "rui" também é o imperativo do verbo "ruir" e achei que fazia todo o sentido. Há aqui uma homenagem e há também isto: o império, que teve cinco séculos, ruiu. Foi assustador ver o bicho em movimento. Aquela velha máxima que diz que "nada se ganha, nada se perde, tudo se transforma", e que gostamos tanto de aplicar à matéria, nas coisas afectivas e sociais não funciona. Perdem-se coisas e ganham-se coisas.

*No fundo, houve aqui pessoas apanhadas numa convulsão de uma magnitude que as transcendia por completo. Para si, é mais forte a sua experiência individual ou o quadro geral em que as coisas aconteceram?*
Eu só consigo pensar no quadro geral pensando na minha experiência individual.

*Nós podemos pensar na Segunda Guerra individualmente, por exemplo, mesmo não a tendo vivido.*
Esse é o problema. É que eu vivi.

*Sobrepõe-se portanto o aspecto individual?*
Sim. Porque estou lá eu, sempre. Posso é tentar fazer o tal esforço de perspectiva, recuando. E foi isso que fiz, ao não querer estar a contar a minha história. Muitas vezes ouvi dizer: "Isto correu mal porque não houve um homem à altura." Mas depois percebi o perigo desta ideia do homem providencial, do salvador. Correu mal porque era já tarde demais. E depois correu mal, também, porque não houve vontade de que corresse melhor.

*Não houve vontade por parte dos protagonistas políticos da altura?*
Exactamente. E quando digo isto nem estou a falar dos colonos brancos. Estou a falar dos que ficaram. Deixámos um país já em guerra entre os movimentos de libertação. Nós – nós, Estado português – favorecemos uma parte. Demos a independência a um. Que ainda lá está. Aquilo foi tão bem dado que nunca mais saiu de lá. Ao menos deixámos uma coisa duradoura. Agora, eu consigo perceber o racismo que havia lá e muitos negam. Mas só me interessa pensar nestas coisas fazendo uma ponte com o presente. Acho que é relativamente fácil prendermo-nos àquilo que já não podemos mudar e criticar, culpar, quando neste momento estão a acontecer coisas muito semelhantes, embora não da mesma magnitude, evidentemente. Embora se possa dizer que a morte de um homem é tão trágica como a morte de cem milhões. Pode dizer-se que isto é uma versão lírica. Não é assim tão lírica. Estamos viciados numa questão de escala. Neste momento Portugal passa por uma situação muito semelhante.

*Está a falar da ideia de impor sacrifícios a um grupo social em nome de uma mudança histórica qualquer?*
Sim. Em nome de um objectivo. Não pode ser. Cada um de nós vale a mesma coisa. Nós não somos peças de uma engrenagem em que uns vão para carne picada para salvar outros. Não se pode dizer que há democracia enquanto existir sequer esse conceito ou essa possibilidade. Vamos ter um cartão de pobre, não é?

*É um tipo de assistencialismo que lhe faz recordar o assistencialismo do IARN?*
Sim. Era terrível. Havia retornados que preferiam ter fome a apresentarem-se com o cartão.

*Isso é muito sensível, no seu romance, sobretudo na questão das roupas.*
Sim, havia aquela coisa de que os pobres não têm de ter gosto, não têm de parecer bem, precisam é de estar tapados. A pessoa em situação de pobreza fica sem necessidade alguma: de poder escolher o que come, de poder vestir-se. O problema é que continuamos a fazer o mesmo.

*Em relação àquilo que viveu coloca-se-lhe a questão da culpa?*
Sim. Claro que se me coloca a questão. Não há acções humanas sem responsabilidade e geradoras de juízo dos outros. Não acho interessante colocar a questão agora porque as circunstâncias já mudaram muito, passados 35 anos. Mesmo que houvesse uma culpa clara, acho que já não se poderia julgar. A justiça extemporânea é uma forma de injustiça. Pode-se é julgar o que está a acontecer agora. Voltamos sempre a isto: o meu esforço é sempre mais o de estar atenta ao que está a acontecer agora.

*Quando viveu a sua experiência de retorno, viveu-a com a consciência de estar a passar por momentos excepcionais e de que aquilo era uma situação incomum em termos históricos?*
Sim. Sempre a tive. Desde que ouvi a frase "houve um golpe de Estado na metrópole" e a nossa vida começou a mudar significativamente – algo que também está no romance: os soldados portugueses deixaram de estar como estavam, começaram a aparecer negros armados. Eu percebi que aquilo era uma coisa muito diferente e que não devia acontecer muitas vezes. Depois, as pessoas começaram a ir-se embora, ouvia-se o barulho do pregar das tábuas dos contentores e a cidade começou a esvaziar-se. Só que ao mesmo tempo nós continuámos de certo modo a fazer a vida normal. Fazíamos festas, quando veio o recolher obrigatório

arranjámos uma maneira de ficar a noite toda e de só vir de manhã. Era como se a minha família quisesse negar o que estava a acontecer. Aprendi aí que não se pode antecipar a perda. Apesar de a perda ser muito anunciada, não se antecipa. Estivemos um ano "vamos, não vamos". E quando a vinda se concretizou foi na mesma terrível. Antecipar a perda não atenua a perda.

*Voltou a Angola?*
Não. E não penso voltar.

*É uma recusa?*
É, por várias razões. Já pareço aqueles políticos que têm sempre várias razões. Por um lado, porque acho perigoso mexer numa série de memórias que tenho.

*Perigoso para a sua sanidade pessoal?*
Sim. Não sei como reagiria. Em termos pessoais, não me interessam picos de emoção. Canalizo tudo para o que escrevo e depois gosto de uma coisa mais apaziguada. Mas é também porque o regime de Angola não é um regime aconselhável. Custa-me – para dizer o mínimo – perceber que Angola se tornou uma oportunidade de dinheiro e que toda a gente esteja contente porque vem para cá dinheiro angolano. Aquele dinheiro é criminoso. Temos de ter consciência disso. Não é uma sorte eles estarem a investir em Portugal, é uma vergonha. Isto tem de ser dito. Só pobres sem qualquer dignidade – como nos tornámos – podem achar isto bem. O presidente de Angola está sempre nas listas dos homens mais corruptos do mundo. E nós fazemos negócios com ele e dizemos que é uma sorte? Mas em que raio de povo nos tornámos? Nós não somos isto. Os portugueses não são isto, isto são os governantes, o que é outra coisa.

*Os governantes não são uma emanação do país?*
Já Camões dizia: "Um fraco rei faz fraca a forte gente." É verdade que estes governantes têm estado legitimados em eleições, mas também é uma escolha entre ser morto de uma maneira ou de outra. Não há uma verdadeira escolha.

*Acompanha aquilo que se passa em Angola com uma atenção especial ou nem por isso?*
Acompanho. Evidentemente, e nisso acho que nunca deixarei de ser retornada, quando há uma imagem da baía na televisão – que já vi quatrocentas vezes –, lá vou eu ver a baía. E passo a vida à procura daquilo de que ainda me lembro: "eu passei ali", "estive ali". Isto também causa sofrimento. Aquilo de que me lembro mais também é das pessoas, algumas das quais já morreram e que nunca mais poderei ver ali nem em lugar algum. Por isso, tudo isto foi muito dramático para mim. Coincidiu com o fim da infância, que em condições normais já é uma perda. Aquela Angola já não existe. Nunca mais existirá. Ainda se a Angola que substitui a da minha infância fosse uma Angola próspera, onde as pessoas estivessem bem, dava até prazer voltar lá. Mas não. Vou voltar para quê?

*Fez várias versões do romance. O que é que havia de substancialmente diferente nas outras?*
Acima de tudo, na tal proposta de reflexão, era perceber como é que eu conseguia transmitir a perda. Percebi que, se não fizesse uma perda baseada numa pessoa – neste caso o pai –, era muito difícil conseguir que os leitores se apercebessem da perda que foi, realmente. De alguma forma, esta é também uma questão metafórica: matamos o pai ou tentamos salvar o pai? Ou seja, como é que lidamos com o colonialismo e com a memória do colonialismo.

Para nós, como povo, isso é determinante. Nós crescemos na ideia de que fomos um império. Eu, pelo menos, ainda sou dessa geração. E de repente somos só isto. Como aquelas mulheres que foram muito bonitas e agora é sempre a descer. Isto deprime. Deprime tanto a mulher bonita como deprime um povo. Ata-nos. Amolece-nos. Este é um problema não só de Portugal mas da Europa. Por isso é que o mundo novo ainda é tão sedutor. É porque ainda tem mais futuro. Depois inventamos logo rótulos: o de "países emergentes", por exemplo. É como se tivéssemos muita dificuldade em conseguir individualizar o que quer que seja. Porque nós, apesar de tudo, queremos pertencer. Somos animais de pertença, sociais, de matilha. É tão difícil ser diferente, é tão difícil criar um pensamento – bom, mau, não interessa –, que estamos sempre a tentar reproduzir modelos. E sentimo-nos confortáveis numa maioria.

*De que modo é que isso se joga na criação literária?*
Um autor – na criação literária ou artística – tem de ser um inadaptado.

*Sente-se uma* outsider*?*
Sim. Isso sinto. Mas não é dramático. É a única maneira de se olhar para as coisas. Nós só damos conta de uns sapatos se eles nos apertam. Só damos conta do fígado quando ele está doente. Senão, tudo corre bem. Não acordamos de manhã a pensar que o fígado não nos dói. É essa dor – que tanto pode ser só uma moinha ou como uma coisa mortal – que faz mexer, que faz agir. É como ser testemunha. A diferença entre ser testemunha e espectador é que o espectador é passivo, não age, aceita. A testemunha age.

*Essa distinção vem da linguagem jurídica?*
Não.

*Pensei que era uma infiltração da sua formação de jurista.*
Não. Há de facto uma definição técnica da testemunha, mas do espectador ainda não. Duas pessoas vêem um acidente, uma aceita dizer quem bateu em quem e passa a testemunha, a outra que não diz nada é só um espectador. É muito engraçado que o facto gerador seja o mesmo. O que se faz com ele é que nos coloca em posições diferentes.

*Quando lhe perguntei de que modo a dificuldade de individualização se reflecte na literatura, o que queria perceber era de que modo se preocupa com a procura de uma voz própria naquilo que escreve.*
Todo o criador tem de tentar isso. Mas, quando começo a escrever, não penso que vou escrever para ter uma voz. Escolho assuntos em que me interessa pensar e a grande luta que tenho é comigo mesma e com o que já fiz. Neste romance foi muito bom ter pegado no Rui, mas tive uma limitação: não podia utilizar muitos vocábulos porque ele não os conhecia. E eu não gosto nada daqueles livros em que os adolescentes se saem com tiradas que nem eu aos noventa anos direi. Ele ainda por cima é de uma classe social baixa. Senti-me muitas vezes presa. As metáforas estavam proibidas, ou só as mais evidentes, e mesmo as reflexões. Então tive de andar sempre a criar acções. É também assim que é a adolescência. É com o que está a acontecer que nós aprendemos. Ainda não há poder de síntese. A síntese – o pensar sobre – vem mais tarde. Isso foi um desafio enorme. A princípio não conseguia deixar esta forma adulta de escrever e de pensar. Também não estava

a conseguir aquilo que depois resultou com muito humor e que é a perplexidade que as coisas nos provocam.

*Esse é o aspecto de Papalaguí do romance.*
Sim. Mas Papalaguí seremos todos, só que já nos esquecemos.

*Normalmente esse espanto fica embotado pelo hábito.*
Mas aprender, por definição, é apercebermo-nos do que até ali era desconhecido. Nesse sentido, todos nós teremos tido pensamentos completamente hilariantes sobre as coisas que nos rodeiam. O que acontece no caso do Rui é que ele juntou duas coisas: a descoberta da idade adulta com circunstâncias anómalas em que tudo se estava a redefinir também. Não é que eu concorde com a ideia de que temos de fazer humor acerca de tudo e aligeirar tudo. Há coisas que não devem ser aligeiradas e que devem ser entendidas como muito sérias. Mas neste caso resultou porque aquilo era tudo tão trágico que passou a haver ali umas válvulas de escape. Por outro lado, colava muito bem com a personagem. Eu gosto sempre muito das minhas personagens e afeiçoo-me a elas, mas devo dizer que com o Rui foi a primeira vez que tive pena que uma personagem não existisse em carne e osso. Tive pena de não poder falar com ele.

*A sua veia de ficcionista em algum momento a levou a pensar quem será hoje o Rui?*
Eu já sei quem é o Rui, hoje.

*Dava outro romance?*
Pois. Há um outro romance, de hoje. É uma história contada pela Milucha e passada trinta e a tal anos depois deste. Chama-se *O Amante Americano*. Encaixa com os factos deste.

*É o seu próximo romance?*
Já era o anterior a este. Já está feito. Escrevi-o antes d' *O Retorno*. O Rui será um personagem secundário, tal como aqui é a Milucha.

*E quem é o Rui?*
Isso não posso dizer. Nem sei se algum dia o vou publicar. Só publico aquilo com que fico cem por cento satisfeita. Aliás, nem gosto muito de falar disto. Quer dizer, eu falo, não é uma questão de superstição. É de alguma forma uma vontade de não perder a liberdade de fazer o que me apetecer. Como também não quero criar uma coisa – que acho que se está a criar muito na arte – que é estar sempre à espera do que vem. As coisas têm de valer pelo que são no momento. Não pode ser aquela coisa da galinha que vai pôr mais um ovo e mais outro. Neste momento é este.

*Os seus romances são todos totalmente diferentes, tanto na linguagem como no dispositivo narrativo. Isso é uma opção ou é uma busca?*
É uma inevitabilidade. Eu não posso contar coisas muito diferentes com a mesma forma. Não se pode vestir a mesma roupa para se ir a um enterro ou a um casamento. É tão simples quanto isso. A linguagem é muito importante e eu sou obsessiva com a linguagem. Mas não me interessa a ideia de que escrever de uma certa maneira é imediatamente reconhecível. Isso não me interessa nada.

*Nos seus romances não se pode ler uma frase e dizer de imediato "é da Dulce Maria Cardoso".*
Eu espero que não.

*Ao contrário, suponho, do que acontece com a maior parte dos autores.*
Pois, se calhar estou errada e ainda não percebi nada disto da criação. Mas espero que cada romance e cada conto tenham encontrado a linguagem que os serve. Os contos também são todos muito diferentes. Espero que a forma de escrever seja sempre a mais adequada. Se alguém reconhece ou não, isso não me interessa. Nunca escrevo a pensar se tenho estilo ou não tenho estilo. Houve uma professora brasileira que fez uma tese sobre os meus livros a defender que é um estilo e que é reconhecível. Pronto, é defensável, mas não escrevo a pensar nisso. Demorei muito tempo, por exemplo, a encontrar o tom ingénuo e adolescente d'*O Retorno*. E depois havia toda a questão da sexualidade, que é completamente diferente num rapaz ou numa rapariga. Custou-me um bocadinho o mecanismo de ver sexo em quase todo o lado.

*O facto de ser mulher terá influenciado de alguma forma a recepção dos seus romances?*
Essa é uma questão como a do racismo ou outras assim. Fizemos um longo caminho, mas a verdade é que ainda não há igualdade de oportunidades. Quem disser que há, está a negar a realidade e, pior, está a contribuir para nunca mudar isso. Neste momento há racismo em Portugal. Basta dizer que neste bairro se pode andar dias a passear um cão e não se encontra um negro. E se os encontramos estão fardados para trabalhar nas casas. Isto é Portugal em 2011. Igualdade de oportunidades não há. Não há maneira de o negar.

*Em que sentido é que o facto de estar na capa o nome de uma mulher influencia o modo como o livro é recebido?*
Como a maior parte dos leitores são femininos, há uma sedução que não acontece. Isto de um ponto de vista heterossexual. Escrever é

também seduzir. Do ponto de vista dos críticos, penso que há mais desconfiança. Se uma mulher disser que quer escrever sobre filhos, lá vem mais uma. Se um homem disser isso, demonstra abertura de espírito. Se uma mulher começar a falar de assuntos de ética, é uma ambiciosa. Porquê? Porque ainda há na mente primitiva a ideia de que a mulher deve estar em casa a cerzir. Depois, há também uma respeitabilidade maior no próprio estar masculino. Uma vez, estive numa mesa de debate com muitos senhores e todos de barba e eu comecei por pedir desculpa por não ter uma barba. Senti-me discriminada. Faltava-me aquela seriedade.

*O que é que sabia dos meandros da literatura quando concorreu ao prémio literário que lhe permitiu publicar o primeiro romance?*
Nada. Tinha decidido escrever aos onze anos. Nunca escrevi nada, nem diários, nem poemas. Nem quando tive desgostos de amor. Nem uma linha. A única coisa que fiz – para se perceber quão ingénua eu era – foi aos catorze anos aborrecer os meus pais de morte até eles me inscreverem na escola de dactilografia "O Meu Futuro".

*A dactilografia foi a sua porta de entrada na literatura?*
Exactamente. Na minha cabecinha, pensei: o que é que eu vou fazer para ser escritora? De que é que eu preciso? Não me ocorreu nada a não ser dactilografar. Fui para a escola de dactilografia "O Meu Futuro", que existia em Carcavelos e onde só estavam mulheres muito mais velhas, que queriam ser secretárias. Eu tinha catorze anos, era Verão, eu devia estar na praia e estive ali o Verão todo, intensivo, das nove da manhã às seis da tarde. E quando me perguntavam "o que é que estás aqui a fazer", eu respondia "quero ser escritora". Todas se riam e eu não percebia porque é que elas se riam. Treinei os dedos e a vida treinou-me o resto.

*E como era com as leituras?*
Eu também percebi que tinha de ler muito. O que acontece é que não tinha quem me guiasse nas leituras. Ia à biblioteca e comecei a escolher os livros pela grossura. Li os clássicos todos porque eram mais gordos, para me poupar caminhos. Então quem é que eu pensava que era a melhor autora do mundo e que eu queria imitar? A Corín Tellado. Porque era a que escrevia mais. Tinha muitos livros. Foi uma coisa quase da ordem do milagre eu interessar-me mais pelo Dostoiévski do que pela Corín Tellado.

*O que é que fez com que o Dostoiévski ultrapassasse a Corín Tellado nas suas escolhas?*
O facto de me fazer medo. Porque me incomodava. Assustava-me.

*Foi o primeiro autor a assustá-la?*
Foi. Lembro-me de uma tradução – que agora acho muito má – d'*Os Demónios* que me fez ficar assustadíssima. Depois li a *Madame Bovary* e a vida da minha mãe mudou completamente. Ou seja, para mim as mulheres casadas estavam todas felizes. Todas: a minha mãe, as vizinhas, estava tudo tratado. Havia as casadas, as solteiras mais velhas que andavam atrás de namoro e de repente eu percebi: "Ah, pode estar tudo a acontecer aqui."

*A literatura fê-la descobrir um plano oculto da realidade que a rodeava?*
Sim. Posso dizer com muita propriedade que tudo o que não vivi, li. Ou seja, eu formei-me pelos livros. E formei-me da maneira mais caótica. Lembro-me de tentar ler o *À Procura do Tempo Perdido* e de pensar: "Isto é muito chato." Como não sabia quem ele

era e o que representava, isso deu-me muita liberdade. Por isso é que eu não fui para Literatura, fui para Direito.

*Não ganhou portanto reverência pelos grandes nomes da literatura.*
Não. Gosto de alguns livros, sou infinitamente mais feliz e penso que melhor pessoa por ter lido, mas não tenho reverência e muito menos me interessa aquela coisa de dialogar com a literatura.

*O que é que a fez concorrer ao prémio Acontece, com o qual publicou o seu primeiro livro?*
O que foi determinante para mim foi a bolsa de criação literária, não foi o prémio. E aí se prova, se eu tenho algum interesse como escritora, o interesse desse tipo de apoios. Aliás, fiquei muito contente por a DGLB não ter sido extinta. Quando houve a bolsa de criação literária, eu decidi concorrer, por um lado, porque me livrava da insegurança das contas para pagar e, por outro lado, porque havia um projecto. Ter recebido a bolsa quando ainda não tinha nada publicado foi um alento. Nisso teve uma grande importância uma das pessoas a quem estou muito agradecida: o José Manuel Cortês. Pelo entusiasmo e pela confiança que me deu. Outra, mais tarde, foi a Hélia Correia. Eu tinha o livro feito e o que qualquer pessoa faria era ir a uma editora e propor o livro. Mas eu não. Isso era demasiado simples. A verdade é que eu também não tinha um interesse por aí além em publicar. O prazer, como ainda hoje, é mais o de fazer, de lutar contra o livro. Depois, surgiu o anúncio do prémio e eu pensei: "Olha, mando para lá." Era um prémio interessante em termos monetários e que depois assegurava a edição. Eram dois coelhos de uma cajadada.

*Volta a ter na epígrafe d'* O Retorno *um verso da poeta cubana Dulce María Loynaz, tal como nos livros anteriores: é um fetiche?*
Não. São jogos em que, para mim, se prova a existência de Deus. A Dulce María Loynaz é uma poeta (ou poetisa, nunca sei como se diz) que chegou a ganhar o Cervantes. Não é uma autora obscura. Uma vez ouvi uma entrevista em que ela dizia que o nome dela não era Dulce María, era María Mercês, e que escolheu Dulce María numa homenagem à Virgem. Mais adiante, a jornalista perguntava-lhe o que é que ela lamentava mais na morte e ela dizia que a única coisa que lamentava era perder o nome. Achei aquilo extraordinário. Eu tinha um nome a que não ligava nada e aquela senhora tinha-se rebaptizado e a única coisa que lamentava era perder o nome. Então eu disse: "Fazemos um acordo: se eu publicar, nunca te deixarei perder o nome." Por isso, todos os meus livros têm uma coisa dela.

*Não teve nenhum contacto com essa autora?*
Não. Só lê-la. Isto porquê? É inexplicável. Na criação, também há muito isto. Por muito que haja um processo cerebral, há uma parte emotiva que é completamente inexplicável.

*Permite-se com frequência aceitar que o acaso tome conta das operações?*
Sim. Gosto de me deixar levar. Há uma parte inexplicável no afecto, na empatia ou seja no que for.

*São ínvios os caminhos do Senhor.*
São. Eu sou religiosa, mas o meu Deus não é esse, o dos caminhos ínvios.

*Mas o acaso que a levou a assumir o compromisso de não deixar cair no esquecimento o nome de Dulce María Loynaz é um tanto ínvio, e até me disse que é um jogo dos que para si provam a existência de Deus.* Prova a existência do meu Deus na maneira como comunico com ele, por sinais. Deus é um comunicador. É a maior invenção da humanidade. Eu espero até que à força de tanto ter sido inventado exista mesmo. Mas o meu Deus não é o dos caminhos ínvios. É um Deus que permite a espera. Toda a vida é uma espera. A mais evidente é a da morte. A menos evidente é a da felicidade. A existência de Deus torna essa espera menos dolorosa.

Outubro de 2011

AS PALAVRAS NÃO SE AFOGAM AO ATRAVESSAR O ATLÂNTICO

FOI COMPOSTO EM CARACTERES HOEFLER TEXT
E IMPRESSO PELA BURTI, SOBRE PAPEL
PÓLEN SOFT DE 80 G/M²,
EM JUNHO DE 2015.